BOOK+++++++++
>>REVOLUTION
= in -> TAIPEI <-

BOOK REVOLUTION IN TAIPEI by Shintaro Uchinuma, Yoshinobu Ayame

Photographed by Kayoko Yamamoto

Illustrated by Ryo Kawahara

Copyright © Shintaro Uchinuma, Yoshinobu Ayame, Kayoko Yamamoto, 2018

All rights reserved.

Original Japanese edition published by Asahi Press Co., Ltd.

Korean translation copyright © 2020 by Hans Media Inc.

This Korean edition published by arrangement with Asahi Press Co., Ltd., Tokyo, through HonnoKizuna, Inc., Tokyo, and BC Agency

『本の未来を探す旅 台北』ⓒ 内沼晋太郎、綾女欣伸、山本佳代子 朝日出版社刊 2018

写真：山本佳代子、イラスト：カワハラリョウ、ブックデザイン：大西隆介、沼本明希子（direction Q）

이 책의 한국어판 저작권은 BC 에이전시를 통한 저작권자와의 독점 계약으로 한스미디어에 있습니다.

저작권법에 의해 한국 내에서 보호를 받는 저작물이므로 무단전재와 복제를 금합니다.

책의 미래를 찾는 여행, 타이베이

대만의 밀레니얼 세대가 이끄는 서점과
동아시아 출판의 미래

臺北

+++ 우치누마 신타로, 아야메 요시노부 > 편저
+++ 아마노 가요코 > 사진
+++ 이현욱 > 옮김

BOOK++++++++
>>REVOLUTION
= in -> TAIPEI <-

○, In

CONTENTS

인터뷰에서 언급되는 '올해'는
기본적으로 '2018년'입니다.

+++ DEPARTURE

+++   시작하며 / 아야메 요시노부

갑자기 지저분한 이야기를 해서 미안하지만 화장실에서 '휴지를 변기에 버리지 말아 주세요'라고 쓰인 종이를 보고 '아, 타이베이에 왔구나'라는 실감이 났다. 오래된 배수관이 막힐지도 모르니까 휴지를 변기에 넣지 말라는 뜻인 것 같았지만 한쪽에서는 괜찮으니까 변기에 버리라고 홍보를 하고 있으니 어느 쪽이 맞는지는 솔직히 잘 모르겠다. 하지만 서울과 비교하면 타이베이에는 확실히 오래된 건물이 많은 것 같다. 이 '오래된 것들'은 비가 내리면 더 아름답게 빛난다. 오랜 세월 자신의 자리를 지키고 있는 건물이 다닥다닥 붙어 있어, 끝이 보이지 않는 아케이드 상점가 지붕 아래를 비 오는 날에도 우산을 쓰지 않고 걸을 수 있는 타이베이 거리의 역사에 고맙다는 생각이 들었다.

2016년 6월에 우연히 서울에서 '책의 미래를 찾는 여행'을 시작한 우리는 타이베이를 다음 행선지로 선택했다. 서울로 떠난 첫 여행의 결과로 《책의 미래를 찾는 여행, 서울》을 출간하게 되었는데, 마침 그 시기에 오사카 기타카가야에서 열린 '아시아 북마켓'(2017년 5월)에서 한국의 독립서점과 독립출판사를 안내하는 역할을 이 책의 공저자인 우치누마 신타로 씨와 같이 맡게 되었다. 그때 동아시아의 동맹으로 모인 대만의 서점·출판사의 면면이 한국과 비슷하면서도 뭔가 다른 분위기를 풍긴다는 것을 감지하고 이번에는 시선을 남쪽으로 돌리게 된 것이다. 2018년 2월에 행사의 주최팀으로 다음 해의 참가자를 만나기 위해 타이베이(비)와 한국(혹한)에 가게 되었는데, 이때 귀국하자마자 바로 타이베이를 취재하기로 결정했다. 글은 이번에도 본격적

으로 동아시아 출판 여행의 동지가 되어버린 우치누마 씨와 함께했고, 사진은 육아 휴직에 들어간 다나카 유키코 씨를 대신하여 '팀 미완성チーム未完成'이라는 그룹에서 '핏카파이센び っかぱいせん'이라는 이름으로 활동하고 있는 야마모토 가요코 씨에게 부탁했다. 잡지 〈립〉의 발행인 다나카 유스케 씨가 대만 출판계에서 쌓아온 신뢰가 없었다면 이렇게 수월하게 취재 약속을 잡지 못했을 것이다.

서울과 마찬가지로 힘든 여정이었다. 도쿄에서 4시간 정도 비행기를 타고 도착한 타이베이에서 7일 동안 20곳 이상의 독립서점과 독립출판사를 방문했다. 통역사와 함께 기본요금 280엔(약 3,100원) 정도의 택시를 타고 거리를 누볐다. 이번에도 대만 요리의 대명사인 샤오룽바오 만두나 돼지고기 덮밥을 느긋하게 맛볼 시간은 전혀 없었고, 대만 총통부, 국립고궁박물관, 중정기념당도 눈에 들어오지 않았다. 바로 이곳 타이베이의 출판계에서도 '관광'을 훌쩍 뛰어넘는 어떤 '움직임'이 꿈틀거리고 있었기 때문이다. 2018년 4월 중순, 타이베이를 둘러보는 일주일 동안은 뜻밖의 행운이라도 얻은 듯 계속해서 청명한 하늘을 볼 수 있었다.

"서울과는 다른 타이베이만의 재미는 뭔가요?" 귀국 후에 자주 듣던 이 질문에 대해 우리는 여행을 하면서 끊임없이 자문자답했다. 대만은 (국가라고 해도 된다면) 한국보다 더 작은 나라다. 2017년 말 기준으로 인구는 약 2,357만 명(한국 인구는 약 5,142만 명)으로 전체 인구의 10퍼센트에 달하는 268만 명 정도가 타이베이에 살고 있다. 저출산 · 고령화로 인해 인구수와 밀접한 관련이 있는 출판업의 어려운 상황(초판 부수는 대략 2,000부 전후)은 서울과 마찬가지였고, 1980년대생을 중심으로 한 젊은 세대가 자신들의 힘으로 서점이나 출판사를 시작한다는 점도 비슷했다. 흥미롭게도 양국의 '민주화'는 같은 시기에 시작되었고 (한국의 민주화 선언과 대만의 계엄령 해제는 전부 1987년), 그 이후 10대를 보내고 인터넷을 접하고 세기가 바뀔 때 사회에 나와 30세 전후로 독립한 젊은이들이 그 움직임을 주도하고 있다. 이러한 비슷한 상황은 대체 무엇을 의미하는 것일까? 우리는 일본보다 인구가 적은 대만이나 한국의 '현재'를 보고 인구가 급격히 줄어드는 일본 사회의 출판의 '미래'에 대한 힌트를 찾고자 한다. 그러니까 서울과 타이베이로 공간을 이동하는 이 시도가 바로 미래로 떠나는 시간 여행이 될 것이다.

차이를 발견하려 한다고 말하면서도 이내 공통점만 찾고 있었는데, 취재가 진행되면서 타이베이의 서점 주인들과 편집자들이 빈번하게 '시간'이라는 단어를 사용한다는 사실을 깨달았다. 그리고 경과와 축적, 이와 관련된 메타포를 사용한다는 점도 말이다. 한편 서울의 서점과 출판사에서 진행한 인터뷰를 떠올리면 '실험'이라는 단어의 울림이 들려온다. 서점에서 일한 경험이 없어도 비교적 쉽게 서점을 시작한다. 오히려 다른 업종에서 일한 강점을 잘 살린다. 떠오른 아이디어는 바로 실행에 옮긴다. 하지만 그로부터 2년이 지난 서울에서는 그만큼 폐점, 휴업, 이전하는 서점도 적지 않다고 한다. 그럼에도 그보다 더 많은 서점이 새롭게 생기면서 변화의 바람이 점점 더 강해지고 있다. 서울의 서점을 떠올리면 항상 한바탕 몰아치는 거센 바람이 지나가는 것 같다.

타이베이에서는 '비'가 표면을 따라 흘러내린다. 그 표면에 남은 비의 흔적이 긴 세월의 흐름을 보여준다. 그리고 사람들은 앞장서서 변화를 받아들이면서도 10년, 20년이라는 장기적인 관점에서 생각하려는 것처럼 느껴진다. 콩국과 튀긴 빵을 사 먹는 매일 아침의 거리 풍경이 앞으로 수십 년이 지나도 변하지 않을 것 같이 느껴지는 것처럼. 택시에 탔더니 택시운전자격증에 '유효기한: 민국 108년2019년, '민국'은 대만의 연호'이라고 쓰여 있었다. 이는 햇수로 64년을 사용한 일본의 연호 쇼와昭和나 31년을 사용한 헤이세이平成를 뛰어넘어 현재도 진행 중인 시간의 앞날을 보여줬다. 이런 과거의 시간과 변화를 동시에 받아들이는 공간이 타이베이에서는 서점이 아닐까? 이 책이 이런 상황과 진위에 대해서 한번 생각해 보는 좋은 기회가 되었으면 좋겠다. 그런데 대만의 '얼굴'이라고도 할 수 있는 타피오카펄 밀크티에 꽂아서 사용하는 플라스틱 빨대를 어떤 나라보다도 빨리 규제하고 있다는 뉴스를 들으니 '지속성'이 대만의 국민성 중 하나가 아닐까 하는 생각이 들었다. 휴지가 물에 잘 녹는지는 모르겠지만 어쨌든 건물의 미래를 생각해서 화장실 변기에 휴지를 버리고 싶어 하지 않는 것이다.

다시 취재를 하러 간 2018년 8월의 마지막 날에 짬을 내서 잠시 들른 미술관에서 나왔을 때, 산이 보이는 풍경 너머에서 비가 발자국 소리를 내며 우리에게 다가오는 것 같은 아름다운 순간과 마주했다. 비는 순식간에 거리를 부드럽게 씻어냈다. 수십 분이 흐르자 석양으로 빛나는 도로가 내린 비에 반사되어 더욱 눈부시게 빛났다. 그리고 또 비가 내렸다. 우리는 어떻게든 미래를 예측하려고 정신없이 바쁘지만 자연의 순환은 이미 그 미래를 품고 있다. '시간'을 의미하는 중국어 '時光' 안에서 시간時이 빛光을 품고 있듯이.

대만에서 태어나 일본어를 쓰며 자란 작가 온유주溫又柔의 《공항 시간空港時光》에는 대만을 여행하면서 복잡한 가족사를 자꾸 떠올리는 자신에게 화를 내는 장면이 나온다. '대만에 있는 한 나는 조부모에 대해 생각하지 않을 수 없을 것이다. 자꾸 시간을 거슬러 올라가려고 한다. (중략) 이래서는 도쿄의 내 방에서 상상하는 것과 다를 것이 없다. 이 여행이 내 꿈의 일부에 지나지 않는다면 나는 대체 무엇을 위해 일본에서 이렇게 먼 대만까지 온 것일까.' '대만에서 본 일본'이라는 주제에 특화된 문화 잡지 〈꽁치〉의 천이화 씨가 말한 것처럼 진정한 교류, 그리고 여행의 묘미는 '상대를 통해 새로운 눈을 얻는 것'이다. 한국과 마찬가지로 대만과 일본 사이에도 의식하지 않을 수 없는 문제가 많다는 점은 분명하다. 하지만 일단 방 안에서, 그리고 꿈에서 빠져나오는 것이 첫걸음이 될 것이라 생각한다. 분명 10년, 20년이 지나면 상황은 바뀌겠지만, 이 책에서는 책과 관련된 일을 하는 사람들이 '지금' 무엇을 생각하는지를 최선을 다해 제대로 기록하려고 했다. 그러기 위해 앞서 말했듯이 추가 취재를 위해 다시 타이베이에 방문하여 첫 번째 취재 후 업데이트된 정보도 적절히 보충했다 (그래서 시간이 더 걸렸다).

대만과 일본은 다르다. 한국과도 다르다. 하지만 다름에도 불구하고 이웃 나라에도 비슷한 문제가 있을 뿐만 아니라 그 문제를 다른 각도에서 생각하고 해결하려는 사람들이 있다는 사실을 아는 것만으로도 얼마나 마음이 든든한지 모른다. 단발성 축제나 박람회에 기대어 자신의 나라를 어필하거나 회고하기보다는 여행을 통해 이런 다양한 시선을 배워가는 편이 더 단단한 기반이 되지 않을까? 물고기가 가장 의식하지 않는 것은 물이지만(마샬 맥루한Marshall McLuhan), 물속에서 물고기가 흘리는 눈물도 밖에서는 볼 수 없다(왕쉬안王璇). 우리는 그 물뿐만 아니라 그 눈물도 눈에 보이도록 만들어 그사이에 수로를 만들어 나아가야 한다.

2018년 11월

BOOK++++++++
>>REVOLUTION
= in -> TAIPEI <-

+++ BOOKSTORE

朋丁
pon ding

폰딩

陳依秋
Yichiu Chen

+ BOOKSTORE

BOOK+++++++ + BOOKSTORE
>>REVOLUTION
= in -> TAIPEI <-

1.

아트북과 전시로 계속해서
공간을 변화시키는 콘셉트 서점

= INTERVIEW

천이추 陳依秋, Yichiu Chen

1983년 타이중 출생

폰딩 朋丁, pon ding 공동 운영자

+++ 　수많은 서점이 밀집해 있는 중산 지역에 문을 연 '폰딩'은 타이베이의 새로운 독립서점의 모습을 강렬하게 기억에 각인시킨 곳이다. 이곳에는 아트, 디자인 계열의 책과 잡화가 세련된 공간에 진열되어 있다. 사람과 문화가 자연스럽게 이어지는 갤러리라고 하면 될까? 이곳에는 런던 유학 경험이 있는 서점의 공동 운영자 천이추 씨의 눈에 비친 유럽과 대만의 문화가 잘 녹아들어 있다. 폰딩에 대한 영감을 얻었다고 하는 '콘셉트 스토어'의 개념부터 이야기를 들어보았다.

　　　　　　　　　　　　　　　　　　　　　　　　　朋丁

자신들의 강점을 채워 넣는 그릇 같은 공간

폰딩은 2016년 3월에 문을 연 서점입니다. 사실 처음부터 제대로 된 계획 같은 것이 있었던 건 아니에요. 이 서점의 시작을 이야기하려면 폰딩의 공동 출자자인 디렉터 나카무타 요이치中牟田洋一 씨와 처음 만난 때로 거슬러 올라가야 해요. 나카무타 씨와는 태국의 디자인전에서 처음 알게 되었고, 2015년에 대만에서 열린 디자이너 야나기 소리柳宗理 탄생 100주년 회고전 '뷰티 본, 낫 메이드Beauty born, not made'를 기획하던 나카무타 씨에게 프로젝트 매니저를 맡아달라는 연락을 받게 되었어요. 그래서 전시 공간 선정부터 홍보까지 하게 되었죠. 그 당시 일본에서는 비교적 인지도가 낮았던 대만 미술계에서 이 전시회가 큰 성공을 거뒀어요. 이때 대만인의 창의력에 감명을 받은 나카무타 씨가 다른 형태로 이 프로젝트를 계속해 나가고 싶어 했던 것 같아요. 구체적으로 서점을 같이 하자고 말한 것은 아니지만 "또 뭔가 재미있는 거 같이 해보면 어때?" 하고 등을 떠민 거죠.

천이추 씨가 편집한 잡지 〈낫 투데이〉는 2013년부터 2015년까지 총 6호가 발행되었다.

'LN-CC'는 전부 6개의 공간으로 나눠져 있고, '라이브러리&뮤직 룸 (Library&Music Room)'에는 책이 진열되어 있다.

+++ 그 '뭔가 재미있는 거', 그것이 서점이었나요?

저는 공간이라는 것에 대해서도 관심이 많았기 때문에 몇 가지 아이디어를 제안했어요. 하지만 그때는 막연한 생각밖에 없었어요. 책 말고 카페도 있고 전시도 하는, 지금의 폰딩과 같은 복합공간이 머릿속에 있었던 건 아니란 거죠. 그냥 우리가 좋아하는 것을 채워 넣을 수 있는 공간이 만들어진다면 재미있을 것 같다고만 생각했어요. '에사일라esaila'라는 디자인 브랜드의 창업자이기도 한 남편 예웨이룽은 쭉 제품 디자인을 했었고, 저는 비주얼 아트에 관한 책과 잡지를 정말 좋아해서 쭉 독립출판 일도 해왔어요. 나카무타 씨는 도쿄에서 '클리어 에디션&갤러리CLEAR EDITION&GALLERY'라는 갤러리를 운영하고 있었기 때문에 해외 아티스트들과 친분이 있었고요. 그래서 우리 셋이 가진 강점과 경험을 살려서 프로젝트 형태로 공동으로 만들어서 우리가 좋아하는 것(책, 디자인, 전시)을 지속적으로 채워 넣을 수 있는 그릇, 그러니까 그런 공간이 바로 폰딩이라는 서점이었던 거죠. 실제로 폰딩에서 처음으로 개최한 3회의 전시는 나카무타 씨가 일본과 필리핀의 아티스트를 소개해 주어서 열릴 수 있었고, 서점의 공간 디자인과 배치, 북셀렉션, 전시와 이벤트 기획은 남편과 저 둘이서 했어요.

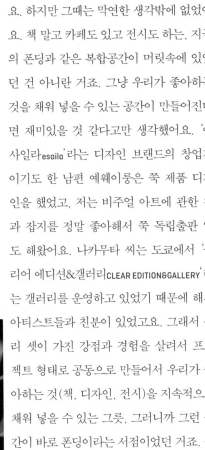

+++ 조금 전 이야기로 돌아가서 천이추 씨는 이전에도 출판 활동을 하신 건가요?

영국에서 공부하다가 대만으로 돌아와 타이베이에서 친구 3명과 '워터폴waterfall'이라는 작은 출판사를 시작했어요. 그 출판사에서 〈낫 투데이NOT TODAY〉라는 예술 잡지를 만들었어요. 2013년 겨울부터 2015년 여름까지 총 6권이 나왔죠. '공간'에 대한 아이디어나 창의력을 가진 사람을 매호 소개하면서 그 공간과 사람과의 관계를 지면에 담았습니다. 사무실이 있는 출판사는 아니었고 친구들과 함께 만든 출판 프로젝트 같은 거였어요. 공동출자를 했는데, 대표는 지금 싱가포르에 살고 있는 친구였어요.

+++ 폰딩은 굉장히 멋진 공간인 것 같아요. 그런데 초기 자금은 어떻게 마련했나요?

정부(문화부) 보조금을 받은 건 아니고 처음에는 나카무타 씨와 우리가 반반씩 자금을 만들었어요. 〈낫 투데이〉는 보조금을 받아서 만들었고, 서점을 시작할 때 받을 수 있는 보조금이 있다는 사실도 알고 있었지만 신청을 하지는 않았어요. 매년 연말에 1년간의 자금수지계획표를 제출하는 등 절차가 번거로운 점도 있었고, 일단은 우리의 방식대로 해보자는 생각이었어요. 나카무타 씨는 융자를 받았기 때문에 수익을 돌려줄 필요는 없지만 초기 비용은 언젠가 갚아야 해요. 즉 우리 셋이 폰딩의 공동 설

그냥 우리가 좋아하는 것을 채워 넣을 수 있는 공간이 만들어진다면 재미있을 것 같다고만 생각했어요.

워터풀은 그 후에 (왼쪽부터) 《히스토리(History)》, 《인비저블(Invisible)》, 《푸드(Food)》 등 매호 주제를 바꾼 책 시리즈를 발간했다.

립자고, 나카무타 씨는 말하자면 초기의 서포터이자 멘토 같은 존재입니다.

서점 안의 인테리어는 제가 남편과 같이 했어요. 저는 대만에서 대학을 졸업한 후에 5년 정도 런던에서 유학하면서 사진과 출판에 대해서 배웠는데, 갤러리나 아트스페이스와 같은 곳에 가는 걸 좋아했어요. 그래서 공간에 대한 아이디어는 그 시절에 축적된 것이 많아요. 당시에는 서점이든 의류매장이든 '콘셉트 스토어'라는 것이 유행했습니다.

예를 들어 런던 북동부 지역에 'LN-CC'라는 의류매장이 있어요. 황량하고 외진 곳에 있는 매장인데 이곳에는 옷뿐만 아니라 책도 진열되어 있습니다. 이스트 런던 지역에 있는 아트북 전문 서점인 던런북스Donlon Books의 주인이 북셀렉션을 해요. 옷이 자신에게 너무 고가라 사지 못하더라도 공간에서 배제되지 않는다는 감각이 있어서 아주 인상적이었죠. 그리고 벨기에 앤트워프에 있는 'RA' 역시 공간을 만드는 방식이 재밌는데, 음식을 먹는 공간에 의자 대신 2층 침대와 이불이 놓여 있습니다. 여기서 어린 시절 여동생과 2층 침대에서 같이 자던 기억을 유럽에서 떠올리는 신기한 경험을 했죠. 간단한 아이디어로 새로운 감각을 만들어낸 거예요. 마지막으로 런던의 '매츠갤러리Matt's Gallery'라는 곳이 있어요. 당시에 다수의 젊고 이름 없는 아티스트들이 이곳에서 실험적인 전시회를 열었어요. 지금은 그들이 유럽 현대미술의 중요한 인물이 되어 다시 그 공간에 전시를 하러 돌아간다고 해요. 이 이외에도 창고, 고가 철도 아래, 주차장 같은 곳에서 자주 예술작품을 전시하는 영국은 한 번도 본 적 없는 것을 수없이 발견할 수 있는 거대한 놀이동산 같았어요.

당시에는 제가 서점을 열 거라고는 생각도 하지 않았지만, 한 가지 꼭 말씀드리고 싶은 것은 이런 해외의 재미있는 물건이나 공간을 대만에 들여오기 위한 목적만으로 폰딩을 만든 것은 아니라는 사실이에요. 콘셉트 스토어라는 매장 자체보다도 이런 작은 공간을 통해 표현되는 힘이나 사고방식이 서점을 열 때 자양분이 되었다고 생각해요. 이런 경험을 통해 배운 것은 '이 넓은 세상에 한계라는 것은 존재하지 않는다'는 것입니다. 단순히 서점이나 갤러리를 시작하는 것이 중요한 것이 아니라 그 이면에 어떤 가치나 스토리를 부여할 것인지를 생각해야 해요. 폰딩은 해외로 통하는 창을 열어놓는 동시에 대만이라는 지역에 뿌리를 내린 상호적인 공간이어야 한다고 생각해요. 외국인들이 방문했을 때 대만이라는 곳을 알아가는 시작점이 되고 싶다는 소망도 있어요.

+++ 어떻게 중산 지역에 서점을 열 생각을 하셨나요?

꽤 오랜 시간을 들여서 타이베이 곳곳을 돌아다니던 중에 인터넷에서 이 장소를 발견했어요. 5~6년 정도 아무도 살지 않아 비어 있던 상태였는데, 처음 이곳을 봤을 때 아이디어가 막 떠올라서 가능성이 느껴졌어요. 3층 건물의 각 층에 다른 걸 할 수 있다는 것도 장점 중 하나라고 생각했어요. 이렇게 중산 지역에 서점을 열게 된 것도 무언가 인연이라고 생각해요. 근처가 주택가라 다른 가게 같은 건 없지만 중산역이나 타이베이역에서 그렇게 멀지 않은. 그래서 찾아오는 사람 입장에서는 가깝고도 먼 그런 곳? 평소에 걸어서 올 만한 곳은 아니지만 일단 폰딩이라는 곳을 알게 되면 찾아가기 멀다고는 생각하지 않을 거예요. 공사를 시작하기 전에는 건물 안이 아주 엉망이었어요. 하지만 공간 자체는 이상하게 나눠지거나 하지 않은 제대로 된 공간이었어요. 특히 예전 건물에 자주 사용하던 창문이 우리 마음에 꼭 들었어요. 공사는 전문가에게 맡겼지만 설계는 이야기를 나누면서 우리가 결정했어요.

가장 신경 쓴 부분은 책장과 평대를 1층 입구 가까이에 눈에 잘 띄도록 배치한 것입니다. 카페 카운터는 안쪽에 뒀어요. 공간을 운영하는 과정에서 갤러리나 잡화, 카페 같은 부분은 유기적으로 발전한다고 생각하는데, 책은 그 어떤 요소와도 관계성을 만들어낼 수 있어요. 그런데 물질로서의 책이 사람에게 주는 임팩트 자체는 크지 않기 때문에 가장 눈에 잘 띄는 곳에 꺼내둔 점도 있어요. 밖에서 큰 유리창을 통해 안을 봤을 때 가장 먼저 많은 책이 눈에 들어왔으면 좋겠다는 생각을 했거든요. 개인적으로 독립출판물에 큰 관심을 가지고 있었기 때문에 개인 출판 잡지나 아티스트북도 다양하게 입고했어요. 2017년 10월에 새롭게 인테리어를 해서 현재 2층은 이벤트나 워크숍도 개최하는 잡화 판매 공간이 되었고 3층은 갤러리입니다.

　　　　　　　　　　　　　　朋丁

서점은 자유롭고 다원적이며 개방적인 공간이어야 한다

+++　　　　해외 출판물도 꽤 많이 취급하시는 것 같은데요, 책은 어떻게 입고하세요?

세계 각국의 서점과 출판사에 이메일을 보내서 직접 거래하고 있어요. 물론 나라별로 모아서 한 번에 구입하는 편이 편하지만 대부분의 독립출판사(출판인)는 그런 일을 해주는 도매업체가 없기 때문에 직접 거래를 해요. 전 세계 어디든 독립출판물을 취급할 때 항상 따라다니는 문제죠. 도쿄의 트웰브북스twelvebooks처럼 유럽을 중심으로 해외출판사의 아트북을 매입해서 서점에 유통하는 업체도 극소수이지만 있기는 해요.

입고하는 책은 대체로 70퍼센트는 매절이고 30퍼센트는 위탁이에요. 처음 거래할 때는 많이 팔고 싶어도 팔린다는 보장이 없기 때문에 우선은 위탁으로 협상을 해서 어느 정도 감이 잡히면 매절로 전환합니다. 일본의 서점과 거래할 때도 비슷한데 트웰브북스와 거래를 할 때는 대부분 매절 방식이어서 기본적으로 반품은 안 돼요. 예전에는 이메일만 주고받았는데, 작년에 열린 타이베이 아트북페어에서 이야기가 잘되어서 폰딩 3층에서 전시를 하기도 했어요('사진집 팝업 서점攝

도예작가 천샹룽(陳向榮)의 작품집 《푸드 포즈(FOOD POSE)》는 노스북스에서 출판된 책으로 폰딩에서도 전시를 했다.

>>

影集快閃書店’, 2017년 10∼11월). 사이 톰블리나 프랜시스 베이컨 등 트웰브북스의 하마나카 씨가 고른 해외의 희귀한 사진집과 출판물, 작품, 포스터를 전시하고 폰딩에서 책정한 가격으로 판매했죠. 이 전시는 성황리에 끝났고 책도 많이 팔았어요. 전시를 마치고 팔고 남은 재고는 가지고 돌아가셨고요.

+++ **취급하는 책은 어떤 기준으로 고르시나요?**

저는 편집자 시절에 사진작가를 몇 번이나 취재했을 정도로 현대사진을 굉장히 좋아해요. 그래서 서점을 시작했을 때는 사진집을 중심으로 사진과 관련된 독립출판 서적이나 잡지 등을 다양하게 진열해 뒀어요. 그렇다고 해도 100권 정도밖에 되지 않았지만요(웃음). 그런데 점점 대만에서 독립출판물을 좋아하는 독자들이 눈에 띄게 늘어나고 있다는 사실을 깨달았죠. 게다가 서점을 방문한 고객에게 "이 책은 없어요?", "이 책 주문해 주실 수 있나요?" 하는 요청을 받고 응대하다 보니 서점이라는 장소에 대한 갈망이나 수요를 실감하게 되었어요. 그 결과, 책의 종류가 점점 늘어나서 더 이상 사진이 중심인 서점이 아니게 된 거죠. 지금은 항상 서점 안에 500∼600종의 책을 두고 있고, 지금까지 총 1,500여 종의 책을 판매했어요.

그런데 그렇다고 해도 북셀렉션의 기본적인 기준은 변하지 않아요. 개인이 제작한 독립출판물 혹은 중소 규모의 출판사가 발행한 책이나 잡지를 고르죠. 요즘 매일같이 자신이 가져온 책을 입고해 줄 수 없겠느냐고 찾아오는 분이 계시는데요. 저는 가리지 않고 대체로 받아들이는 편이에요. 왜냐하면 이런 점이 서점과 셀렉트숍의 차이라고 생각하기 때문이죠. 셀렉트숍은 가게 주인의 취향을 표현하는 곳이고 서점도 그런 측면이 있긴 하지만 저는 주관적인 자신의 취향을 전면에 내세우고 싶지는 않아요. 서점은 자유롭고 다원적이며 개방적인 공간이어야 한다고 생각하거든요. 주인 개인의 시야만으로 보게 되면 그 공간은 점점 좁아진다고 생각해요. 세상은 아주 넓고 서점에는 이 넓은 세상의 다양성을 받아들일 수 있는 잠재력이 있다고 생각해요. 물론 이런 다양성을 수용하는 것도 확실한 기준이 있을 때 가능한 이야기예요.

부부 사이의 역할 분담에 대해서 이야기해 보자면 책 입고나 전시 기획 등 경영 전반에 대해서는 제가 담당하고요, 주로 유지 보수라고 할까요. 수리 같은 육체노동은 남편이 담당하고 있어요(웃음). 남편은 목표가 있으면 바로 돌진하는 성격이라 가만히 앉아 천천히 생각해야 하는 경영적인 판단이나 목표 설정에 대해서는 제가 결정해요. 그런데 또 제가 생각이 너무 많아서 주저하고 있을 때는 남편이 나서서 적극적으로 추진

朋丁

하는 경우도 있기 때문에 역할 분담은 아주 잘되고 있는 것 같아요.

+++ 폰딩에 오는 손님은 어떤 분들이세요?

디자인, 예술, 문학에 관련된 일을 하거나 관심이 있는 사람, 학생, 그리고 전시회를 하는 사람들이요. 그리고 폰딩에서는 체인 서점에서는 좀처럼 보기 힘든 책을 많이 팔기 때문에 책 수집가도 많이 오세요. 해외에서 오시는 분들도 많은데 전체의 30퍼센트 정도 될 거예요. 주말에 많이들 오시죠. 베를린에 있는 유명한 독립서점인 '두 유 리드 미 do you read me?!'에 대한 기사를 읽은 적이 있는데, 서점 경영은 전 세계 어느 곳이라도 전부 힘들다고 하면서 자신들의 수익은 대부분 해외 고객에게 나온다고 하더라고요. 폰딩은 처음에는 대만의 독자를 타깃으로 시작했지만 자연스럽게 해외의 고객들도 유입되면서 대만 사람과 외국 사람으로 고객을 구분하거나 한정할 필요가 없다는 사실을 알게 되었어요.

+++ 그렇다고는 해도 이런 예술·디자인 계열의 책은 베스트셀러처럼 날개 돋친 듯이 팔리지는 않잖아요. 갤러리도 무료로 입장이 가능하고……. 어떻게 서점의 수입을 유지하고 계신가요?

매출 비율은 책과 갤러리가 비슷한 정도고 카페는 그보다 작아요. 아무래도 초기에는 책이 그렇게 많이 팔리지 않아서 온라인 홍보에 애를 썼어요. 이곳을 방문하도록, 그리고 책을 구입하도록 만들기 위해서 프로모션을 하는 데 고생을 좀 했죠. 그런데 의외일지도 모르겠지만 서점의 매출 상승세가 나쁘지 않더라고요. 지금은 수익이 안정적으로 조금씩 늘어나고 있어요.

갤러리에서는 작품 판매의 마진과 장소 대관비라는 수입이 발생해요. 저희는 단순히 장소를 빌려주고 대가를 돈으로 받는 형태

미즈시마 다카히로(水島貴大)의 《롱 허그 타운(Long Hug Town)》 출판 기념 사진전(2018년 10월)

리지(李霽)와 우둥룽(吳東龍)의 단체 전시회 '부정의 언어(否定的語言)'(2018년 9월)

+ BOOKSTORE

2층에서는 잡화를 판매하고 워크숍과 이벤트도 개최하고 있다.

로는 운영하지 않는데요, 최근에는 컨설팅을 해주거나 협업하는 부분의 비중이 늘어나고 있어요. 전시 내용을 같이 논의하면서 계획을 세웁니다. 기본적으로 전시는 3층에서 한 달에 1번 개최해요. 초기에는 2층도 전시 공간으로 활용해서 같은 시기에 다른 전시를 동시에 진행하기도 했어요. 그런데 주말마다 전시 오프닝을 준비하려면 우리도 일이 많아 많이 지쳤고 고객들에게도 정보의 양이 너무 많을 것 같아서 한 달에 1번 전시를 열어서 더 집중하는 쪽으로 노선을 바꿨어요.

서점과 갤러리가 연결되는 지점도 꽤 많아요. 전시를 꾸준히 자주 하다 보면 전시에 관심을 가지고 방문하는 사람들도 늘어나게 되죠. 출판사와 공동으로 개최하는 출판기념회와 같은 이벤트(최대 70명 참가)가 계기가 되어서 서점을 방문하는 사람들도 많은데, 이때 서점에 와서 전시를 보고 예술 작품이나 서적을 구입하기도 해요. 간접적으로 이어지는 거죠. 일본은 어떤지 모르겠지만 대만 사람들은 이벤트에 참가하는 걸 정말 좋아해요. 그 덕분에 재미있는 전시를 계속 기획해야 해서 고생을 좀 하고 있는 것도 사실이에요. 아! 그러고 보니 서점을 시작한 때는 취재를 오시면 항상 이렇게 대답했어요. "폰딩은 골목 길모퉁이에 숨어 있는 아주 작은 개인 미술관이 되고 싶다"라고요.

朋丁

**결혼식에서 사용하고 남은 생화를 재활용하여
작은 예술 작품을 만드는 워크숍
'리:컴포즈/재구성(Re:compose/再解構)'(2018년 2월)**

지금 이야기를 나누고 있는 여기 2층은 조금 더 차분한 분위기로 이벤트를 진행할 수 있는 공간이라서 워크숍을 하거나 넓은 장소를 빌릴 수 없는 사람들에게 전시 공간으로 빌려주기도 해요. 이렇게 유연한 공간을 지향하고 있어요. 예전에는 1층 왼편에 책이 아니라 테이블과 의자만 있었는데요, 지금은 책을 진열해 두었어요. 서점에 오신 분들이 "책은 더 없어요?"라고 물어보기도 했고. 저 역시도 더 다양한 책을 보여드리고 싶었거든요. 모처럼 만든 이 공간에 사람들이 정기적으로 방문하도록 만들고 싶었어요. 한 달에 1번 또는 2주에 1번 정도의 빈도로 '이번에는 어떤 걸 하고 있을까?' 하는 궁금증을 안고 살펴보러 오면 좋겠다 싶었죠.

+++ 　　서점을 시작하고 2년이 조금 더 지났는데요, 그 사이에 폰딩이라는 서점에는 어떤 변화가 있었나요?

이 서점은 아직 2살밖에 안 된 아기라고 할 수 있지만 젊은 세대 말고도 더 다양한 연령층이 방문해 주셨으면 하는 바람이 있어요. 조금 더 구매력이 있는 세대를 고객으로 만들 수 있으면 좋겠다고 생각해요. 제가 편집자 출신이어서 그런지 처음에는 이 공간 전체를 1권의 잡지로 보고 그 안의 내용을 편집해 가면 된다고 생각했어요. 시즌별로 책, 전시, 이벤트를 새롭게 재구성해서 가게가 매번 다른 입체적인 모습을 보여주면 더 많은 사람을 끌어들일 수 있지 않을까 하고 생각했어요. 그런데 이건 보여주는 방식의 문제고, 지금은 경영자로서 더 깊은 시점과 사고방식을 가지게 되었다고 생각해요. 독립출판을 하는 사람들이 책 제작뿐만 아니라 책 판매 방법까지 생각하는 것처럼 폰딩도 일단은 제가 좋아하는 스타일이 중심축이 되지만 어떻게 이 공간을 더 활성화시킬지, 어떻게 더 많은 사람을 이곳으로 끌어들일지 더 깊게 고민해 봐야 해요. 힘든 일이지만 그 과정에서 오는 즐거움도 있습니다.

+ BOOKSTORE

+++ '공간을 잡지처럼 편집한다'는 말씀의 연장선에서 여쭤보면 앞으로 직접 출판하고 싶은 책도 있으신가요?

폰딩의 자체 제작 상품을 만들 생각은 없는지, 직접 출판을 할 생각은 없는지, 다른 곳에서 이벤트를 주최하지는 않는지, 2호점을 낼 생각은 없는지, 많은 분들이 앞일에 대해서 물어 보세요. 이런 질문을 받고 처음으로 아직 우리가 그만큼 준비가 되어 있지 않다는 사실을 깨닫고 놀라기도 했어요. 그런데 이런 질문을 받는다는 것은 그만큼 우리가 사람들에게 기대를 받고 있다는 증거이기도 하기 때문에 항상 자극을 제공하면서 이런 질문에 답을 해나가야 한다고 생각해요. 지금 우리가 전시라는 형태를 통해서 지원하고 있는 아티스트와 함께 앞으로 출판물이나 작품을 만들면 좋겠다고 생각하고 있어요. 〈낫 투데이〉는 6호까지 발간했을 때 할 수 있는 건 다 했다는 생각이 들었기 때문에 앞으로 무언가를 한다고 하면 다른 걸 시도해 보고 싶어요. 하지만 〈낫 투데이〉라는 잡지를 통해 알게 된 분들 덕분에 지금이 있을 수 있다고 생각하고 항상 감사하고 있기 때문에 앞으로도 출판과 관련된 일을 계속할 거라고 생각해요.

대만의 젊은 디자이너 장젠스양(張簡士揚)의 브랜드 '즈스(口是, ZISHI)'의 굿즈는 인기 만점이다. 오른쪽은 명함 지갑.

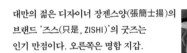

천이추 씨가 추천한 런던의 예술 잡지 〈테러블 피플(Terrible People)〉 제2호. 대만은 물론 아시아에서도 폰딩에서만 구입할 수 있다.

朋丁

독립서점은 동네의 독자성을 측정하는 지표가 된다

+++   자신의 영향으로 주변이 변했다는 것을 실감한 적이 있나요?

변화를 일으켰다고 할 만한 입장은 아니지만, 최근 1~2년 사이에 확실히 서점이라는 존재가 사람들의 생활 속으로 가깝게 들어갔다는 생각이 들어요. 사람들이 책을 구입할 때 청핀 서점 같은 대규모 서점뿐만 아니라 독립서점도 자연스럽게 선택지로 고려하는 것 같거든요. 우리의 일상생활 곳곳에 흩어져 있는 작은 서점이 우리가 평소에도 쉽게 이용하는 존재로 바뀌고 있다는 것은 굉장히 좋은 현상이라고 생각해요. 그리고 이건 희망 사항이지만 폰딩이 책을 통해 창조적 생활의 플랫폼이 되면 좋겠어요. 아까 말씀드렸던 것처럼 폰딩은 우리의 취향을 강하게 드러내는 것보다는 각자의 취향을 가진 다양한 사람들이 이곳에 와서 새로운 감정을 느끼고 무언가 번뜩이는 아이디어를 얻어서 서로 협력하고 연대할 수 있는 공간으로 만들어 나가고 싶어요. 실제로 지금까지 개최한 전시회나 이벤트를 기획할 때 이런 마음으로 시작한 적도 많았죠.

+++   최근 타이베이에서 이런 독립서점이 늘어나는 이유는 뭐라고 생각하세요?

다시 독립서점이 늘어나는 건 무척 좋은 현상이라고 생각해요. 시장이 커지고 있다는 의미이기도 하고, 작더라도 내가 사는 동네에 서점이 있으면 멀리 가지 않아도 책을 살 수 있다는 장점이 있죠. 다만 젊은 사람들이 이상을 가지고 서점을 시작하는 건 좋은 일이지만 현실적으로 과연 수익을 내면서 운영을 할 수 있을지, 서점을 계속해 나갈 수 있을지에 대해서는 의문이 들어요. 새로 생긴 서점이 시장에서 살아남지 못하고 문을 닫는다면 그건 더 우려스러운 일이거든요. 왜냐하면 독립서점은 동네에서 하나의 생활지표가 되기도 하기 때문이에요. 예전에 '한 도시의 독창성은 독립서점의 수로 알 수 있다'라는 말을 듣고 정말 그렇다고 생각한 적이 있어요. 동네에 다양한 서점이 있으면 식사를 하거나 쇼핑을 할 가게 외에도 방문할 수 있는 선택지가 늘어나거든요. 그렇지만 서점 경영이 어렵다는 건 모두가 알고 있을 거예요. 저 역시도 항상 살얼음판 위를 걷는 것 같은 기분이죠. 그럼에도 서점은 많으면 많을수록 좋다는 생각에는 변함이 없어요.

계산대 앞 바구니 안에 들어 있는 상태가 조금 좋지 않은 책은 할인된 가격으로 판매하고 있다.

차이셴전의 프로젝트 '평화제품/Paixpro(和平製品/ Paixpro)'의 전시 '1992 팔년(1992八年)'. 진, 대량의 스케치, 포스터 이외에도 작가가 직접 고른 책이 전시되어 있다.

+++　　　서점 이외의 선택지도 많이 있는데 젊은 사람들이 서점 경영을 생업으로 선택하는 이유는 뭘까요?

왜 그럴까요(웃음)? 젊은 사람들이 책과 다른 무언가를 결합한 복합공간에서 발전 가능성을 찾은 것일지도 모르겠어요. 돈이 많이 없다고 해서 서점 개업이 어려운 것도 아니고요. 확실한 비전 하나와 작은 공간만 있으면 서점을 시작할 수 있죠. 그 공간에서는 자신이 좋아하는 책을 진열할 수도 있고, 좋아하는 아티스트를 소개할 수도 있어요. 아니면 자신의 작품을 발표하는 것도 가능해요. 말하자면 작은 쇼룸인 거죠. 이런 서점에서만 가능한 공간 활용에서 가능성을 찾은 게 아닐까요?

작년에 열린 아시아 북마켓ASIA BOOK MARKET. 2017년부터 매년 봄 오사카 기타카가야에서 개최되는 북페어. 대만, 한국, 홍콩의 출판사 및 서점도 참가한다. 이 책의 저자 두 사람도 주최 측으로 한국 출판 관계자를 담당하는 현지 코디네이터로 참가했다. 292쪽에서도 이야기했지만 대만에는 독립서점이 공동으로 책을 주문하기 위한 조합인 '독립서점연맹'이 있어요. 이 조합에서 취급하는 책은 주로 인문서여서 저희는 가입하지 않았지만요. 독립출판사가 모인 '독립출판연맹'이라는 단체도 있는데, 이 단체에 대해서는 공동대표인 콤마북스의 천샤민(96쪽) 씨가 잘 알고 있을 거예요. 매년 2월에 열리는 타이베이 국제도서전은 참가비가 비싸서 작은 출판사는 선뜻 참가할 수 없었는데요, 최근에는 독립출판연맹에 소속되어 있는 수십 군데의 출판사가 공동으로 참가하고 있어요. 올해는 중화문화총회가 출판하는 잡지 〈신훠수이新话水〉의 여성 편집자가 '메이크 어 진MAKE A ZINE'이라는 큐레이션 부스를 내기도 했어요. 흐름이 변하고 있어요.

　　　　　　　　　　　　　　　　　　　　　　　　　　朋丁

+++　　세상에는 폰딩에 진열될 것 같은 아트북을 즐겨 보는 라이프스타일과는 전혀 상관없는 사람이 더 많은 것 같고, 애초에 비싸서 사지 못하는 사람도 있을 것 같아요. 어떻게 하면 더 많은 사람들이 아트북을 구입할까요?

글쎄요, 결국은 사람에 따라 다르다고 생각하는데요, 최근 시도하고 있는 새로운 방법이 있어요. 얼마 전에 2층에서 대만의 젊은 그래픽 디자이너 차이셴전蔡賢臻의 전시를 했어요. 차이셴전이 작업한 진ZINE(개인이 취미로 제작하는 잡지), 포스터, '10년 동안 매일 그리다' 프로젝트의 스케치 등을 전시했는데, 공간이 조금 남아서 작가에게 1층에서 책을 골라달라고 부탁해서 그 책을 전시장에 같이 진열해 두었거든요. 처음으로 저희가 아닌 다른 사람이 고른 책을 진열했는데 반응이 좋아서 앞으로도 이렇게 전시와 책을 조합해 보려고 해요.

책이라는 느린 미디어에는 시간이 필요하다

이벤트를 하거나 유명인에게 책 사진을 예쁘게 찍어서 코멘트와 함께 SNS에 업로드해 달라고 요청하는 등의 책 추천 방법도 있지만, 최근에는 한 사람이 정말 책을 좋아하게 만들기 위해서는 결국 시간이 걸리는 방법이 가장 효과적이라는 생각을 해요. 매일 무서운 속도로 정보를 제공하는 디지털 미디어에 비해 책은 더욱 느린 미디어가 되어가고 있죠. 오늘 서점에 방문한 손님이 반드시 오늘 당일에 책을 좋아하게 된다고는 할 수 없거든요. 하지만 책과 가장 잘 어울리는 공간에서 소소한 이야기를 나누거나 많은 사람이 읽지 않더라도 온라인에 책 소개 글을 열심히 쓰는 등 책 내용을 소개하는 착실한 노력이 있어야만 사람들이 '이 책이야말로 나에게 필요한 책이구나'라고 느끼고 결국 책을 찾아서 손에 드는

커피 원두는 타이베이 3대 카페라고 불리는 '인루커피(引路咖啡/Pharos Coffee)'의 원두를 사용한다. 플라스틱 빨대를 사용하지 말자는 움직임이 확산되는 가운데 취재를 위해 다시 찾은 폰딩에서는 어느 곳보다 빨리 유리 빨대를 제공하고 있었다.

순간이 올 거라고 믿어요. 바로 효과가 나타나는 새로운 방법이라는 것이 있는 것이 아니라 예전부터 있었던 방법을 꾸준히 밀고 나가야 한다고 생각해요.

그럼에도 새로운 기술이나 미디어를 활용해 보고 싶다는 생각은 있어요. 오프라인과 온라인 공간을 잘 융합해서 폰딩이라는 공간을 확장해 가고 싶어요. 이미 온라인숍이 있기는 하지만 아직 저희가 생각하는 이상적인 모습에는 도달하지 못했거든요. 앞으로는 스마트폰 앱 같은 것도 만들어서 독자가 책을 접할 수 있는 기회를 늘려가고 싶어요. 이런 선행 사례가 몇 가지 있는데요, 대만의 '오픈북Open Book'이라는 웹 미디어는 책과 관련된 콘텐츠만 제공하고, 런던의 '스택stack'이라는 온라인 구독 서비스는 매달 7파운드(약 1만 원)를 지불하면 전 세계에서 발간되는 독립잡지를 매달 다르게 1권씩 선정해서 보내줘요. 스택은 홈페이지에 올라와 있는 잡지 소개 영상이나 인터뷰 기사도 재미있어요. 저희와 방향성이 같은 곳이죠.

+++ **독자와의 교류를 위해서 멤버십 제도를 만들어 커뮤니티를 강화할 계획은 없으세요?**
말씀하신 부분은 계속 고민하고 있는데요, 판매 특전이나 생일 할인 같은 혜택만 제공하는 일반적인 회원 제도를 만들고 싶지는 않아요. 지금은 정보를 등록해 주신 분들에

다양한 사람들이 이곳에 와서 새로운 감정을 느끼고 무언가 번뜩이는 아이디어를 얻어서 서로 협력하고 연대할 수 있는 공간으로 만들어 나가고 싶어요.

게 뉴스레터를 보내거나 페이스북에서 새로운 정보를 제공하면서 폰딩 사이트에 오픈 이후에 했던 전시 등을 아카이브하고 있어요. 말하자면 기록의 역할을 하고 있죠. 아직은 정보를 축적해 나가는 과정이고, 훗날 여기에서 어떤 결실이 만들어질지는 아무도 몰라요. 프리페이퍼일 수도 있고 아티스트와 협업해서 만드는 책이나 상품일지도 모르죠. 당장이라도 실행해 보고 싶은 아이디어는 많지만 최근에는 시간, 돈, 인원이라는 제한된 자원 안에서 타협하면서 차근차근 계획을 세우는 것도 좋겠다고 생각하고 있어요. 아이디어가 아이디어로 끝나지 않으려면 어려움도 많이 따라요.

+++ **제대로 시간을 들여서 하신다는 거군요.**
같은 맥락에서 해외 북페어에서 만난 사람들과 계속 교류하고 있어요. 북페어를 통해 폰딩을 알게 된 세계 각국의 독자나 서점 관계자가 폰딩에 흥미를 가지게 되어서 실제

朋丁

로 방문을 고려해 보는 경우도 있어요. 책 판매로 직결되는 만남만 있는 건 아니지만 더 적극적으로 이런 교류를 해나가고 싶어요.

언제 가도 마음이 편안하고 스타일이 거의 변하지 않는 서점도 있겠지만, 왠지 폰딩은 항상 변해야 할 것 같다는 생각이 들어요. 마치 '폰딩'이라는 인격체가 불변이라는 단어를 거부하는 것처럼요. 폰딩의 로고는 물웅덩이를 이미지화했고, 폰딩의 명함은 빛을 반사하는 필름으로 인쇄했어요. 영어로 '폰딩 ponding'이 물웅덩이를 의미하잖아요. 서점을 오픈하기 전에 인테리어를 하고 있을 때 태풍이 와서 건물 옥상에 커다란 물웅덩이가 만들어졌는데, 그때 그 물웅덩이를 보고 폰딩이라는 이름을 지었어요. 처음에는 물이 샐까봐 걱정했지만, 곧 물이 사람과 닮아 있다는 걸 깨달았어요.

폰딩의 공간도 처음부터 형태가 정해져 있는 것이 아니라 그 공간에 사람들이 모이면서 물처럼 항상 형태가 자유자재로 변하는 것 같아요. 그런 '물웅덩이' 안에 담긴 의미가 무척 마음에 들었어요. 'ponding'을 'pon'과 'ding'으로 나눠서 각각의 음으로 발음되는 한자 중에 획수가 가장 적은 한자를 찾았어요. '朋(pon)'은 친구, '丁(ding)'은 인력이라는 의미예요. 그래서 폰딩이라는 물=공간은 사람의 집합체에 의해 성립되고 계속 변화하는 역학에 의해서 항상 변화해 나갔으면 좋겠다는 바람을 담아 사람과 관련이 있는 글자로 조합했어요.

+++ **말씀 중에 '계속'이라는 단어가 나왔는데요, 흔히 서점은 시작보다 유지가 어렵다고 하잖아요. 앞으로 폰딩을 오랜 시간 계속 이어 나가기 위해 가장 중요한 요소는 뭘까요?**

시간이 중요하다고 생각해요. 한 장소에서 오래도록 있다 보면 자연스럽게 경험이 축적되기도 하고, 시간이 오래 지나야 가능한 일도 있거든요. 반년 혹은 1년이라는 짧은 기간 안에는 불가능했던 일도 계속하다 보면 되는 경우도 있다고 생각하고요. 아마 두 분이 인터뷰하실 다른 출판 관계자분들은 저희보다 훨씬 오랫동안 이쪽에서 일한 선배들일 텐데요, 그 정도가 되면 고생한 이야기나 작은 문제 정도는 그간의 경험으로 축적된 것들 뒤에 묻혀 부차적인 이야기가 되어버리죠. 그런 경지에 도달할 수 있도록 저희도 늘 변화하면서 항상 새로운 모습으로 손님들에게 다가가 10년, 20년 이 서점을 오래도록 이어가고 싶어요.

'물웅덩이'라는 콘셉트를 떠올린 옥상에서 촬영한 폰딩의 명함

>>> 朋丁 pon ding

폰딩
臺北市中山區中山北路一段53巷6號
No.6, Ln. 53, Sec. 1, Zhongshan N Rd.,
Zhongshan Dist., Taipei City 104, Taiwan
02-2537-7281
영업시간 11:00~20:00
매달 마지막 월요일 휴무
+++ pon-ding.com

朋丁

BOOK+++++++
>>REVOLUTION
= in -> TAIPEI <-

+++ PUBLISHER

小日子
c'est si bon

샤오르쯔

劉冠吟
Laura Liu

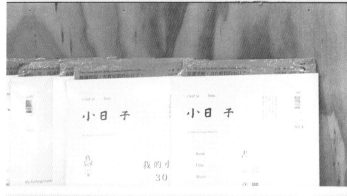

샤오르쯔 공관점 2층에 편집부 사무실이 있다.

공관점 1층에서는 샤오르쯔 굿즈와 잡화도 판매한다.
맞은편에는 카페가 보인다.

+ PUBLISHER

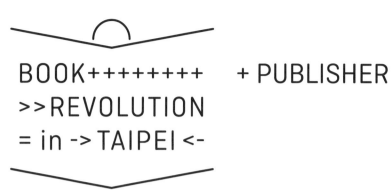

BOOK+++++++ + PUBLISHER
>>REVOLUTION
= in -> TAIPEI <-

2.

현대 대만의 작은 이야기를
매장에서 입체화하는 라이프스타일
디자인 잡지

= INTERVIEW

류관인 劉冠吟, Laura Liu

1982년 타이베이 출생

샤오르쯔 小日子, c'est si bon 발행인

+++ '대만에서 유명한 라이프스타일 잡지를 다시 살려낸 엄청난 능력자가 있다'는 이야기를 들었다. 밝은 매장 안으로 들어가면 중국어로 인쇄된 귀여운 배지와 스티커에 나도 모르게 손을 뻗게 된다. 그때 장난기 가득해 보이는 한 여성이 위층에서 내려왔다. 이번에는 〈샤오르쯔〉의 류관인 씨가 해낸 잡지 자체의 혁신보다 잡지 판매를 위한 환경 조성, 그러니까 콘텐츠를 보다 매력적으로 보이게 하려면 어떻게 해야 하는지에 초점을 맞춰 브랜드 운영의 비밀을 파헤쳐 봤다.

小日子

숍이라는 입구를 통해 잡지의 세계로 들어간다

〈샤오르쯔小日子〉라는 잡지는 2012년에 창간되었는데 제가 합류한 건 2015년이에요. 그때부터 계속 '발행인'을 맡고 있어요. 대만에서는 발행인이 대부분의 경우에 회사 출자자를 의미해요. 그러니까 그때 제가 〈샤오르쯔〉를 사들인 거죠. 대학에서는 문학을 전공했고 졸업한 후에는 기자로 일하다가 폭스콘Foxconn이라는 대만의 아주 큰 전자기기 제조업체로 이직해서 홍보 담당자로 일했습니다. 올해, 2018년이 사회생활을 한 지 딱 10년째 되는 해예요. 쭉 내가 하고 싶은 일을 하자는 생각으로 일을 해왔어요. 기자나 홍보 담당자도 내가 좋아하는 '사람의 스토리를 전달한다'는 역할에는 변함이 없지만, 내가 관심을 가지고 취재한 내용에 대해 완전히 자주권을 가지고 싶어서 〈샤오르쯔〉를 선택했어요. 이게 바로 내가 하고 싶은 일이라는 생각을 한 거죠.

잡지 편집은 원래 있던 직원과 함께 현장에서 배웠는데, 이곳에는 처음부터 '편집장'이라는 직책이 없었어요. 지금은 4명이 근무하고 있는 〈샤오르쯔〉의 편집팀은 각각 다른 역할을 하고 있기 때문에 수직적 관계가 아닌 수평적 관계예요. 대외적으로도 저는 '발행인'이라고 말하고 다녀요.

취재는 타이완대학 근처에 있는
메인 매장인 공관점에서 이루어졌다.

〈샤오르쯔〉 각호마다 판지로 된 부록
(투두리스트, 캘린더)이 끼워져 있다.

+ PUBLISHER

류관인 씨가 합류하고 나서부터 부진하던 〈샤오르쯔〉가 다시 일어섰다고 들었는데, 구체적으로 어떻게 하신 거죠?

종이 매체를 읽는 사람들이 줄어드는 상황에서 종이 잡지를 만들려면 일단 비즈니스 모델을 다원화할 필요가 있다고 생각했어요. 그래서 잡지를 만들어서 수익을 더 올려야 한다는 부담도 없었고 기대도 안 했어요. 출판 부문에서는 적자만 아니면 충분하다고 생각했고, 이 이외의 다양한 비즈니스를 잘 운영해서 먼저 〈샤오르쯔〉를 브랜드화할 필요가 있다고 생각했어요. 그래서 그 첫걸음으로 이렇게 숍을 오픈했고요.

잡지 〈샤오르쯔〉의 주요 독자층은 18~27세로 연령이 어린(제2의 독자군은 40~45세의 결혼하지 않은 싱글), 말하자면 스마트폰세대입니다. 대체로 나이가 어리면 어릴수록 책이나 잡지를 많이 읽지 않지만, 그 대신 특별한 목적 없이 거리를 걸어 다니거나 쇼핑하는 걸 좋아해요. 그렇기 때문에 잡지만 만들어서는 그들의 생활권 안으로 들어갈 수 없지만 이렇게 숍을 오픈하면 우리 존재를 어필해서 잡지에 관심을 가지게 만드는 입구를 만들 수 있어요. 그래서 매장 인테리어도 젊은 층을 고려해서 결정했어요. 실제로 숍을 시작하고 나서 잡지 매출도 늘어났고요. 매장에 손님이 일단 들어오면 잡지는 사지 않더라도 잡화나 옷은 구입해요. 매장에 잡지 이외의 상품을 더 많이 두는 것은 이 때문이에요. 이런 과정에서 〈샤오르쯔〉에 대해서 조금이라도 더 많은 사람들이 알게 되면 되는 거예요. '물건을 구입하는' 행위를 통해 '잡지를 읽는' 장벽의 높이를 낮추려는 목적도 있어요. 전부 〈샤오르쯔〉를 오래오래 계속하기 위해서죠.

매출이 좋지 않은 기업이 회사를 살리기 위해 인건비를 삭감하거나 그 이외의 비용을 줄이는 등의 방법을 통해 생존을 걸고 노력하는 경우를 볼 수 있는데 그런 방법은 제조물의 품질에도 좋지 않은 영향을 끼쳐요. 특히 미디어의 경우는 그 악영향이 현저하게 나타나죠. 그래서 잡지 제작에 드는 인건비 관련 비용은 전혀 줄이지 않아요. 잡지의 인지도를 높이기 위해 다른 방법으로 어떻게 하면 돈을 벌 수 있을지 생각해야 해요.

+++ 〈샤오르쯔〉를 인수하기 전부터 그런 가능성을 예측했던 건가요? 어떻게 인수를 할 결심을 하게 됐는지 궁금해요.

그 이유에 대해서는 대답을 들으셔도 재미가 없을 거예요(웃음). 원래 〈샤오르쯔〉는 좋아하는 잡지여서 즐겨 읽었는데 잡지사 사장이 제 친구였어요. 창간 당시에는 매출도 꽤 좋았지만 대만 전체를 덮친 불경기의 영향으로 그다음 해인 2013년부터 판매량이 떨어지기 시작했어요. 그때는 출판 사업만 하고 있었기 때문에 적자였죠. 본업이 따로 있었던 그 친구는 출판 사업을 접으려

귀여운 일러스트에 위트 있는 말이 적혀 있는,
자체 제작한 인기 스티커는 1장에 25~30위안
(약 1,000~1,200원)

특집 제목이 눈을 사로잡는 제68호 〈실연 후의
일상 연습〉(왼쪽)과 제72호 〈세상이 싫지만 나는 산다〉
(오른쪽)

고 생각했는데, 저는 독립출판사로 시작해
서 아직 2년밖에 지나지 않았는데 폐간을
하는 건 너무 아깝다는 생각이 들었어요.
친구가 어쨌든 빨리 처분하고 싶어 했기 때
문에 매각 가격도 굉장히 낮았어요. 매입할
때는 앞으로의 계획이나 방침 같은 것은 전
혀 생각하지 않았어요. 내가 할 수 있는 일
을 생각해 본 게 아니라 그냥 너무 아까워
서 일단 〈샤오르쯔〉를 계속 발행하기 위해
서 내가 인수해야겠다고 결심한 거죠. 다행
인 것은 회사 빚은 재작년에 전부 갚고 작
년부터는 흑자 전환에 성공했다는 거예요.
〈샤오르쯔〉의 발행 부수는 2만 부예요(2016
년에 나온 제55호부터 정가 100위안**약 4,000
원**에서 125위안**약 5,000원**으로 가격이 올랐
고 페이지 수가 100페이지에서 116페이지
로 늘어났다). 반은 대만에서 판매하고 반
은 중국, 홍콩, 싱가포르, 말레이시아 등 중
화권을 대상으로 판매합니다. 2018년부터
는 일본어판도 낼 예정인데 과거 콘텐츠 중

에서 일본인이 볼 만한 내용으로 골라서 채
울 예정이에요. 매장에도 일본 분들이 많이
와서 〈샤오르쯔〉를 대량으로 구매해 가시는
데, 처음에는 대충 읽을 수 있을 거라 생각
했는데 역시 그런 건 아니었고(웃음)…….
그래서 본문 내용도 즐기실 수 있도록 일본
어판도 만드는 거예요.

+++ 〈샤오르쯔〉라는 잡지를 사람들에게
설명할 때 어떤 식으로 소개하나요?
월간잡지 〈샤오르쯔〉의 독자를 사람들은
'문청('문예청년'의 약자. 문학, 영화, 음악,
사진, 디자인, 문화를 좋아하는 젊은 층. 자
신만의 패션과 라이프스타일을 가지고 있
다)'이라고 부르는데, 진짜 그런 것 같다는
생각이 들어요. 〈샤오르쯔〉에 대해서 정의
한다면 '현대 대만의 일상생활'을 기록해서
보존하는 서민을 위한 잡지가 아닐까요? 지
면의 중심에 '생활'이 있고, 음식이나 유행
하는 상품 또는 현상 등 대만의 생활과 밀접

한 관련이 있는 소소한 것들을 다루고 있어요. 예를 들면 대만의 밤을 즐기는 방법에 대해 특집 기사를 실은 제54호 〈잠든 도시에서 깨어 있는 밤當城市睡着了 我們還醒著/After the Dark〉(2016년 10월)은 꽤 많이 팔렸어요. 다른 거리로 이사하는 내용을 다룬 제38호 〈타지 생활生活在他方/La vie est d'ailleur〉(2015년 6월)이나 대만에서는 아주 친숙한 오토바이를 주제로 한 제73호 〈모터사이클 청춘 다이어리騎著歐兜麥 寫下青春摩托車日記/The Motorcycle Diaries〉(2018년 5월) 등 주된 독자층인 20~40대가 관심을 가질 만한 내용을 다루고 있어요. 특집 기사는 소설처럼 '나'로 시작하는 일인칭으로 쓰여서 독자는 자신의 일처럼 이야기 속으로 빨려 들어갑니다. 〈샤오르쯔〉는 라이프 디자인 잡지라는 정체성도 있기 때문에 독자들이 자신의 생활을 어떻게 생각하고 어떻게 꾸려나가야 할지를 제안하는 매체라고도 할 수 있어요. 누군가의 생활을 살펴보는 것으로 자신의 생활을 다시 생각해 보는 거죠. 우리 독자들은 타인의 생활을 엿보는 것을 아주 좋아하는데, 이것이 아프리카나 브라질 같이 먼 나라를 여행하는 특별한 것이 아니어도 괜찮아요. 일상생활 속에서 다른 사람들은 어떻게 하루하루를 살아가는지가 알고 싶은 거예요. 그래서 이런 것에 대해서 자신만의 스타일을 가지고 있는 사람들을 취재해서 가방이 고장 나면 어떻게 고치는지, 밤에 잠이 오지 않을 때 어디를 가는지 등등을 물어보죠. 일본 잡지 〈생활의 수첩暮しの手帖〉과 비슷하다고 전에 만났을 때 얘기했죠?

일상생활 속에서 다른 사람들은 어떻게 하루하루를 살아가는지가 알고 싶은 거예요.

小日子

말을 선별해서 사용하여 문체에 인격을 부여한다

+++ 〈샤오르쯔〉가 재미있는 것은 〈실연 후의 일상 연습失戀後的日常練習/After Love〉이라는 특집 제목처럼 말을 선별해서 사용한다고 느껴지는 부분이에요.

매호 표지에 들어가는 특집 제목과 헤드라인은 발매 전까지 약 100번 정도 바뀌어요. 편집을 하는 직원 모두가 자신의 안을 들고 와서 서로 의견을 주고받으며 조정하죠. 다른 잡지나 신문과는 다르게 〈샤오르쯔〉라는 미디어에는 특정 인격이 말을 하는 것 같은 문제가 있어요. 그 목소리의 느낌을 잡는 게 진짜 어려워요. 어울리지 않는 말은 모두가 바로 알아채니까 몇 번이고 고쳐요. '염세' 관련 특집호 〈세상이 싫지만 나는 산다我厭世 我存在/Dear Life〉에서는 대만의 젊은 사람들이 자주 사용하는 '소확행小確幸'이라는 말의 반의어로 '소확염小確厭'이라는 조어를 만들어서, 부록으로 제공한 투두리스트의 마지막에 '바보네. 어차피 아무것도 끝나지 않는다니까'라는 아이러니한 문장을 써넣었어요. 인기가 많은 스티커 제품에는 커피 일러스트 옆에 '아무리 커피가 쓰다 해도 인생만큼은 아니지', 가죽 신발 일러스트 밑에 '출근하고 있는 것이 아니라 출근하는 길 위에 있는 것뿐이다'와 같은 말을 써넣었어요.

+ PUBLISHER

+++ 잡지의 그런 콘셉트나 기본방침은 류관인 씨가 들어가기 전부터 있던 것인가요?

네. 창간할 때 디자이너는 녜용전晶永眞, Aaron Nieh이었는데, 지금은 엄청나게 잘나가는 디자이너가 되었죠. 그래서 제가 들어갔을 때는 이미 잡지 스타일이 거의 확립되었다고 느껴졌어요. 세세한 부분에서 조금씩 고치기는 했지만 기본적으로 확립된 스타일이 거의 변하지 않았어요. 그런데 2016년에 내용의 방향성과 레이아웃 디자인을 크게 바꾸면서 대대적으로 리뉴얼을 했죠. 매달 1번씩 발간하는 〈샤오르쯔〉도 2016년에 딱 4년이 되어 독립출판물 잡지로는 꽤 오래된 편에 속했어요. 첫 호부터 읽어주셨던 독자들도 분명 성장했을 거라고 생각했죠. 그래서 예전에는 주로 가볍고 유쾌한 주제나 내용만 다뤘다면, 실연(제68호 〈실연 후의 일상 연습〉)이나 염세 · 무기력(제72호 〈세상이 싫지만 나는 산다〉)과 같은 살짝 무겁지만 현실적인 내용도 다루게 되었어요. 지금 시대의 현실적인 괴로움이나 감정도 보여줄 수 있게 말이에요.

표지와 본문 디자인을 하는 디자이너도 타이완맥주 디자인 리뉴얼을 담당한 공백지구空白地區의 펑싱카이彭星凱로 바뀌었는데 펑싱카이도 그 후에 인기가 많아졌어요. 우리 디자인을 담당한 디자이너는 다 잘나가나 봐요(웃음). 최근에는 다시 바뀌어서 장푸후이張溥輝가 하고 있어요. 레이아웃을 바꾼 것은 후반부에 새로운 항목을 추가했기 때문이에요. 사진가 특집, 사내 편집 칼럼, 디자이너의 스튜디오 소개와 같은 페이지요. 들어가는 사진 매수는 거의 변하지 않았지만, 이전에는 전체적으로 사진보다 문자의 비중이 컸기 때문에 사진을 더 크게 넣어서 시각적으로 보기 편하게 만들었어요.

+++ 숍에 대한 이야기도 듣고 싶은데, 가장 먼저 시작한 곳이 이곳인 거죠?

네, 맞아요. 이 공관점이 1호점입니다. 2016년 9월에 사무실을 이전하면서 같이 오픈했어요. 옌지점, 츠펑점, 화산점까지 합치면 총 4개 지점이 있는데, 전부 다 달라요. 가장 완전하다고 할 수 있는 곳이 이곳, 공관

화산점은 2018년 6월에 리뉴얼했다. 휴일에는 항상 많은 사람들로 북적인다.

小日子

점입니다. 잡화도 다양하게 구경할 수 있고, 〈샤오르쯔〉의 과월 호도 전부 갖추고 있고, 맞은편 카페에서 음료를 마실 수도 있어요. 이 위가 우리가 사용하는 사무실이에요. 근처에 타이완대학이 있어서 이 주변에는 학생들이 많아요. 둥구(엔지제)에 위치한 2호점 엔지짐은 고객층이 달라요. 그 근처에는 은행이 많고 수많은 카페가 엄청난 경쟁을 벌이고 있어요. 음료로 승부를 봐서 살아남을 수 있을지 알고 싶어서 그곳에 지점을 냈어요. 카운터만 있는 작은 가게로 잡지는 그냥 공간이 있으니까 그 김에 놓아둔 정도인데, 월세는 가장 비싸요(2018년 9월에 엔지점은 용캉제로 이전하여 2층 건물의 융캉점으로 리뉴얼되었다). 3호점인 츠펑점은 중산역과 쑹롄역 사이에 있는 츠펑제에 있습니다. 오래된 민가와 동네 공장이 있는 예전 모습을 볼 수 있는 거리예요. 이렇게 타이베이를 상징하는 지역에서 가게를 해보고 싶었어요. 매장은 10평 정도로 별로 넓지 않지만 잡지와 음료를 팔고 있어요. 굉장히 귀여워서 개인적으로 가장 좋아하는 지점이에요. 4호점은 화산1914문창원구 내에 있는 화산점입니다. 관광객과 젊은 층이 많은 지역으로 여기에 지점을 내고 인지도가 엄청나게 올라갔어요. 공관점 1, 2층을 합친 정도의 넓이로 카페와 잡화·잡지 판매를 같이 하고 있어요. 〈샤오르쯔〉 독자의 반 정도는 중국인이기 때문에 화산점에서는 잡지 과월 호가 굉장히 잘 팔려요. 절판이 된 호가 나올 정도로 효과가 아주 좋아요(2018년 10월에는 처음으로 타이베이 이외의 지역인 타이난시 선농제에 타이난 선농神農점을 오픈했다).

+++　　　　사업 전체의 매출 중 잡지 판매와 점포 경영의 비율은 어떻게 되나요?

지금은 거의 같아요. 개인적으로는 저희의 업태를 '잡지/잡화/음료'로 나누어서 생각하는데. 매출은 각각 3분의 1씩이라고 할 수 있어요. 잡화와 음료는 앞으로 점점 더 늘어날 것 같아요. 숍을 시작하고 나서 잡지 매출뿐만 아니라 광고 수입도 늘었어요. 거리에서 숍이 잘되는 것을 본 기업 담당자가 광고를 의뢰하기 시작했어요. 브랜드화에 성공했다는 증거라고 생각해요. 보통은 잡지 부분에 계상하는 광고 수입도 숍을 시작한 덕분이라고 생각되는 경우는 점포 쪽으로 넣고 있어요. 지금은 가게 자체가 광고 매체로 기능하고 있는데, 예를 들어 저기에 보이는 영화 〈러브, 사이먼〉의 포스터는 전 지점에 붙여뒀어요. 이것도 광고 수입원이 되고 있어요.

사실은 오프라인 매장을 열기 전에 온라인에서 먼저 판매를 시작했어요. 온라인 매장에서 어떤 상품이 실제로 팔리는지 확인한 후에 오프라인 매장을 연 거죠. 온라인의 매출은 전부 잡화 부문에 계상합니다. 절약을 위해 상품은 전부 매장 안에서 촬영하고 모델도 전부 직원

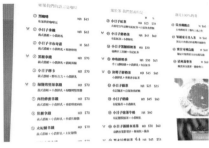

카페의 음료 메뉴는 40가지 정도로 다양하고 한 잔에
25~75위안(약 1,000~3,000원) 정도다.

매장 안에 붙어 있는 영화 〈러브, 사이먼〉의 포스터

이에요. 편집 담당 직원은 전부 4명인데 숍은 더 많아요. 정사원은 5명이고 학생인 아르바이트생 등도 모두 합치면 25명이에요.

+++　　'사람의 스토리를 전달한다'는 의미에서 잡지 일은 전직과도 이어지는 부분이 있다고 하셨는데, 카페나 잡화 판매 경험은 없지 않았나요? 어떻게 시작하게 되었는지 궁금해요.

일단 하나씩 우리가 직접 해봤어요. 누군가를 특별하게 고용하지도 않았고요. 처음으로 잡화를 만들어서 그것을 온라인에서 판매해 보고 오프라인 매장을 연 거죠. 〈샤오르쯔〉에서 만드는 잡화는 모두 우리가 직접 디자인해서 만든 자체 제작 굿즈예요. 실제로 해보니까 상품을 만드는 건 참 간단하다는 생각이 들었어요. 자신이 소비자라고 생각하고 이 상품에 어떤 기능이 있으면 좋을지, 이 상품을 사기 위해 얼마까지 돈을 낼 수 있을지 등등을 생각해 보면 되기 때문에 굉장히 심플해요. 아이디어나 디자인도 '호불호'를 기준으로 삼으면 어떤 의미에서는 명확하다고 할 수 있어요.

상품 제작에서 어려운 점은 오히려 완벽하게 '메이드 인 타이완' 제품으로 만드는 거였어요. 이것을 고수한 것은 단순히 지금까지의 경험으로 봤을 때 대만제의 품질이 높다고 생각했기 때문이에요. 그런데 저희 상품은 대량으로 생산하는 것이 아니기 때문에 대만 안에서 공장을 찾는 것이 어려워요. 중국에서 만들면 품질을 관리하기가 어려울뿐더러 그렇게 만든 제품을 좋아하지 않는 고객들도 있어요. 그래서 〈샤오르쯔〉의 잡화는 가능한 한 대만에서 만들고 있지만 몇 종류의 가방은 비용이 너무 많이 들어서 중국에서 만들고 있어요. 그렇게 하지 않으면 고객들이 구매할 만한 가격을 맞추기 어렵다고 고객들에게 설명하고 있습니다.

'읽히기' 위해서 다양한 방법을 동원하다

카페는 천천히 다양한 방법을 모색했어요. 저도 카페를 굉장히 좋아해서 대학 시절 4년간 대만의 유명한 버블티 전문점 우스란50嵐에서 아르바이트를 했어요. 원래 관심이 있었죠. 먼저 인재를 찾는 것부터 시작해서 커피를 만들 줄 아는 26살의 젊은 점장을 채용하고 여러 농가에서 가져온 커피콩을 사무실에 있는 주방에서 함께 브랜딩했어요. 역시나 음료 메뉴 개발을 할 때 가장 고생을 많이 했죠. 전부 저희만의 독자적인 레시피로 대만산 채소와 과일을 사용했고 마시는 사람이 직접 농가에서 그 재료를 구입할 수 있도록 사용한 재료를 표시했어요.

샤오르쯔에서 인기가 많은 굿즈는 볼펜으로 총 3만 개가 판매되었다.
'조금 더 마음껏 놀아버리자' 등 볼펜에도 인상적인 문구가 적혀 있다.

대만의 과일을 넣는 종이박스를
재사용해서 만든 노트

+++　　　　매장 경영에도 성공한 잡지는 일본에는 별로 없는 것 같아요. 미디어가 숍을 시작할 때 주의해야 할 점이 있다면 뭐가 있을까요?

아까도 말씀드렸지만 제가 잡지사를 인수한 시점에서 이미 잡지 그 자체는 성공했다고 생각했어요. 존속이 불가능한 요인은 외부 환경에 있다고 판단해서 원래의 〈샤오르쯔〉의 스타일을 유지하면서 더 완벽하게 다듬어 가는 방향으로 생각했죠. 이 공관점을 열 때는 독자들도 상업적이라는 말을 많이 하셨어요. 당연히 그런 비판이 나올 것도 각오하고 있었고요. 창간 당시의 〈샤오르쯔〉는 광고도 별로 없는 독립출판 잡지로 때가 묻지 않았다고 할까, 그런 상태였죠. 하지만 잡지의 존속을 위해서는 앞으로 한 발을 내딛어야 한다고 생각했어요. 그런 수단으로서의 상업화는 나쁜 것이 아니라고 생각해요. 하지만 주의해야 할 점도 있어요. 불쾌감을 줘서는 안 된다는 거죠. 그래서 매장 분위기도 잡지의 느낌과 비슷하게 예쁘게 만들려고 노력했어요. 독자들이 매장에 들어오는 순간 잡지 〈샤오르쯔〉가 입체화되어 눈앞에 나타난 것 같은 느낌을 받을 수 있도록 말이죠.

상품 제작도 물론 수입원을 얻는다는 목적으로 하는 것이지만 그것이 주된 목적이 되지 않도록 항상 잡지와의 관련성을 생각해요. 중국 사람들에게도 〈샤오르쓰〉가 굉장히 인기가 많은데 우리는 대만에서 쓰는 중국어 번체를 사용해서 콘텐츠를 만드는 것을 중요하게 생각하고 그것에 대해서 자부심도 가지고 있어요. 현대 대만의 생활을 기록하는 것이 우리의 일이니까요. 그렇기 때문에 지금까지 만든 상품에는 전부 중국어 번체가 인쇄되어 있어요(자수 핀 배지에 인쇄된 '즐거운 폐인 快樂的廢柴' 등). 이 모든 것이 잡지의 세계의 연장선에 있다고 생각하기 때문에 잡지가 중국어 번체로 되어 있는 이상 굿즈도 그래야 하는 게 당연하다고 생각해요.

결승점이 멀지만 반드시 있다고 믿으면서 달리면 자연스럽게 얼굴도 위로 들게 되고 발도 점점 앞으로 나아가게 됩니다.

공관점 카페에는 앉아서 마실 수 있는 자리도 있다.

숍을 방문한 젊은 고객들이 "여기서는 잡지도 만드네요"라고 이야기할 때가 있어요. 사실 잡지와 숍 중 어느 것이 먼저인지는 우리에게 중요하지 않아요. 매장에 방문하다 보면 언젠가 잡지의 존재를 알아줄 거라고 믿기 때문이죠. 이것이 바로 매장을 시작한 이유입니다. 책이라는 미디어에서 가장 중요한 것은 사람들이 읽어야 한다는 거예요. 우리는 '읽히기' 위해서 다양한 수단을 이용하는 것뿐입니다.

+++ **류관인 씨처럼 비즈니스 감각이 있으면 언젠가 다른 일도 해보고 싶다는 생각을 하지는 않나요?**
그런가요. 저는 일단 일을 시작할 때 달성해야 할 범위를 정해놓고 그 목표에 도달할 때까지 포기하지 않아요. 조금 전에도 말했듯이 중국 독자도 많은 〈샤오르쯔〉를 언젠가는 중국 대륙에서 만들어보고 싶은 마음도 있어요. 그것까지 달성해 버리면 하고 싶은 일은 다 한 걸지도 모르겠네요(웃음). 지

금 중국과 대만 사이에 여러 가지 일이 있는 상황에서 중국에서 몇 번이나 투자 제안도 왔어요. 하지만 한다면 우리의 힘으로 하고 싶어요. 대만에서 지금 하고 있는 일이 안정된다면 가능하겠지만 말이에요. 하는 일이 매일 똑같은 일의 반복이라고 느껴질 때도 있지만 아직 하지 않은 일과 하고 싶은 일을 계속 생각하다 보면 아직 더 달려야겠다는 생각이 들어요. 그런데 (《책의 미래를 찾는 여행, 서울》과 관련해서) 한국과 대만의 출판업계의 차이는 뭐라고 생각하세요?

+++ **한국의 특징은 트라이 앤드 에러**Try and Error**의 속도가 굉장히 빠르다는 거예요. 바로 시작하고 아니라는 생각이 들면 바로 그만두는 거죠. 그런데 대만은 계속해 나간다는 것에 가치를 더 두고 있다는 인상을 받았어요.**
그럴지도 모르겠네요. 작년에 취재를 한 일본 미디어 분도 "대만 사람들은 단기간에 바로 결과가 나오지 않아도 인내하고 계속해 나간다"라고 말씀하셨어요. 일본인과 한

국인은 그런 것 같지는 않다고 하던데 정말인가요? 그리고 우리 매장에서 판매하는 음료는 차가 50위안(약 2,000원) 정도로 굉장히 저렴한데 왜 좌석까지 마련해 두느냐고 놀라더라고요. 일본이라면 이렇게 싼 음료 한 잔을 마시면서 오래 앉아 있으면 판매하는 입장에서 싫어할 것 같은데 대만에서는 이런 것이 허용되는 것 같다는 거죠. 제 생각에는 대만인은 좀 느긋하고 급하지 않아서 회전율에 대해서는 크게 신경 쓰지 않는 것뿐이에요(웃음).

+++ 대만 사람들은 그런 긴 시간이라는 감각이 자연스럽게 몸에 배여 있는 건지도 모르겠네요. '지속성'이라고 말할 수도 있을 것 같아요. 그렇다면 〈샤오르쯔〉를 앞으로도 계속 이어나가기 위해서 중요한 것은 뭐라고 생각하세요?

바로 눈앞의 일에만 시선을 두는 것이 아니라 자신의 마음속에 있는 이상을 봐야 한다고 생각해요. 현실적인 생활에만 치중하는 사람은 좌절하게 되죠. 달리면서 계속 발밑의 돌이나 진흙만 신경 쓰다 보면 달리기가 싫어지겠지만, 결승점이 멀지만 반드시 있다고 믿으면서 달리면 자연스럽게 얼굴도 위로 들게 되고 발도 점점 앞으로 나아가게 됩니다. 대만인이 운 같은 것을 잘 믿는 것도 지속성과 관계가 있을지도 몰라요. 현재 상황이 좋지 않아도 나의 운은 아직 오지 않았을 뿐이라고 생각하는 거죠. 진지하게 계속하다 보면 운도 나에게 찾아올 거라고 믿어요. 아, 저의 초상화를 그리실 거면 예쁘게 그려주세요(웃음).

>>> 小日子 c'est si bon

샤오르쯔 공관점 公館店
臺北市中正區羅斯福路四段52巷16弄13號
No.13, Aly. 16, Ln 52, Sec. 4, Luosifu Rd., Zhongzheng Dist.,
Taipei City 100, Taiwan
카페 02-2366-0294 **숍** 02-2366-0284
영업시간 12:30~21:00

샤오르쯔 화산점 華山店
臺北市中正區八德路一段1號(華山1914文化創意產業園區 東1A館)
No.1, Sec. 1, Bade Rd., Zhongzheng Dist., Taipei City 100, Taiwan
02-3322-1520
영업시간 11:00~21:00

+++ www.oneday.com.tw

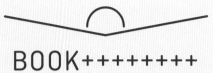

BOOK++++++++
>>REVOLUTION
= in -> TAIPEI <-

+ BOOKSTORE

3.

전 뉴스캐스터가
'방송'으로 표현하는 서점

= INTERVIEW

青鳥書店
BLEU&BOOK

파랑새서점

취재를 하러 가기 직전 일본의 앱 전용 경제미디어 뉴스픽스NewsPicks에서 한 기사를 읽었다. '서점 주인은 전 뉴스캐스터'로 '2017년 1년 동안 132회의 대담과 강연을 열었고 내용은 인터넷으로 생방송되었다'라는 기사였다. 서울에도 '당인리책발전소'라는 전 아나운서가 운영하며 이벤트도 개최하는 서점이 있었다는 사실이 떠올라 갑작스럽게 인터뷰를 부탁했다. 차이산산蔡瑞珊이 운영하는 파랑새서점青鳥書店은 주말에 특히 더 사람들로 붐비는 화산1914문창원구의 2층에 위치하고 있다.

2016년 10월 1일에 오픈했어요. 2012년부터 공동으로 창업한 웨웨서점(172쪽)을 운영했기 때문에 서점의 세계로 들어온 지는 6년이 되었죠(2018년 기준). 파랑새서점은 완전한 저의 서점이에요. 원래는 CTS방송국 대만의 3대 지상파 방송국 중 하나에서 교육·뉴스·버라이어티 프로그램의 사회를 10년 정도 맡았어요. 프로듀서 겸 아나운서였어요.

+++　　방송국 일을 하고 있으면서 어떻게 서점을 시작하게 된 거죠?

근무 10년째가 되던 해에 '골목 안 그 서점巷弄裡的那家書店'이라는 서점을 무대로 한 연애 드라마에 마케팅 리더로 제작에 참여하게 됐어요. 이 드라마를 위해서 대만 전국의 독립서점 200군데를 돌았고 그 가운데 40곳에서 촬영을 했어요. 오랜 시간 방송 제작에 참여하면서 처음으로 상(대만의 방송문화상 '금종장')도 받았고 반향도 아주 컸어요. 이 드라마의 촬영지가 나중에 웨웨서점으로 새롭게 문을 열게 되었죠. 창업할 때 주주 중 한 사람이 되었고 점장으로 경영에도 참가했어요. 개점 3년째에 지금은 〈신훠수이〉의 편집장도 맡고 있는 장톄즈(138쪽) 씨에게 연락을 했고 1년 동안 함께 서점의 흑자 전환에 성공했어요.

'시대감'이라는 테마로 선정한 사회학 서적 코너.
마르크스의 《공산당 선언》, 사카구치 안고의 《타락론》, 롤랑 바르트의 《기호의 제국》이 보인다.

　　　　　　　　　　　　　　　　　　青鳥書店

차이산산 씨의 첫 책 《자유로워질 거야, 파랑새처럼》의 띠지에는 '2018년 2월 28일까지 파랑새서점에서 책을 1권 구입하시면 커피 1잔 무료 제공'이라고 써져 있다.

삼각형 모양의 창문을 통해 서점 안으로 빛이 들어온다.

그 과정에서 방송 기획이 아니라 온전한 자신의 서점을 만들겠다고 결심했어요. 일하는 동안 내가 진짜 서점을 좋아한다는 사실을 깨닫고 이 일을 평생 해야겠다고 생각했어요. 원래 밑층에 있었던 스타벅스가 창고로 쓰던 이 공간이 아깝다는 생각이 들어 이곳에 서점을 열기로 했어요. 이 주변에만 엘리베이터가 있는데 화산1914문창원구 내에서 유일한 새 건물이에요.

쭉 프로듀서 일을 했던 제 입장에서는 방송 프로그램을 만드는 것과 서점을 운영하는 것이 같다고 느껴졌어요. 그래서 이 서점도 책을 사용하여 만드는 하나의 방송 '책 매체 Book Media'라고 생각해요. 파랑새서점에는 저 이외에도 북셀렉션을 하는 사람이 9명 더 있는데, 이들이 저녁에 개최하는 세미나(이벤트)의 사회도 제가 담당해요. 작년에는 이벤트가 132회 열렸으니 3일에 1번꼴로 개최한 게 되네요. 방송에 광고가 붙는 것처럼 이벤트 후에는 책 광고를 넣습니다.

아, 그러고 보니 2주 전에 화산1914문창원구의 다른 홀에서 큰 이벤트가 열렸어요. 〈신휘수이〉의 편집장 장톄즈 씨와 〈주간편집〉의 편집장인 리취중(78쪽) 씨의 대담 이벤트였는데 두 잡지 중 하나를 구입해야 입장할 수 있는 이벤트였어요. 수량 한정으로 포스터를 함께 증정했죠. 저도 제3부에 사회자로 참여했는데, 결과적으로 250명이 참가하여 2시간 만에 400권이 판매되었어요.

+ BOOKSTORE

+++ 　　진짜 대단해요. 책을 이미 가지고 있는 사람도 있다고 하면 이벤트를 유료로 하고 마지막에 책을 판매하는 것이 일반적이라는 생각이 드는데 그렇게 하지 않는 이유가 있나요?

예전에는 그런 방식으로 했어요. 그런데 작년 10월에 400명이나 참가한 이벤트에서 책이 10권밖에 팔리지 않았어요. '이렇게 많은 사람이 오는데 책은 봐주지 않는다니……' 하는 생각이 들어 방법을 바꿨어요. 저녁에 여기서 열리는 이벤트도 기본적으로는 저자의 책을 구입하는 것이 입장료 대신이에요. 예를 들면 지난주 일요일에 대만의 유명한 미식가 한량루韓良露에 관련된 이벤트가 열렸어요. 남편이 죽은 부인 한량루를 회고하는 책《안녕이라고 말해줘서 고마워謝謝你跟我說再見》를 출판해서 그 출간 기념행사가 열린 거예요. 그때는 두 사람의 책 중 하나만 구입해도 입장할 수 있게 했어요. 그런데 음료 한 잔의 값을 입장료로 받는 이벤트도 하고 있어요. 실제로는 이쪽이 책을 1권 파는 것보다 이익률이 높기 때문이죠. 그렇지만 서점의 본질은 책을 판매하는 것이기 때문에 다양한 미디어의 힘을 활용해서 책을 더 팔 수 있도록 노력해야 한다고 생각해요. 대만의 서점도 불경기의 영향을 받는다고는 하지만 우리는 이번 달에 2,000권 정도의 재고 가운데 1,000권을 팔았어요. 대형 서점이라면 별일 아닐지 모르겠지만 작은 서점에서 매입한 책 2권 중 1권을

판매한 거예요. 우리 서점에서는 대형 서점처럼 할인 판매는 하지 않기 때문에 파랑새 서점이 고른 책을 독자가 믿고 구입해 주는 증거라고 믿고 있습니다. 구입한 책에는 오리지널 북커버를 씌워 주는데 이건 일본의 서점에서 배웠어요.

+++ 　　그렇다면 어떤 방식으로 책을 선정하나요?

10명이 각각 다른 장르를 담당해요. 예를 들어 입구 근처의 건축 관련 책을 고른 사람은 건축계의 대표적인 인물로 대학에서 강의도 하는 칼럼 작가인 리칭즈李清志고, 바로 저기에 있는 사회학 관련 책은 타이완 대학 교수인 리밍총李明璁이 '시대감'이라는 테마를 가지고 골랐어요. 디자인 관련 책은 대만판 〈지큐GQ〉의 두쭈예杜祖業 편집장, 정치 관련 책은 '해바라기 학생 운동' 출신의 정치가, 과학 관련 책은 과학 사이트의 편집장이 고르고 있어요. 대학에서 중국문학을 전공한 저는 문학 관련 책을 담당하고요. 북셀렉션選書에 대해서는 페이스북의 '파랑새 선서인選書人'이라는 메시지 그룹에서 리스트를 공유해요. 그리고 이렇게 분류한 도서를 입고해서 책이 팔리면 추가해요. 이 '선서인'은 모두 바빠서 회의는 온라인에서 하지만 각각은 자주 서점을 방문해요. 방송 같아 보이는 건 이 '선서인'들의 영상인가요? 각 개인이 왜 이 책을 골랐는

青鳥書店

지, 이 책을 고른 이념은 무엇인지를 '오늘의 대행자時下行者'라는 제목으로 파랑새서점의 페이스북 사이트에 업로드하고 있어요. 10인 10색으로 평균 1만 회 이상의 조회 수를 기록하고 있어요. 기본적으로 북셀렉션에 대해서는 비용을 지급하지 않는데 이분들에게는 때때로 사례를 하고 있어요. 모두 책을 아주 좋아해서 저에게 열심히 하라고만 하시죠. 이분들은 본업으로 돈도 잘 버시니까(웃음).

+++ **서울에도 전 아나운서가 경영하는 서점이 있는데 캐스터 또는 영상 제작 경험이 도움이 된 부분이 있나요?**

정말이에요? 뭔가 반갑네요. 2018년 10월 초에 4일간 타이베이, 가오슝, 핑둥, 이렇게 3곳에서 '낭독의 날華文朗讀節/Wordwave Festival'이라는 독서·낭독 이벤트가 열렸는데, 제가 기획을 하고 프로듀서와 사회자 역할까지 맡아서 했어요. 파랑새서점이 주최한 거죠. 서점의 기획력과 미디어 활동을 결합한 이벤트로 총 121개의 무대가 설치되고 185명의 문화인이 참가했습니다(결과적으로 인터넷 중계 시청자와 현장 참가자를 합쳐 40만 명을 넘는 사람이 행사를 시청했다). 그리고 웨웨서점과 파랑새서점의 기획력으로 2018년에는 서점 3곳을 더 열 계획이에요(2018년 기준). 독립서점에는 점주의 개성이 아주 짙게 묻어나지만, 제가 중요하게 생각하는 건 전문적인 북셀렉션 능력이에요. 2018년 7월에 새롭게 오픈하는 건축 전문 서점으로, 국부기념관을 설계한 저명한 건축가 왕다훙王大閎 씨, 이제 101세신데, 그분의 복원된 자택 맞은편에 만드는 서점을 제가 기획해요. 이 서점에서는 유명한 건축가 몇 명이 책 선정을 할 거예요. 그리고 2019년에는 2곳을 더 오픈할 예정입니다. 4월에는 고궁박물관 근처에 '산'을 주제로 한 서점을 오픈해요. 하지만 저의 기본이 되는 곳은 바로 여기 파랑새서점입니다. 새로운 서점은 다른 사람들의 꿈을 이뤄주는 것이라고 하면 될까요. 경영은 하지만 인재를 키운다는 취지입니다.

+++ **현재 서점 일 말고 다른 부업도 하시나요?**

사회를 보는 일은 지금도 개인적으로 계속하고 있는데 책을 팔기 위해서 하는 일이니 무료로 하고 있어요. 그리고 저에게 다른 직업이 하나 더 있다고 한다면 바로 작가예요. 2017년 말에 처음으로 《자유로워질 거야, 파랑새처럼我會自由 像靑鳥一樣》이라는 책을 냈어요. 뉴스캐스터를 그만두고 서점을 열기까지의 과정을 되돌아보면서 저의 생각을 정리한 책이에요.

+++　대만에서 현재 독립서점이 늘어나고 있는 이유가 뭐라고 생각하세요?

대만에서 200개의 독립서점을 돌아보면서 깨달은 것은 모든 서점 주인이 전부 일종의 사회운동으로 이념을 가지고 운영하고 있다는 사실이에요. 대만에 한정된 이야기는 아니라고 생각해요. 그들은 분명 직접적인 정치적 행위 대신에 주제가 있는 내용의 책을 고르는 것으로 자신의 생각을 독자와 사회에 전달하고 있다고 느껴졌어요. 파랑새서점을 하나의 미디어라고 말한 이유이기도 하죠. 저의 이념은 단순한데, '다양한 사상을 발견할 수 있도록'입니다. 제 안에서는 이 서점을 독립서점이 아니라 '자유서점'이라고 부르고 있어요. 시야가 넓어지도록 도와주지만, 특정한 사상으로 머리가 굳어버리지 않는 것이 중요하다고 생각해요. 저기에 삼각형 모양의 창문이 있죠? 삼각형 모양의 창문은 제가 좋아하는 건축가 안도 다다오安藤忠雄의 영향을 받은 거예요. "인간에게 진정한 행복은 빛 아래에 있는 것이 아니라고 생각한다. 멀리 보이는 그 빛을 향해 열심히 달려가는, 그 무아지경의 시간 속에 진정한 인생이 있다고 생각한다." 이 안도 다다오의 말이 저의 경영의 근간이 되었어요.

+++　그건 혹시 '파랑새서점'이라는 이름과도 관계가 있나요?

네. 오스카 와일드는 이렇게 말했어요. "이 세계에는 큰 슬픔이 두 가지 존재한다. 하나는 손에 넣은 것이 자신이 원하던 것이 아니라는 사실을 깨닫는 것. 다른 하나는 원하는 것이 무엇인지 아는데도 영원히 손에 넣을 수 없는 것." 손에 넣었거나 넣을 수 없거나 하는 것보다도 손에 넣기 위해 노력하는 과정 그 자체를 경험하는 것이 '손에 넣는다'는 행위라고 저는 생각하기 때문에 그 상징이 '파랑새'인 거죠.《파랑새》라는 동화도 파랑새라는 행복을 찾고 또 찾았지만 결국 원래 집에 있는 새가 사실은 파랑새였다는 이야기잖아요. 행복은 사실 지금 여기 우리 가까이에 있다는 거죠.

+++　그런 공간으로 서점을 계속 이어가기 위해서 중요하게 생각하는 건 무엇인가요?

서점의 본업은 책 판매예요. 그 원점을 잊어서는 안 된다고 생각해요. 서점은 책을 위해서 존재하고 책은 읽히기 위해서 존재합니다. 사람이 '읽는' 행위를 하는 한 서점은 영원히 존재할 거예요. 저는 굉장히 낙관적인 편입니다(웃음). 그런데 이렇게 생각할 수 있는 건 오픈한 이후로 주변에서 많이 도와주셨기 때문이에요. 굉장히 행복한 일이죠.

青鳥書店

+ BOOKSTORE

>>> 青鳥書店 Bleu&Book

파랑새서점
臺北市中正區八德路一段1號玻璃屋2F
2F, No.1, Sec. 1, Bade Rd., Zhongzheng Dist.,
Taipei City 100, Taiwan
02-2341-8865
영업시간 10:00~21:00
+++ www.facebook.com/bleubook

青鳥書店

BOOK+++++++
>>REVOLUTION
= in -> TAIPEI <-

+++ PUBLISHER

大誌雜志
THE BIG ISSUE TAIWAN
週刊編集 + The Affairs

빅이슈 타이완
주간편집

李取中 +
黃銘彰 + 梁維庭
Fines Lee +
Brian Huang + Waiting Liang

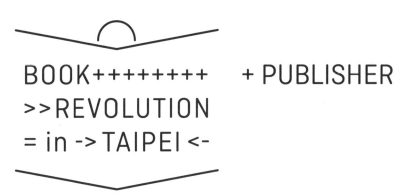

BOOK+++++++ + PUBLISHER
>>REVOLUTION
= in -> TAIPEI <-

4.

= INTERVIEW

콘텐츠의 힘을
가장 중요하게 생각하며
판매원이 서점 직원이 되는
글로벌 스트리트 매거진

황밍장 黃銘彰, Brian Huang

1993년 자이 출생

량웨이팅 梁維庭, Waiting Liang

1995년 가오슝 출생

빅이슈 타이완 THE BIG ISSUE TAIWAN
편집＋판매 담당

+++　　노숙인들이 직접 판매해서 생활의 기반을 마련하는 스트리트 매거진 〈빅이슈 타이완〉은 일본에서도 지하철역 출입구 등에서 판매하는 모습을 볼 수 있다. 그런데 대만에서 처음 〈빅이슈 타이완〉을 봤을 때 같은 잡지라고는 생각도 하지 못했다. 그 정도로 디자인이 다르다. 대만의 〈빅이슈 타이완〉은 세련된 컬처 매거진 같은 느낌이 들어서 순수하게 내용을 보고 싶다는 마음이 든다. 화산1914문창원구에서 길을 건너면 바로 보이는 뉴욕에 있을 법한 카페 페이퍼 스트리트 커피 컴퍼니 위에 있는 사무실을 찾아갔다.

거리에서 매달 3만 5,000부를 판매한다

황밍장(이하 황) 〈빅이슈 타이완THE BIG ISSUE TAIWAN〉은 1991년에 영국 런던에서 창간된 거리에서 판매하는 잡지 〈빅이슈〉의 대만판입니다. 노숙인 등이 판매원이 되어 판매하고, 매출의 절반이 이들의 수입이 되어 자립하는 데 도움이 줍니다. 빅이슈 대만판에서는 판매원으로 장애인도 채용하고 있어요. 명칭의 사용 권리를 획득한 각국의 회사(또는 단체)가 각각 독자적인 편집부를 가지고 있는데, 일본, 한국, 남아프리카 등 현재는 영국 이외의 5개국에서 같은 스타일로 각국의 빅이슈를 발간하고 있어요. 아시아에서 최초로 빅이슈를 발간한 곳은 일본으로, 2003년부터 시작되었어요. 참고로 영국의 빅이슈 창립자 중 한 사람인 존 버드도 노숙인 출신이었는데, 자신과 같은 사람들에게 일할 기회를 주는 것이 자립으로 이어진다는 이념으로 〈빅이슈〉를 만들었어요. (대만판은 정가 100위안**약 4,000원** 가운데 50위안**약 2,000원**이, 일본판은 정가 350엔**약 3,900원** 가운데 180엔**약 2,000원**이 판매원의 수입이 된다. 2018년 11월 기준)

대만판이 창간된 것은 2010년 4월 1일입니다. 우리 대표인 편집장 리취중(78쪽) 씨가 잡지 제작과 사회 공헌을 합친 사업을 하려고 생각하던 중에 어떤 일본 잡지에서 〈빅이슈〉 관련 기사를 보고 '이거다!'라고 생각한 거죠. 바로 대만에서 가장 유명한 그래픽 디자이너 중 한 사람인 녜용전에게 표지 디자인 패턴을 부탁해서 존 버드에게 직접 제안하러 갔더니 2009년에 무사히 권리를 획득할 수 있었어요.

대만판 창간호의 특집 기사는 '바보들의 시대愚人時代/Stay hungry. Stay foolish.'였기 때문에 창간일을 4월 1일 만우절로 선택했어요**중국어로 '愚人'은 바보를 의미하고 '愚人節'은 만우절을 의미한다.** 독자층은 20~35세로 설정하고 이들을 아무것도 두려워하지 않고 용감하게 자신의 꿈을 좇는 세대라고 정의했어요. 이런 사람들을 '바보愚人'라고 깔보는 것이 아니라 응원하자는 취지의 특집이었어요. '스테이 헝그리, 스테이 풀리시Stay hungry. Stay foolish'는 스티브 잡스가 잡지 〈홀 얼스 카탈로그Whole Earth Catalog〉에서 인용해서 유명해진 말로, '계속 탐구심을 가지고 지식을 추구하자'라는 의미에서 〈빅이슈 타이완〉의 창간 정신을 보여준다고 할 수 있어요.

〈빅이슈 타이완〉은 매달 발행하는데, 2018년 4월 시점으로 보면 제97호까지 냈어요. 8년을 계속한 거죠. 처음 2년은 운영 방식을 모색하는 기간이었고 그 이후에는 경영적인 면에서도 비교적 안정되어 독자들의 반응도 좋았고 잡지의 판매 수입만으로 회사를 운영할 수 있게 되었어요. 일본판은 격주간지인데, 서로 매번 견본 잡지를 보내고 있어요.

+++ 정말요? 수입 내역도 알려주실 수 있나요?

황 80퍼센트는 판매, 20퍼센트는 광고 수입이에요. 광고에 의존하기 쉬운 일반적인 잡지와는 정반대죠. 판매 수익은 판매원에게 돌아가기 때문에 쭉 이 수익 모델을 유지할 수 있었으면 좋겠어요. 발행 부수는 쭉 늘고 있는데, 2016년쯤에 3만 부를 돌파하고 그 이후에는 3만~3만 5,000부 정도로 안정된 추이를 보이고 있어요. 이 수치는 대만의 잡지 시장에서는 꽤 높은 편이에요. 이보다 많이 팔리는 잡지는 패션 잡지 정도일 거예요.

기념해야 할 창간호. 구입 시 포스터를 증정했다.

+++ 모든 나라가 처음에 이 〈빅이슈〉의 시스템을 받아들이기까지 꽤 고생을 했을 것 같은데 어떤 노력을 하셨는지 궁금합니다.

량웨이팅(이하 량) 어느 쪽이 더 힘들었는지를 말하자면 판매원에게 이 시스템을 받아들이게 만드는 쪽이 더 힘들었어요. 〈빅이슈 타이완〉은 노숙인 지원과 관련된 시설, 협회·단체와 같은 정부 기관에서 도움을 받아 이런 시스템이 필요하다고 생각하는 사람들 사이에서 먼저 조금씩 알려지기 시작했어요. 그리고 일반인들 사이에서 인지도를 높이고 판매에 대해서 알리기 위해 발간 기념 이벤트를 개최했어요. 취지에 공감하는 영화 프로듀서 리례李烈, 음악 프로듀서 린창林强과 같은 저명인사들이 단상에 올라 이 구조에 대한 설명을 했어요. 이것을 언론에서 많이 취재해 주서서 큰 홍보가 되었죠. 그 후에도 제2호에서는 뮤지션 장후이메이張惠妹, 제5호에서는 배우 구이룬메이桂綸鎂 등 대만에서 인기가 많은 연예인들이 표지 모델을 할 때마다 화제가 되었어요. 그래서 소비자들에게 받아들여지는 것

잡지 제작과 사회 공헌을 합친
사업을 하려고 생각했다.

아오이 유우가 표지를 장식했던
제39호(2013년 6월)는
현재 품절 상태

은 크게 문제가 되지 않았어요. 제3호까지는 유명한 디자이너 왕즈홍王志宏이, 그 이후에는 네용전이 로고와 표지를 디자인했어요. 잡지가 디자인적으로도 뛰어났기 때문에 이것도 소비자들이 구입하는 이유가 되었다고 생각해요.

+++ 표지 디자인에 정말 많이 신경 쓰셨다는 느낌이 들어요. 그런데 'THE BIG IS-SUE'라는 로고 자체가 영국의 것과는 다른데 통일해야 한다는 규칙은 없나요?

황 일본판 로고도 오리지널 영국판과는 달라요. 〈빅이슈〉의 편집권과 판매권은 국가별로 독립적이어서 로고에 관해서도 영국에서는 아무런 간섭도 하지 않아요. 현재 사용하는 로고는 네용전이 디자인해서 2013년 9월에 리뉴얼한 것입니다.

물론 표지도 매번 자체적으로 디자인하는데, 제작에 꽤 신경 쓰고 있어요. 해외 아티스트에게 의뢰하는 경우도 많아요. 예를 들어 일본이라면 일러스트레이터 노리타케 Noritake 씨와 2018년(제97호)에도 작업을

했는데 총 3번 같이 일을 진행했고, 사진가 오쿠야마 요시유키奧山由之 씨와 하마다 히데아키濱田英明 씨는 대만까지 오셔서 대만의 저명인들을 촬영했어요(각각 제81호와 제13 · 46호). 반대로 배우 아오이 유우蒼井優 씨를 취재하기 위해 대만의 사진가를 일본으로 데리고 가서 그때 찍은 사진을 표지로 사용한 적도 있어요(제39호).

그런데 유명인을 기용한다고 해도 너무 상업적이 되거나 지나치게 유행을 따르는 것이 아니라 보다 예술적으로 문화적인 수준을 유지하기 위해서 노력하고 있어요. 유럽의 아티스트도 기용하지만 대만에서는 일본 아티스트의 작품이 인기가 많아요. 만들기는 굉장히 어렵지만(웃음), 표지가 어떻게 나오느냐에 따라서 판매 부수가 크게 달라지기 때문에 어느 정도 비용을 들여서라도 좋은 작품을 만들자는 판단이에요. 가장 많이 팔린 호는 엠마 왓슨이 표지 모델이었던 제73호(2016년 4월)로 1번 증쇄도 했어요. 판매원들에게 가장 안 팔릴 것 같다는 말을 들었던 건 제94호(2018년 1월)로 국

제그래픽연맹AGI 특집호였어요. 표지 얼굴이 가려져 있으니까요(웃음).

+++ **내용도 자체 기사의 비율이 높고 꽤 신경 쓴다는 느낌이 드는데 어떤 시스템으로 만들고 있는지 알려주세요.**

황 시스템은 굉장히 심플해요. 편집자는 편집장(《주간편집》과 겸임)인 리취중 씨와 편집 주간인 저, 이렇게 2명이에요. 그리고 디자이너, 광고 영업, 운영이 각각 1명씩 있고, 판로 개척과 판매원과의 연락은 량웨이팅과 다른 1명이 맡고 있어요. 직원은 이렇게 전부 7명으로 이 외에 아트디렉터인 네용전이 있지만 여기 사무실에는 잘 오지 않아요. 참고로 저는 법학부 학생이던 대학교 때(2016년) 인턴으로 여기서 일하다가 자연스럽게 사원이 되어서 지금은 대학원 휴학 중이에요(그 후 황밍장 대신 후스언胡士恩이 들어왔다).

량 저는 대학에서 사회학을 전공하고 작년(2017년)에 입사했어요. 저희 직원은 대부분 20대입니다. 편집장을 제외하고는(웃음)……

황 〈빅이슈 타이완〉의 내용은 거의 100퍼센트 대만의 자체 콘텐츠입니다. 〈빅이슈〉와 같은 시스템으로 제작되는 전 세계의 잡지(스트리트 페이퍼)에 콘텐츠를 제공하여 서로 돕는 INSP International Network of Street Papers라는 네트워크가 있는데, 저희는 그것을 거의 이용하지 않아요. 독자들에게 친밀한 주제를 가지고 우리만의 기획으로 기사로 써보고 싶어서죠. 미국, 유럽, 일본, 터키, 그리고 아프리카까지 세계 각국에 있는 집필진을 우리 나름대로 확보하고 있기 때문에 기사를 의뢰하고 있어요. 콘텐츠의 3분의 2는 이런 외부 집필진의 글이고, 나머지 3분의 1은 사내 편집부가 맡고 있어요.

일본과 대만의 〈빅이슈〉 비교.
판형도 디자인도 크게 다르다.

동정이나 자선에 호소하는 것이 아니라 내용으로 승부한다

황 빅이슈 대만판은 다른 나라들과는 다르게 라이프스타일이나 예술·문화 방면의 기사에 집중하고 있어요. 잡지는 '00'부터 '05'까지 6장으로 구성됩니다. '00 피처**Feature**'는 특집 기사로 저희가 가장 주력하는 부분이에요. 가장 최근에 나온(2018년 기준) 제97호는 "'헤이 주드" 너에게 보내는 노래**"HEY JUDE" 給你的一首歌**'입니다. '헤이 주드'는 폴 매카트니가 존 레논과 그의 전처 사이의 당시 5살이었던 아들 줄리안을 격려하기 위해서 만든 노래예요. 이 에피소드를 바탕으로 하마다 히데아키 씨와 노리타케 씨와 같은 일본인도 포함한 총 9명이 자신의 아이나 다음 세대에게 들려주고 싶은 노래를 고르고 그 이유를 가사 전문과 함께 실었어요. 다른 라이프스타일 매거진이나 컬처 매거진과는 다른 우리만의 특징을 어떻게 표현할 수 있을지 매번 몇 번이고 회의를 해요. 그리고 전 세계의 크리에이터와 컬래버레이션을 많이 하는 것도 우리만의 특징이라고 할 수 있어요. 매호의 표지나 매년 나오는 캘린더뿐만 아니라 지금 이야기한 특집 기사나 콘텐츠도 마찬가지예요. 그렇게 해서 국가라는 경계선을 넘어서려고 시도하는 거죠.

'01 이슈, 어페어, 아이디어 Issue, Affair, Idea '는 시사적인 국제 뉴스로 여기서는 외부 필자의 기고 기사를 번역해서 실어요. 대만은 해외 관련 보도가 적기 때문에 이 페이지는 독자들도 굉장히 좋아하는 편입니다. '02 비즈니스 투모로우 Business Tomorrow '는 비즈니스, '03 컬처 릴레이티드 Culture Related '는 문화, '04 디자인 포 올 Design for All '은 디자인을 테마로 화제는 대만 내로 한정하지 않고 해외로도 대상을 넓히고 있어요. 2018년 1월호(제94호)는 AGI 특집이었는데 네덜란드와 일본에서도 취재를 했어요. '05 에디트 Edits '는 편집부에서 선정하는 그 이외의 기사로 만화 등을 싣고 마지막은 판매원의 이야기를 소개하면서 끝을 맺습니다.

+++   잡지로서의 높은 수준과 그 잡지를 가지고 판매하는 노숙인 판매원들과의 사이에 갭이라고 할까, 그런 온도 차는 없나요?
황 저희는 일단 잡지 자체가 사람들을 사로잡아야 한다고 생각해요. 그래서 표지가 무엇보다 중요합니다. 사람들이 그 잡지를 사고 싶은 충동을 느껴야 한다는 사실을 항상 생각하는데, 표지에 관심을 가져서 자연스럽게 또는 주체적으로 판매원에게 다가가도록 만드는 것이 중요해요. 동정하는 마음으로 구매하기를 바라지는 않아요. 잡지를 장기적으로 계속하기 위해서는 어디까지나 내용이 독자들의 마음에 들어야 해

요. 지금까지 안정적으로 경영이 가능했던 것도 많은 독자들이 표지를 보고 구입해서 내용에 대해 만족했기 때문이지, 절대 동정이나 자선하는 마음으로 구입했기 때문이 아니에요.

량 표지를 멋지게 만들어서 판매원에 대해서 가지고 있는 잘못된 이미지를 쇄신하고 싶다는 측면도 있어요. 깔끔한 인상을 주기 위해서 판매원에게는 오렌지색 유니폼을 나눠주는데, 모자와 가방도 세트입니다. 저희는 매달 판매원이 다 모여서 미팅을 하는데, 편집장이 최신 호의 표지와 본문에 대해서 프레젠테이션을 해요. 솔직히 소개하는 예술이나 문화는 판매원의 생활에는 직접적인 관련이 없기 때문에 중요한 포인트만 짚어서 설명합니다. 그걸 바탕으로 각 판매원은 직접 디스플레이를 하고 포스터를 붙여요. 판매원들이 거리에서 독자에게 "이번 호는 음악 특집" 정도의 말보다 더 깊은 이야기를 할 수 없다는 사실이 지금의 과제이기도 한데, 이 미팅이 판매원들에게는 새

목차 페이지

THE BIG ISSUE TAIWAN

**과월 호 잡지. 추가 취재를 할 때는
중앙 하단의 제101호(밥 딜런 특집)가 최신 호였다.**

로운 것을 접할 기회가 되고 있어요. 예를 들어 조금 전에 말한 '헤이 주드' 특집호가 나왔을
때는 실제 미팅 장소에서 비틀스의 노래를 틀었어요. 판매원 중에는 분명 처음으로 이 곡을
들은 분도 계실 텐데, 좋은 곡이라는 반응이 많았습니다. 이런 기회를 쌓아가는 것이 단순
한 '설명회'보다 훨씬 중요하다고 생각해요.

현재 판매원의 매출은 매달 1만 5,000위안(약 60만 원) 정도인데, 가장 매출이 높은 사람
은 5~6만 위안(약 200~240만 원) 정도예요. 이 정도 수입을 올리면 월세방을 구할 수 있
기 때문에 더 이상 노숙인이 아닙니다. 매출을 좌우하는 건 판매원의 '출근 상황'과 '접객'
이에요. 비가 와도 강풍이 불어도 더워도 아침 10시부터 밤 10시까지 거리에서 독자들을
기다려서 매달 600~1,000권을 파는 판매원도 있어요. 오래 하다 보면 독자들도 얼굴을 기
억해 주거든요. 성격이 활발하고 캐릭터가 확실한 판매원은 금방 자신의 단골손님을 만들
어요. 가장 중요한 것은 역시 인내력과 의욕입니다. 시간을 투자하면 수익을 얻기 쉬운 일
이라고 생각해요.

자주 오해를 받는데, 사실 우리 쪽에서는 판매원들에게 적극적으로 통행인에게 영업 활동
을 하라고 장려하고 있지는 않아요. 표현이 서툰 판매원에게는 거리를 지나는 사람들의 관
심을 끌 수 있도록 홍보용 굿즈(긴 포스터나 코팅된 최신 호 등)를 우리가 준비해서 제공하
고 있어요. 예전에 음반회사와 협력해서 홍보용 CD 샘플을 동봉한 잡지를 판매한 적이 있
는데 그때는 아주 잘 팔렸어요.

+ PUBLISHER

판매원의 오렌지색 유니폼이 눈에 띈다.

+++ **수익이 늘어 거리 생활을 그만두어
도 판매원 일을 계속할 수 있나요?**

량 판매원의 대부분이 70~80대로 꽤 고령
입니다. 이 일 이외에는 좀처럼 장기적으로
할 수 있는 일을 찾지 못하기 때문에 집을
구한 후에도 원칙적으로 그만두게 하거나
하지는 않아요. 판매 자격에 대해서는 처음
부터 크게 엄격하게 규정하지 않았어요. 그
래서 물리적으로 집이 없는 노숙인도 있지
만 사정이 있어서 실질적으로 돌아갈 곳이
없는 사람도 있기 때문에 넓은 의미에서 노
숙인이나 장애인을 모집해서 채용하고 있
어요. 우리도 이들을 단순하게 일할 기회를
제공해서 사회적으로 지원하는 대상으로만
생각하는 것은 아니에요. 이분들도 우리와
마찬가지로 하루에 8시간, 때로는 그 이상
을 일해서 노동의 대가로 수입을 얻어요. 야
외에서 장시간 잡지를 판매하는 일이 원래
절대 쉬운 일이 아니잖아요. 그렇기 때문에
채용 과정에서 지금 거리에서 생활하고 있
는지 아닌지를 엄밀하게 따지지는 않아요.

현재 판매원은 약 100명으로 늘어서 대만
동부 이외의 대부분의 도시에서 판매하고
있어요. 타이베이 시내에는 60명의 판매원
이 있어요. 항상 잡지 제일 마지막 부분에 판
매 장소와 시간을 정리한 리스트를 실어요.
판매원의 수를 너무 많이 늘리면 한 사람당
수익이 떨어질 수도 있기 때문에 판매원 수
를 조정하는 것이 좀 어렵기는 해요. 물론 그
만두는 분도 있기 때문에 약 3달에 1번 정도
구인 광고를 냅니다. 직접 지원하기도 하지
만 사회복지단체가 소개하기도 하는데, 매
번 3~5명 정도가 새롭게 오세요. 저희가
거절하는 일은 거의 없고, 연수를 통해 이
일이 적성에 맞는지 직접 판단하게 해요. 잡
지가 팔리지 않는다면 굉장히 불안정한 직
업이기도 하니까요.

+++ **〈빅이슈 타이완〉에서는 판매원이 어
떻게 보면 직접적인 '서점'이라는 생각이 들어
요. 이렇게 사람들의 능력에 맡기는 부분이 큰
시스템에서 중요한 것은 무엇일까요?**

타이베이의 지하철 노선도에
판매원의 얼굴 사진을 표시했다.

량 판매원들의 동기부여가 유지되는 것이 제일 중요해요. 판매원에게는 몇 시부터 몇 시가지 판매해야 한다는 규칙이 있는 것이 아니라 본인의 몸과 마음의 상태에 따라 자유롭게 맡기고 있어요. 그렇기 때문에 잡지 마지막에 적혀 있는 판매 시간은 판매원이 자신의 구역을 살펴본 다음에 판매가 가능하겠다고 직접 판단한 시간입니다. 그래서 의욕이 저하되면 잡지는 단순한 돈벌이 수단이 되어 적극적으로 잡지를 팔아야겠다는 소속감이 사라져버려요. 벌써 월말이 되었는데 팔리지도 않고 일을 가지 말까 하는 생각을 하는 거죠.

이런 일이 발생하지 않게 잡지 판매에 대해 개인이 항상 새로운 느낌을 가질 수 있도록 하는 것도 중요하기 때문에 2~3개월에 1번은 판매원의 판매 장소에 가서 상황을 확인하고 와요. 이때 잡지가 팔리면 다음 미팅 때 잡지를 추가로 선물합니다. 판매원 입장에서는 표창을 받는 것 같은 기분이 들겠죠? 방문했을 때는 판매원이 지금 누구와 어디에서 사는지 등의 현 상황에 대해서도 물어봐요. 회사. 그러니까 우리가 판매원 한 사람 한 사람의 생활에 관심을 가지고 있다는 사실을 알아줬으면 좋겠다는 생각이 있기 때문이죠.

비타 양(Vita Yang)이 그린 〈빅이슈 타이완〉 초기에
기고했던 집필진

일단은 잡지 안에서 논의하고 가치에 대해 이야기하고 싶다

량 회사와의 관계뿐만 아니라 독자와의 관계도 판매원의 일에 영향을 끼칩니다. 한 독자가 잡지를 매달 같은 장소에서 구입한다면 판매원과 단골손님이라는 관계가 되기 때문에 만약 판매원이 조금 몸 상태가 좋지 않아 일을 쉬게 되면 편집부로 "그 판매원 지금 어디 있는 거예요?", "몸 상태는 괜찮나요?"와 같은 연락이 옵니다. 판매원마다 각자의 개성이 있기 때문에 이런 표지는 팔리지 않을 거라고 투덜거리거나 독자와 말다툼을 벌이는 경우도 있어요. 그렇기 때문에 한 사람 한 사람을 우리의 친척이라고 생각하고 그들이 더 일하기 좋은 환경을 만들도록 노력해야 해요.

황 대만에서는 최근에 어떤 상품을 길거리에서 팔면 잘 팔릴지에 대한 이야기가 화제가 되었는데, 〈빅이슈 타이완〉이 그 성공 사례로 언급되는 경우가 많아요.

량 사실 대만에서는 현재 노상 판매가 합법화되지 않았기 때문에 뭔가를 팔려고 해도 상황이 녹록치 않고 경찰이나 행정의 개입이 있기도 합니다. 그리고 대중의 시선에 익숙해질 때까지 시간이 걸리기도 하죠.

황 대만에서는 예전부터 길에서 노숙인이나 장애인이 껌을 파는 경우가 있었어요. 그런데 최근에 한 기업이 이들을 지원하기 위해 네용전에게 껌의 패키지디자인을 의뢰해서 우리처럼 판매원을 통해 판매를 시작했어요. 이건 정확히 말하면 후속적인 활동 사례라고 할 수 있겠죠. 이런 기업은 기금이나 비영리단체를 만들어 제도 개정을 포함한 사회 개혁도 함께 추진하려고 합니다. 저희는 어디까지나 작은 기업으로 시작했기 때문에 솔직히 이런 방면의 장기적인 노력은 부족하다고 할 수 있어요. 그래서 몇 번이나 반복해서 말하게 되지만, 우선은 독자들이 잡지 기사를 읽고 그 배경에 있는 생각이나 이념을 이해하도록 돕는 것이 저희의 편집 방침입니다. 이렇게 사회에 대해서 깊이 이해하는 과정에서 독자가 자신만의 가치판단 기준을 만들길 바랍니다. 임팩트가 있는 화제를 내세워서 사람들을 논의에 끌어들이는 것은 하고 싶지 않아요.

엠마 왓슨이 표지 모델이었던 제73호(2016년 4월)는
가장 많이 판매된 호 중 하나. 발매 후 바로 품절되어
증쇄가 결정되었다.

THE BIG ISSUE TAIWAN

같은 회사에서 2017년에 새롭게 발간한 미디어 〈주간편집〉

+++ 그런데 〈빅이슈 타이완〉 판매원은 껌처럼 다른 것들도 같이 판매할 수 있나요?

량 아니요. 다른 것은 팔지 말라고 이야기해요. 〈빅이슈 타이완〉의 최신 호와 과월 호 판매, 그리고 저희가 작년에 창간한 〈주간편집〉의 최신 호 판매와 정기구독 신청만 할 수 있어요. 〈주간편집〉(100위안=약 4,000원)도 팔리면 마찬가지로 수익의 반이 판매원에게 돌아가요. 1,600위안(약 6만 4,000원)인 정기구독은 500위안(약 2만 원)을 판매원이 가지는 시스템이고요. 상품을 한정한 가장 큰 이유는 좋은 이미지를 만들기 위해서인데, 그래서 유니폼을 입고 있는 동안은 우리 잡지만 판매하고 휴식 시간에 담배를 피거나 할 때는 유니폼을 벗어달라고 부탁해요. 잡지 판매 시간 말고 다른 시간에 과일, 꽃, 껌 등을 파는 사람도 있는 것 같은데, 사실 다른 것에도 손을 대는 사람의 잡지 판매 수익이 높지 않다는 건 경험상 잘 알고 있어요.

황 게다가 〈빅이슈 타이완〉 판매를 제대로 해온 판매원들은 〈주간편집〉 판매만으로도 거부감을 가졌어요. 실제로 현 상황에서 그들의 수입에 크게 기여하지도 않을뿐더러 자리도 차지하고 무겁기 때문에 다른 것들을 같이 판매하는 것에 대해서는 소극적이에요. 화장품 샘플이나 수첩과 같은 홍보용품을 넣겠다는 제안도 받았지만 판매원들의 부담을 고려해서 거절했어요.

+++ 역시 〈빅이슈 타이완〉의 재미있는 점은 사회복지가 먼저 있고 잡지는 그 수단이라는 생각과는 완전히 정반대로 잡지의 재미가 우선이고 그 결과로 사회복지가 이루어지면 좋겠다고 생각하는 점입니다. 그런데 그렇다면 노상뿐만 아니라 서점에서도 판매해 보고 싶다는 생각이 들진 않나요?

황 바로 그것이 〈주간편집〉을 창간한 이유예요. 노상에서 판매하다 보면 아무리 최신 호를 팔아도 악천후가 계속되면 많은 사람들이 볼 기회가 사라지는 경우가 생깁니다. 그리고 판매원이 직접 판매하기 때문에 지나치게 자극적인 특집이나 기사를 실을 때 주저하는 등 내용에 대해서 스스로 제한을 해버리는 경우도 있고요. 〈주간편집〉은 이런 문제를 해결하기 위해 서점 판매를 목적으로 만든 새로운 미디어입니다.

량 〈빅이슈 타이완〉은 재고가 있는 과월 호에 대해서는 노상 이외의 곳에서도 판매를 해요. 판매원이 적은, 타이베이 이외의 지역에 있는 청펀서점, 북페어 등 직접 판매할 수 있는 이벤트, 저희 발행소 등에서 팔고 있어요. 발행소란 판매원이 잡지를 받아가는 거점을 말해요. 판매원들은 잡지가 품절되거나 휴식을 취할 때 발행소에 가는데, 최신 호와 과월 호 부수를 스스로 판단해서 가져갑니다.

+++ 일본에서는 오래전부터 잡지가 잘 팔리지 않는다는 이야기가 들렸고 실제로도 어려운 상황에 처한 잡지사와 출판사가 많아요. 〈빅이슈 타이완〉이 일본의 동종업계 사람들에게 뭔가 조언을 해줄 수 없을까요?

황 어려운 질문이네요(웃음). 저희 입장에서는 일본의 잡지, 특히 〈뽀빠이 POPEYE〉, 〈브루투스 BRUTUS〉, 〈&프리미엄 &Premium〉과 같은 매거진하우스가 발행하는 잡지는 편집 기술이 굉장히 뛰어나서 그 테마와 레이아웃을 매일 연구할 정도였어요. 잡지 경영

은 어디나 어려운 상황이기 때문에 계속하고 있다면 굉장히 열심히 하는 곳이라고 생각해요. 그래도 저희가 다른 곳과 다른 점이 있다면 판매원이 직접 종이로 된 책을 판매하는 것에 특화되어 있다는 점입니다. 대만에서도 지금은 종이와 웹을 믹스해서 동시에 출판하는 경우가 많은데, 저희는 종이 매체에만 전념하고 있어요. 인터넷을 활용해서 커뮤니티를 어떻게 운영할지 논의가 이루어지고 있다고 하지만, 일단은 무엇보다 미디어의 질을 높은 수준으로 유지하면서 보다 많은 사람들이 보도록 하는 것이 가장 중요한 원칙이라고 생각해요. 계속 이어가기 위해서는 항상 그 원칙으로 돌아오는 것이 가장 중요해요. 저희는 그렇게 생각합니다.

취재 후 2018년 8월에 개최된 '2018 INSP 어워즈'에서 〈빅이슈 타이완〉이 최우수디자인상을 수상했다.

>>> 大誌雜誌 THE BIG ISSUE TAIWAN

빅이슈 타이완
臺北市中正區八德路一段28號2F
2F, No.28, Section 1, Bade Rd., Zhongzheng Dist.,
Taipei City 100, Taiwan
02-2322-2607
+++ www.bigissue.tw

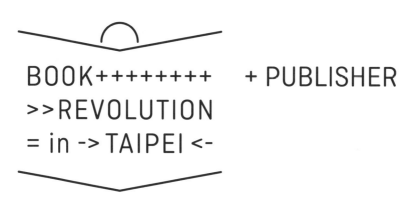

BOOK+++++++ + PUBLISHER
>>REVOLUTION
= in -> TAIPEI <-

5.

= INTERVIEW

신문이라는 형태에서
새로운 가능성을 발견한
시간을 편집하는 미디어

리취중 李取中, Fines Lee

1970년 타이난 출생

주간편집 週刊編集 +

빅이슈 타이완 THE BIG ISSUE TAIWAN 편집장

+++　　〈빅이슈 타이완〉을 시작한 편집장 리취중 씨는 일반 서점에서도 판매 가능한 잡지를 만들기 위해 2017년에 〈주간편집〉을 창간했다. 이름도 특이하지만 더 놀라운 점은 '신문'이라는 일반적으로 생각하면 '오래된' 미디어의 형태를 가져왔다는 점이다. 뉴욕타임스도 종이에서 디지털로 방향을 튼 현시점에서 시대를 역행하는 것처럼 보이는 행위다. 신문이라는 형태에서 그는 과연 어떤 가능성을 발견한 것일까?

週刊編集

신문이라는 미디어를 젊은 세대를 대상으로 다시 만들다

2010년에 〈빅이슈 타이완〉을 창간하기 전에 저는 인터넷 업계에서 일을 했는데, 직전에 일하던 회사에서는 대만 최대의 포털사이트 키모奇摩,Kimo 설립과 관련된 업무를 했어요. 키모는 그 후에 야후에 흡수합병되어서 '야후 키모'가 됩니다.

황밍장과 량웨이팅이 이미 이야기했을 거라 생각되지만 2009년에 잡지를 만들려고 생각하던 저는 일본판 빅이슈를 통해 〈빅이슈〉의 존재를 알고 잡지를 '사회적 기업'의 방식으로 만들 수 있다는 사실을 알게 되었어요. 호기심이 생겼죠. 직접 조사를 하면서 사회문제 해결을 목적으로 하면서 수익도 올릴 수 있는 이 비즈니스 모델에 관심이 생겼어요. 앞으로 기업이 발전해 나가기 위해서 중요한 경영 방법이라고 확신했고 당시의 대만에는 아직 이런 케이스가 많지 않다고 느꼈기 때문에 만약 〈빅이슈 타이완〉이 실패한다 해도 잡지를 통해 많은 사람들이 사회적 기업에 관심을 가지는 기회가 되면 좋겠다고 생각했어요.

+++ 〈빅이슈 타이완〉은 지금도 안정적인 경영을 하고 있다고 들었어요. 그런 상황에서 〈주간편집週刊編集〉이라는 새로운 미디어를 만든 이유는 뭔가요?

〈빅이슈 타이완〉은 굉장히 사회성이 강한 미디어이기 때문에 다룰 수 있는 내용이 어느 정도는 한정되는 측면이 있어요. 또 직접 판매원에게 구입하는 것을 중요하게 여기기 때문에 내용도 거의 인터넷에 공개하지 않아요. 그래서 기사가 미디어를 통해 확산되기 어려워요. 정기구독도 기업이나 단체에서만 일반 가격의 3배 가까운 가격으로 신청을 받기 때문에 개인에게는 개방하지 않습니다. 독자와의 관계 구축도 한정적이에요. 그러니까 현대의 미디어로는 제약이 많은 미디어라는 거죠. 이런 한계를 넘어서는 자유로운 미디어가 하나 더 있었으면 좋겠다는 것이 〈주간편집〉을 창간한 첫 번째 의도입니다.

그래서 주목한 것이 '신문'이라는 포맷이에요. 그 이유 중 하나는 가벼움입니다. 신문은 다양한 종이 출판물 가운데 가장 가벼워요. 그런데 판면은 가장 커서 펼치면 잡지 8권의 사이즈가 됩니다. 한편으로는 그 가벼운 지면 위에 지금까지 역사적으로 중요한 사건을 기록해온 '무거운' 미디어이기도 하죠. 이런 물리적인 커다란 크기와 가벼움, 그리고 내용의 무거움이 공존한다는 특성이 정말 재미있다고 생각했어요.

사실 대만의 신문은 20~30년 전부터 거의 변하지 않았어요. 오히려 점점 더 나빠졌죠 (웃음). 정치적으로 한쪽으로 치우치거나 매출을 위해 과도하게 선정적인 내용을 다루거

+ PUBLISHER

나……. 물가는 크게 올랐는데 신문의 가격은 기본적으로 10위안(약 400원)에서 오르지 않았죠. 산업구조적으로도 낡은 상태 그대로 발전도 없이 현재는 완전히 광고 수입에 기대고 있어요. 건전한 비즈니스 모델이 아니죠. 그래서 이 가능성이 있는 '신문'이라는 포맷을 젊은 세대에게 맞게 고쳐서 앞으로의 시대의 새로운 미디어로 바꾸려고 생각한 거예요. 그래서 2017년 6월에 만든 것이 〈주간편집〉입니다.

+++ 〈빅이슈 타이완〉은 젊은 세대에게 **인기가 많다고 들었는데, 종이 매체가 어렵다고 하는 이 시대에 신문으로 승부를 건다는 것이 간단하지만은 않을 것 같아요.**
〈빅이슈 타이완〉은 종이 미디어로 순조롭게 성공으로 가고 있다고 말해도 될 거예요. 창간 후 약 2년 만에 수지 균형을 이뤘으니까요. 다른 나라의 비슷한 스트리트 페이퍼를 보면 우리처럼 판매 수익만으로 경영을 유지할 수 있는 곳은 많지 않아요. 그리고 독자층도 비교적 고령이기 때문에 얼마나 많은 젊은 세대들이 구입해 줄지가 관건인데 대만판은 정반대예요. 독자들도 젊은 층이 대부분이고 모두 이 잡지를 좋아해 주죠.
일반적으로는 젊은 층이 종이 매체를 더 이상 사지 않고 읽지 않는다고 하지만 이와 같은 미디어의 이행 현상은 어느 시대에나 있었어요. 라디오나 TV가 등장했을 때도 종이 미디어가 도태되는 것은 아닌지 긴장했죠. 이건 필연적인 현상이에요. 이런 흐름 속에서 미디어가 해야 할 일은 '지금 세대에게 어떤 체험을 제공할 수 있을까'를 자세하게 검토해서 접근하는 것이라고 생각해요. 세대가 다르면 자라온 환경도 다르고 누려온 기술도 달라요. 그렇기 때문에 당연히 종이 미디어가 해온 역할도 각각의 세대에 따라 달라요. 인터넷이 보급되기 전의 세대에게는 정보원이 곧 종이 미디어였어요. 모든 정보를 종이 출판물에서 얻었으니까요. 그

창간호의 표지는 일본의 일러스트레이터 노리타케가 담당했다.

週刊編集

래서 그 당시에는 정보의 수요를 충족시키는 것만 신경 쓰면 되었어요. 하지만 대부분의 정보를 인터넷에서 얻을 수 있는 지금은 정보를 제공하는 것만으로는 미디어의 존재 의의가 없어요. 그렇기 때문에 그래도 종이 형태로 내려고 한다면 굳이 종이를 손으로 들고 보는 의미를 젊은 독자들이 느낄 수 있도록 만들어야 해요. 이런 전달 방식과 미적인 체험까지 신경 쓸 필요성이 생기는 거죠.

종이인지 웹인지 고민하기보다는 가치관을 확인한다

일단 지금 새로운 미디어를 만들려고 한다면 본질적인 것은 '종이인지, 그렇지 않으면 웹인지'라는 기술적인 물음이 아니라 어필하려고 하는 세대의 가치관의 변화나 차이를 파악하는 것입니다. 예를 들어 일을 테마로 한다고 하면 〈빅이슈 타이완〉이나 〈주간편집〉에서는 '얼마나 많이 버는지'로 그 직업의 가치를 판단하는 것 같은 기사는 쓰지 않아요. 'Y세대'라 불리는, 우리보다 젊은 세대가 수입 이상으로 중시하는 건 그 일이 '얼마나 개인이 활약할 수 있는 장이 되면서도 사회에 영향을 끼치는지'입니다. 자기 표현과 사회 공헌이죠. 이런 차이를 파악하지 못한다면 젊은 세대와 커뮤니케이션을 하기 어려워요. 미디어라는 것은 사람들 사이에 존재하는 가치체계를 이해하고 그것을 콘텐츠에 반영할 수 있는지 없는지에 따라 성립될 수도 있고 안 될 수도 있다고 저는 생각하고 있습니다.

노리타케의 작품 '뉴스리스 페이퍼(NEWSLESS PAPER)'.
3월 11일 당일의 신문 지면 레이아웃을 그대로 사용했다.

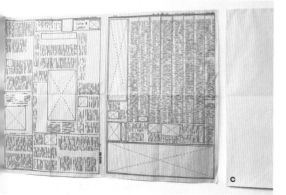

포스터로도 사용할 수 있는 지면이 매호 안에 들어 있다.

+++　　　　〈주간편집〉의 구상은 언제부터 하셨나요?

5년 전부터 대략적인 구상은 하고 있었어요. 발간까지는 꽤 시간이 걸렸지만 말이죠. 어떤 나라든 어떤 상황이든 새롭게 신문을 창간하는 것은 역시 어려운 일이에요. 준비 기간에 전 세계의 신문을 모아서 천천히 연구했는데 특히 일본의 신문에 주목했어요. 전 세계의 신문 발행 부수 순위에서 10위권 안에 일본의 신문사 5곳이 있었기 때문이죠. 1위가 요미우리신문(877만 부), 2위가 아사히신문(616만 부), 5위가 마이니치신문(309만 부)입니다(2017년 일본 ABC협회 리포트). 일본의 신문 구독자 수는 세계 최대로 인구의 80퍼센트 가까이 된다고 해요. 그리고 그 대부분이 정기구독이에요. 꽤 열심히 대책을 마련하고 노력한 결과로 일본의 신문 배달 시스템이 현재까지 이어져 왔다고 생각하고, 정부나 신문사도 사람들이 신문을 읽는 습관을 가질 수 있도록 노력하고 있는 것처럼 보여요. 대만은 완전히 시장이 개방되어 정가가 정해져 있지 않지만 일본에는 '신문특수지정 **모든 신문은 신문업계가 정한 정가로 판매해야 한다는 공정거래위원회가 특례로 인정한 제도**'이라는 제도가 있어서 정가 판매가 지켜지고 있어요. 대만 신문의 판매 수입은 30퍼센트 정도인데 비해 일본 신문의 판매 수입은 60퍼센트에 이릅니다. 대만의 신문사처럼 광고 수입에 의존하지도 않

신문은 다양한 종이 출판물 가운데 가장 가벼운 동시에 무겁다.

아요. 이와 같은 수지 균형은 미디어로도 좋은 경영 모델이라고 생각했기 때문에 〈주간편집〉도 정기구독을 지지 기반으로 삼아서 앞으로 나아가고 싶어요.

+++　　　　그렇다고는 해도 일본에서도 신문을 점점 읽지 않아서 전철에서 신문을 펼치는 사람을 찾아보기 힘들어졌어요.

전철 안에서 정보를 찾으려면 당연히 스마트폰이 훨씬 편리하죠. '~타임스'라는 이름이 많은 것처럼 일간 신문은 뉴스로서 그날 당일에 일어난 사건에 대한 정보를 빠르게 전달하려고 하지만 이제는 그런 속보성 뉴스는 인터넷 미디어가 대체하게 되었어요. 그런데 '주간'이라는 주기에는 가능성이 있어요. 일주일 동안 일어난 일에 더 깊게 파고들어 더 깊게 이해하고 그사이에 세계 각지에서 일어난 중요한 뉴스를 정리해서 제대로 이해하면서 읽기 위한 시간입니다. 그래서 〈주간편집〉이라는 이름을 붙였어요. 지금은 아직 그 이름에 따라가지는 못하고 월간인 상태지만(웃음), 이름대로 언젠가는 주간지가 되길 바라고 있습니다. '편집'이라는 단어를 붙인 것은 잡지든 신문이

〈주간편집〉은 반으로 접힌 3매가 한 세트로 3세트가 들어 있다.
반으로 접힌 상태로 전용 비닐에 넣어서 판매한다.

든 어떻게 정보를 편집(수집ㆍ정리)하는지가 중요하기 때문이에요. 바로 눈에 보이는 레이
아웃이라는 공간뿐만 아니라 빠른 속도로 전달되는 대량의 뉴스 가운데 중요한 기사를 뽑
아서 시간을 들여 깊게 파고드는 시간의 편집도 포함됩니다. 포지션으로 말하자면 미국이
나 유럽의 신문 주말판 정도라고 생각하시면 됩니다. 미국의 〈뉴욕타임스The New York Times〉,
영국의 〈파이낸셜타임스Financial Times〉, 독일의 〈디 차이트Die Zeit〉와 같은 신문의 주말판. 내
용은 전부 뉴스는 아니고 주제별로 나눈 특집이나 읽을 만한 인물 인터뷰, 책이나 예술작품
리뷰 등 신문과 잡지의 중간 정도의 느낌인 거 같아요.

일본의 신문은 글자가 여백 없이 꽉 차 있는데, 조금이라도 더 많은 정보를 전달하기 위해
서 세로를 짧고 가로를 길게 만든 독특한 신문용 폰트(평체)를 사용하죠. 예전에는 정보량
이 중요했지만 지금은 읽을 때의 체험이 점점 더 중요해지고 있어요. 이것이 방금 전에 말
한 시각적이고 '미적인 체험'이라는 거예요.

+ PUBLISHER

독일의 출판사 슈타이틀Steidl이 기획한 사진가 로버트 프랭크의 세계순회전도 신문지에 착목한 거였어요. 그 카탈로그는 남독일신문Süddeutsche Zeitung을 모방한 것으로 크게 인쇄된 사진과 대담하게 남긴 여백이 특징입니다. 해설이 많은 것보다 이렇게 하는 편이 사진가의 의도가 더 잘 전해져요. 전철 안에서 작게 접어서 읽는 것이 아니라 반대로 천천히 읽기 위해서 신문을 펼칠 수 있을 정도의 공간을 찾는 것, 〈주간편집〉은 이런 독서 체험을 중요하게 생각하기 때문에 아름다운 레이아웃을 우선시하고 있어요.

종이라는 미디어이기 때문에 얻을 수 있는 정보의 소유감

+++ 이런 '종이를 통한 미적인 체험'에는 어떤 효과가 있을까요?

체험적인 미디어로 신문을 사용하면 독자와 보다 깊은 커뮤니케이션을 할 수 있어요. 큰 사이즈감으로 시각적으로 어필하고 중요한 뉴스를 통해 천천히 가치관을 공유해 나갑니다. 이것은 디지털 미디어로는 불가능한 일이죠. 예를 들면 어떤 뮤지션을 소개할 때 그 사람의 존재감이나 중량감을 인터넷상에서 재현하기는 엄청 어려워요. 그런데 신문이라는 형태라면 편집을 어떻게 하느냐에 따라 문장이나 사진으로 시선을 끌어 그 창작이나 작품을 현실감 있게 느끼도록 만들 수 있어요. 액정 화면으로 보는 것은 어떻게 해도 '공허감'이 들 수밖에 없고 알게 된 것을 소유하고 있다는 실감이 들지 않아요. 그것이 종이로 표현되면 실제로 알게 된 것을 소유했다는 기분이 들고, 무언가를 소유했다고 생각할 때 사람의 기억이나 마음속에서 그것과의 연결 고리가 강해져요.

흔히 한눈에 볼 수 있는 '일람성'과 '우연성'이 신문의 장점이라고 하지만 저는 오히려 그것은 디지털이 원래 가지고 있는 특질이라고 생각해요. 웹 기사에는 뭐든지 있고 갑자기 나타나는 다른 정보에 마음이 빼앗기는 경우도 종종 있잖아요. 신문의 종이라는 특질은 역시 현실적인 '물질성'이며, 이것이 신문을 읽고 있을 때의 심리에 크게 작용해요. 단적으로 말하면 마음이 안정되는 거죠. 아무리 긴 문장이라도 종이로 읽으면 그 끝을 인식할 수 있어서 오히려 더 천천히 안정되게 읽어나갈 수 있습니다. 그런데 웹이라면 다음의 링크도 클릭해야 한다는 초조함 때문에 마음이 안정되지 않아요. 말하자면 블랙홀과 비슷해서 웹 콘텐츠는 절대 '다 읽는다'는 행위가 불가능해요.

창간할 때 참고한 신문 중 하나인
영국 〈파이낸셜타임스〉의 주말판

제14호(2018년 8월)에 특별 한정으로 삽입된 페이퍼.
여백이 있는 레이아웃으로 브루스 스프링스틴의
인생을 전한다.

물론 전달 속도를 중요하게 생각할 때는 디지털도 병행해서 같이 활용해요. 디지털이라면 음성, 동영상도 사용할 수 있고 쌍방향 커뮤니케이션도 가능합니다. 하지만 내용이 중요하고 우리가 직접 편집한 기사를 천천히 읽어주길 바랄 때는 종이 신문을 사용하죠. 마음에 든 부분을 잘라서 벽에 직접 붙이는 체험도 종이가 아니면 불가능해요. 그때그때마다 가장 적절한 방법으로 내용을 전달하는 것이 앞으로의 미디어의 존재 방식이라고 생각합니다.

+++ 〈주간편집〉의 사이즈는 일본의 신문과 비슷한 것 같아요.

맞아요. 사이즈는 일본의 신문과 같아요 (블랭킷판＝세로 546×가로 406mm). 왜냐하면 그걸 보고 만들었으니까요(웃음). 대만의 신문은 더 작아서(세로 577×가로 345mm), 대만 사람들은 〈주간편집〉을 볼 때 크다고 느껴요. 발행 부수가 많은 일본

신문이 이 사이즈를 오랫동안 사용하고 있고, 딱 〈빅이슈 타이완〉의 2배 규격이라서 이 사이즈로 결정했어요. 그런데 원래 신문 사이즈와는 달라서 지금은 잡지용 윤전기를 사용해서 인쇄하고 있어요. 이 신문은 주제별로 몇 장 정도가 한 세트가 되는 게 보통이에요. 신문용 윤전기라면 기계로 접을 수 있지만 〈주간편집〉은 현재 1장씩 인쇄해서 사람이 직접 3장씩 겹쳐서 접고 있기 때문에 비용이 발생해요. 대만에는 이 정도의 질로 인쇄해서 접어주는 기계가 없어서 계속 찾고 있었는데 최근에 중국에 있다는 사실을 알았어요.

디자인은 꽤 신경을 쓰고 있는데, 특히 표지와 광고에는 적극적으로 해외 아티스트의 작품을 사용하고 있어요. 제10호(2014년 4월)의 표지는 일본의 사진가 오쿠야마 요시유키 씨가 찍은 거예요(제11호의 표지는 기우치 다쓰로木内達朗의 작품, 제12호는 이시카와 나오키石川直樹의 사진을 사용했다).

그리고 지면에는 7,000~1만 자 정도의 긴 논고를 싣고 있는데, 이때는 어떻게 읽기 쉬운 레이아웃으로 만들지 항상 생각하고 또 생각하고 있어요. 독자에게 '잡지라면 다 읽지 못했을 텐데 신문이라서 읽었다'라는 의견을 들었을 때는 정말 기뻤죠. 이런 긴 문장을 인터넷에 그대로 올려도 아무도 읽지 않아요. 신문이라는 그릇 위에 있기 때문에 천천히 읽어준 거라고 생각해요. '대만에 드디어 재미있는 신문이 생겼다'라는 것도 고마운 반응이었죠.

+++　　기사 중에 '가디언The Guardian', '뉴욕타임스'와 같은 외국 신문 이름이 들어가 있는 기사가 있던데, 이건 기사를 제공한 곳을 표시한 건가요?

네. 해외 뉴스는 이 두 신문과 제휴를 맺고 기사를 구입하고 있어요. 원래는 주간지를 만들 계획이었기 때문에 한 주에 기

신문이라는 그릇 위에 있기 때문에 천천히 읽어준 거라고 생각해요.

사를 4개, 종이와 웹에서 사용할 수 있는 계약을 맺었는데 현재는 월간지이기 때문에 한 달에 기사 4개를 종이에만 사용해요. 아깝죠, 진짜(웃음). 사실 일본의 아사히신문에도 말을 해봤었는데 해외에 판권을 파는 시스템이 없어서 유야무야되었어요. 속보성과 시사성이 높은 기사보다는 깊이 파고들 수 있는, 정치적 입장은 중도에서 좌파 사이 정도의 기사를 중심으로 골라서 자사에서 번역하고 있어요.

그 이외의 국내 기사는 전부 자체 기사로 50명 정도의 외부 집필진이 쓰고 있어요. 해외와 국내 기사의 비율은 4대6 정도입니다. 기본적인 지면 구성은 본체, '컬처CULTURE', '라이프&사파리LIFE&SAFARI'에 각각 3장씩 들어가 있어요. 3장씩 겹쳐서 한 번에 접어요. 이것이 3세트 있는 거죠.

일본(아사히신문)과
대만(연합보)의
신문 사이즈 비교

창간하고 바로 정기구독자 수가 1만 명이 되었다

+++　　　〈주간편집〉의 독자 수는 지금 어느 정도인지, 잡지가 나올 때마다 어떤 방식으로 배송되는지 궁금해요.

2018년 4월 기준으로 잡지는 제10호까지 나왔는데, 매달 1권당 3만 부를 찍고 있어요. 그 가운데 정기구독자에게 가는 것이 1만 부 정도예요. 가격은 1부에 100위안(약 4,000원)으로 정기구독자에게는 20퍼센트 할인된 가격(20권 1,600위안)으로 판매합니다. 창간할 때는 크라우드펀딩을 했는데 10명이 동시에 참여하면 최대 40퍼센트까지 할인해 주는 이벤트도 열어 7,000명 정도의 정기구독자를 모았어요. 대만 출판업계에서는 역대 최대 금액이었죠. 이건 〈빅이슈 타이완〉으로 키워온 자원을 바탕으로 유명 음악 프로듀서 린창林強과 싱어송라이터 장쉬안張懸이 프로모션 영상에 출연해 준 것이 아주 컸다고 생각해요. 이때는 정기구독 1명당, 2명당, 4명당, 10명당 할인율과 특전이 달랐어요. 그때 많은 사람들이 주위에 알려서 10명 단위로 같이 후원해 준 것이 지금의 정기구독자의 기반이 되었다고 생각해요. 지금도 북페어 등에서 판매할 때는 40퍼센트(최대 50퍼센트) 할인된 가격으로 판매하기도 해요. 〈빅이슈 타이완〉의 판매원도 〈주간편집〉 정기구독 신청을 접수하고 있어요. 1,600위안(약 6만 4,000원)의 정기구독료 가운데 판매원의 몫은 500위안(약 2만 원)입니다. 그리고 이건 일본에서도 적극적으로 하고 있다고 생각되는데, 신문활용교육Newspaper in Education이라는 프로그램으로 학교 선생님이 학생들을 대상으로 신문을 읽는 교육을 하고 싶다는 요청이 있으면 단체할인 가격으로 신문을 보내기도 합니다.

〈주간편집〉 편집부는 〈빅이슈 타이완〉의 위층(3층)

배송은 타이베이 지역이라면 실제 신문 배달 시스템을 사용하여 각 배달소에서 배송하고 있어요. 타이베이 이외의 지역에서는 우체국이나 민간이 제공하는 잡지 정기배송 시스템을 이용합니다. 다만 대만의 신문 구독 상황이 좋지 않기 때문에 신문 판매소를 이용해도 생각한 것만큼 고객 유치가 불가능했어요. 그래서 지금은 배송 지역도 넓고 신규 고객 개척 능력도 뛰어난 민간 신문 배송사를 검토 중입니다. 앞으로는 이 방법과 민간 택배업자를 통한 배달이라는 두 가지 방법을 동시에 사용하려고 해요. 물론 〈주간편집〉은 〈빅이슈 타이완〉 판매소 이외에 각지의 독립서점과 청핀서점, 츠타야서점, 무지북스와 같은 대형서점에서도 구입할 수 있습니다.

+++ **막 창간한 신문이 1만 명의 정기구독자를 모은다는 것은 정말 대단한 것 같아요.**

그런가요? 일본에서는 지방신문도 20~30만 명이 구독하지 않나요? 이제부터가 시작이라고 생각해요. 실제로 〈주간편집〉은 아직 흑자가 아니에요. 1권당 내용도 〈빅이슈 타이완〉의 2배 정도 되고 해외의 기사도 구입하고 있기 때문에 제작비용이 꽤 들어요. 정기구독이 1만 5,000~2만 명에 도달하면 일단 안정된다는 계산입니다.

週刊編集

〈빅이슈 타이완〉과 〈주간편집〉의
정신적 지주와 같은 존재 〈홀 얼스 카탈로그〉

+++　　　　지면의 좌측 상단에 항상 '액세스 투
툴스access to tools'라는 태그라인이 들어가 있
는데 어떤 의미인지 알려주세요.

'액세스 투 툴스'는 〈빅이슈 타이완〉의 '스
테이 헝그리, 스테이 풀리시'와 마찬가지로
〈홀 얼스 카탈로그〉에서 가져왔어요. 저는
〈주간편집〉의 콘텐츠를 'tools', 그러니까 도
구라고 생각해요. 〈홀 얼스 카탈로그〉의 표
지는 항상 우주에서 지구를 찍은 사진으로
되어 있는데, 그 사진에는 '국가라는 틀이
사라졌을 때 인간으로 이 지구에서 살아가
기 위해 필요한 도구가 이 책에 담겨 있다'
는 의미가 있어요. 〈주간편집〉도 이 정신을
계승해서 이 지구에서 인간으로 살아가기
위해 필요한 도구가 되는 지식을 제공하고
싶다고 생각합니다.

이건 제 자신의 인생과 관련이 있을지도 몰
라요. 계엄령이 해제되었을 때 저는 중학생
이었어요. 그때까지는 민주적인 생활을 하

는 데 국가체제의 제약이 꽤 있었죠. 그래
서 다음 세대에게는 국가라는 시스템은 본
래 국민을 위해 존재해야 한다는 사고를 뛰
어넘어 국가를 초월한 시점을 가졌으면 하
는 바람이 있어요. 세계에 존재하는 다양
한 시점을 알기 위한 미디어(도구)로 〈주간
편집〉을 많은 독자들이 알아줬으면 합니다.

+++　　　　그렇다면 '스테이 헝그리, 스테이 풀
리시'라는 말은 리취중 씨에게 어떤 의미가 있
나요?

〈빅이슈 타이완〉의 핵심이라고 할 수 있는
이 말은 신체와 정신이라는 양 측면으로 이
루어져 있어요. 저는 항상 미지인 상태로
있으라는 뜻으로 번역해요. 우리는 평소에
많은 것을 알고 있다고 생각하지만 사실 그
건 단순히 '명칭'을 알고 있는 것뿐이며 그
깊은 곳의 진짜 모습은 알지 못하는 경우가
많습니다. 그것이 가지는(가지고 있다고 믿

　　　　　　　　　　　　+ PUBLISHER

는) 의의나 가치 역시 대중매체에 의해 심어진 것일지도 몰라요. 한 송이의 장미도 그것을 제대로 인식하고 싶다면 관찰만 해서는 안 되고 실제로 꽃잎, 잎, 줄기를 만져보고 향기를 맡아봐야 해요. '스테이 헝그리, 스테이 풀리시'란 사물이나 현상을 본질적으로 이해하기 위해서는 가능한 한 자신이 아무것도 모르는 미지의 상태에서 실제 자신의 오감을 사용하여 파악해야 한다는 메시지라고 생각해요. 핵심 독자층이 20~35세로 비교적 젊기 때문에 야성의 감각을 믿으며 세계를 체험하길 바라고 있죠.

한편 50세 정도까지 더 광범위한 독자를 염두에 둔 〈주간편집〉의 캐치프레이즈는 '우리는 탐구를 멈춰서는 안 되며 모든 탐구의 종착점은 최초의 지점으로 돌아오는 것이고 그때 비로소 그 장소에 대해서 알게 된다'는 T. S. 엘리엇의 말입니다. 다양한 것을 경험한 후에 한 번 자신의 인생을 되돌아보며 반성해 보는 성숙함에 대한 바람을 담고 있어요.

+++   그러고 보니 도쿄에는 〈홀 얼스 카탈로그〉와 이 잡지에서 소개한 책만 취급하는 '카탈로그&북스CATALOG&BOOKs'라는 서점이 있어요.

어, 정말요? 이따가 가르쳐주세요. 먼저 인터넷에서 찾아볼게요(웃음).

>>> 週刊編集 The Affairs

주간편집
臺北市中正區八德路一段28號3F
3F, No.28, Sec. 1, Bade Rd., Zhongzheng Dist., Taipei City 100,
Taiwan
02-2351-3750
+++ zh-tw.facebook.com/theaffairs

BOOK++++++++
>>REVOLUTION
= in -> TAIPEI <-

+ SELECT SHOP

6.

함께 음악을 하는 동료들과 시작한
힙한 셀렉트숍

= INTERVIEW

Waiting Room
웨이팅룸

+ SELECT SHOP

폰딩에서 중산베이루 거리를 건너 반대편으로 넘어가 좁은 골목길을 걷다 보면 흰 벽의 작은 건물이 나타난다. 문을 열면 그곳이 바로 책, 레코드, CD, 옷과 잡화까지 취급하는 셀렉트숍 웨이팅룸Waiting Room이다. 이곳은 대만 인디밴드의 대명사가 된 '투명잡지透明雜誌'의 멤버 1명을 포함한 4명의 동료가 같이 꾸려나가고 있다. 주로 계산대에 서 있는 사람은 아블루Ah Blue 씨(1983년생)로 영어로 말을 거니 '예예예예~' 하고 흥이 넘치는 목소리로 대답했다. 2010년에 오픈하여 2015년에 현재의 위치로 이전했다고 한다.

"처음 오픈한 곳도 지금과 비슷한 느낌이지만 그때는 주말에만 문을 열었어요. 아무래도 4명 모두 일이 있었기 때문에 취미의 연장선에서 논다는 감각으로 했던 것 같아요. 모두 비슷한 나이로 알고 지낸 지도 오래되었어요. 한 명은 지미Jimi라는 스케이트보드숍을 하고, 엔지니어가 둘, 저는 이전에 음악 잡지 편집 일을 했어요. 지금은 폐간되었지만요."

멤버가 오토바이를 타고 이전할 장소를 찾고 있을 때 발견한 곳이 여기인데, 근처에 재미있는 가게나 장소가 많아서 바로 결정했다고 한다. 매장 안의 상품 가짓수가 크게 많은 것은 아니다. 미국, 이탈리아, 스페인, 일본에서 수입한 레코드, 대만 인디밴드의 CD, 헤브어 굿타임 have a good time, 라이브러리LIVERARY의 티셔츠와 토트백 등을 판매하고, 책은 독립출판 잡지가 한쪽 면에 쭉 진열되어 있다. 아 블루 씨가 항상 보고 있는 인터넷에서 구입한다고 한다. 질문을 할 때 보니 인터넷 검색 속도가 엄청나게 빨랐다.

why.z.clan의 패러디가 작렬하는 독립출판 잡지
〈아주 조금 나쁜 일족(精少壞一族)〉 1호(왼쪽)와 2호

"친구가 만든 것이나 소개로 입고한 것들도 진열해 뒀어요. 일본이라면 아티스트 가가미
겐加賀美健 씨와 친한 멤버가 있어요. 제 생각으로는 웨이팅룸은 재미있고 핫한 것들이 빠르
게 들어오는 하나의 레이어이자 공간인 것 같아요. 예를 들어 대만의 아티스트 중에는 진
짜 핫한 인물이 바로 why.z.clan이에요. 저와는 오랜 친구로 원래는 디자이너인데 시간이 있
을 때 항상 만화를 그려요. 개인적으로 제작한 잡지는 벌써 다 팔리고 없죠. 투명잡지의 매
니저도 하고 있고요."

웨이팅룸은 지금까지 2권의 책도 내는 등 출판도 직접 하고 있다. 천이탕陳藝堂의 사진집 〈페
이 페이 페이 페이飛肥匪廢, 날아올라 뒤룩뒤룩 불량하게, 쓸모없이〉와 나가오카 유스케永岡裕介＋저우
이周依의 아트북 〈매스티스MESSTEETH〉다. 다음은 CD나 카세트테이프로 음악 작품을 발표
하려고 생각하고 있다고 한다. 매장 입구에는 턴테이블이 놓여 있고 대만인뿐만 아니라 일
본인의 이벤트나 공연도 매장 안에서 개최하고 있다. 이때는 계산대 옆 냉장고에 들어 있는
병맥주가 엄청나게 팔린다고 한다. 매출의 가장 많은 부분을 차지하는 것은 의류인데 직접
만드는 아이템은 토트백과 티셔츠(지인에게 줄 용도로 만든 비매품)뿐이다. "타이베이에서
레코드를 파는 가게는 얼마 없지 않나요?"라고 물으니 "아니요. 최근 몇 년간 점점 늘고 있
어요. 음악 잡지는 여전히 상황이 안 좋지만……"이라는 대답이 돌아왔다.

"대만 밴드 중에는 저기 있는 '선셋 롤러코스터SunsetRollerCoaster, 落日飛車'가 현재 가장 추천
할 만해요! 일본에서 라이브 공연도 할 거라고 생각해요. 우리도 자주 공연을 보러 가는데
대부분 중정기념당역 근처에 있는 리볼버Revolver로 가요. 1층은 바, 2층은 라이브하우스인
데 항상 사람이 많아요. 솔직히 거기서 매일 술을 마셔서 매일 숙취에 시달려요. 오늘밤도
거기서 마실 건데, 기다릴게요!"

+ SELECT SHOP

웨이팅룸

臺北市中山區長安西路40巷10弄1號

No.1, Aly. 10, Ln. 40, Chang'an W Rd., Zhongshan Dist.,

Taipei City 104, Taiwan

02-2523-6937

영업시간 14:00~21:00

월요일 휴무

+++ www.waitingroomtaipei.com

대만의 실험적인 밴드 '낙차초원 WWWW(落差草原 WWWW)'의 첫 아날로그판 앨범 '무해(霧海, 안개바다)'(중간 오른쪽) 등 대만 국내외 레코드를 독자적으로 셀렉트해서 선보이고 있다.

Waiting Room

BOOK++++++++
>>REVOLUTION
= in -> TAIPEI <-

+++ PUBLISHER

逗點文創結社
commaBOOKS

콤마북스

陳夏民
Sharky Chen

두쯔서점의 카페 카운터 옆에서 안을 바라보면 콤마북스의 책 판매 공간이 보인다.

두쯔서점은 국립대만사범대학 근처로 구팅역에서 조금만 걸으면 나온다.

신간 정보(왼쪽)와 카페 메뉴(오른쪽)가 업데이트되는 매장 내
칠판. 책을 구입하거나 한 사람당 180위안(약 7,200원) 이상
주문하면 카페를 이용할 수 있다.

commaBOOKS

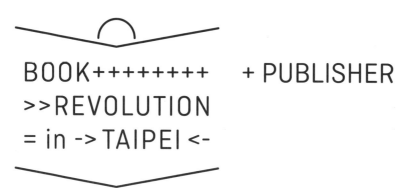

BOOK+++++++ + PUBLISHER
>>REVOLUTION
= in -> TAIPEI <-

7.

책의 창작 실험을 계속하는
1인 출판사의 선구자

= INTERVIEW

천샤민 陳夏民, Sharky Chen

1980년 타오위안 출생

콤마북스 逗點文創結社, commaBOOKS 대표

+++   단행본을 간행하는 타이베이의 독립출판사도 취재하고 싶어서 조사를 해보니 천샤민이라는 이름이 계속해서 튀어나왔다. TV에도 출연했고 저서도 몇 권이나 있으며 서점도 경영하는 사람이었다. 자신이 직접 앞에 나와서 일종의 미디어가 되는 모습은 일본의 미시마샤 등과도 겹쳐 보였다. 대만의 1인 출판사의 선두 주자라고 할 수 있는 천샤민 씨는 독립출판사가 모여 서로 연대하는 단체를 대표하는 얼굴이기도 하다. 구팅역 바로 근처에 있는 두쯔서점에서 출판물을 직접 보면서 이야기를 들어봤다.

전례 없는 길을 혼자 걸어간 '1인 출판사'

2010년에 혼자서 출판사 콤마북스逗點文創結社를 설립하기 전에 2년 정도 영어 참고서를 만드는 출판사에서 일을 했어요. 대학에서는 영문학을 전공했고 영어 선생님이 되는 게 꿈이었어요. 그런데 문학 연구에 대한 꿈을 버리지 못하고 대학원 예술학과에 진학했어요. 그랬더니 교수님이 저명한 작가거나 학과 동기들 중에 글을 쓰는 친구도 많은 거예요. 그래서 그들에게 '책'이란 과연 무엇인지. 문학 작품이 어떤 과정으로 나오는지 더 알고 싶어졌어요. 인간의 '창작' 행위에 점점 더 관심이 생기면서 출판사에 취직하는 건 자연스러운 흐름이었죠.

그런데 한 조직의 일원으로 일을 하다 보니 제가 관심이 있는 저자나 주제보다도 회사의 이익을 우선시해야 했어요. 이런 생각은 잘못된 것도 아니고 일도 재미있었지만 제가 출판하고 싶은 저자의 책을 보다 직접적으로 내 손으로 만들기 위해서는 직접 출판사를 시작하는 것이 가장 좋은 방법이라고 생각했어요. 그래서 가장 먼저 출판한 책이 시집입니다. 심지어 3권 시리즈로요. 제가 출판사를 시작한다는 이야기를 들은 연구실 시절의 교수님과 동기들이 원고를 줬어요. 독립 축하라고 할까, 선물 같은 거죠. 각각 800부씩 찍어서 꽤 많이 팔았어요.

8년 전에는 '1인 출판사'의 전례가 거의 없어서 불안감도 컸지만 동시에 자극적이기도 했어요. 새로운 스타일의 개척은 개인에게는 부담이 되어도 출판업계 전체로 보면 좋은 변화로 이어진다는 느낌이 드니까요. '선구자'는 너무 거창한 표현이지만 굉장히 타이밍이 좋았던 것 같아요. 독립출판사라는 것이 별로 없었기 때문에 주목을 받았고 미디어도 가끔씩 취재를 와줬어요. 그 덕분에 출판업계 내에서 인지도도 꽤 올라가서 원고 의뢰도 늘면서 제 책도 내게 되었어요. 최근에는 TV나 유튜브 방송에서 MC도 하고 있는데, 책 이외의 세계에서는 완전히 무명이에요(웃음).

가장 많이 팔린 《지구 최강의 국어교과서》는
《보이다》시리즈 중 한 권

+++ 한 동영상에서 천샤민 씨가 "예술이나 창작에 굉장히 관심이 많지만 내가 직접 할 수는 없다. 그래서 일단 그걸 실험하는 장으로 출판사를 시작했다"라고 말한 것이 인상적이었어요.

대학원에서 창작을 배웠다고는 하지만 굉장히 기초적인 부분이었고, 창작이 무엇인지 이해한 것은 편집 일을 시작하고 나서부터예요. 한마디로 말하자면 커뮤니케이션이 그 중심에 있다고 할 수 있어요. 열심히 만든 작품을 '읽어주길 바란다, 이해해 주길 바란다'라는, 사람과의 교류를 바라는 저자의 간절한 마음에서 창작이 나오는 거예요. 책 제작을 통해 이런 커뮤니케이션 방식에 더 깊게 파고들면서 창작을 더 깊게 이해하게 되었다고 생각해요. 출판업에 종사하면서 드디어 저도 한 사람의 창작자(아티스트)가 되었다는 느낌이 들어요. 꼭 '작가'가 아니더라도 지금까지의 실적이 쌓여서 지금 이렇게 칼럼도 쓰고 책도 내면서 창작을 하는 쪽에 서게 되었다는 것이 굉장히 기뻐요.

+++ 천샤민 씨가 출판사를 시작하기 조금 전부터 일본에서는 미시마샤나 나나로쿠샤와 같은 독립출판사가 하나둘씩 늘고 있었는데 혹시 알고 계셨나요?

관심은 가지고 있었어요. 그런데 그 시기에 대만에서는 일본의 독립출판보다는 독립서점 쪽이 더 주목을 받았어요. 그중에서 가장 유명한 분은 카우북스COW BOOKS의 마쓰우라 야타로松浦弥太郎 씨죠. 대만의 출판인이라면 모두 마쓰우라 씨를 알 거예요. 그때 마침 마쓰우라 씨의 책도 대만에서 번역되기 시작했어요. 많은 사람들이 마쓰우라 씨를 통해 일본의 독립출판에 대해서 알게 되었죠. 저도 그중 한 사람이고요. 카우북스 이외에도 B&B나 햐쿠넨百年 등 도쿄에 가면 항상 책방 투어를 즐겨요.

+++ 시집을 낸 후에 콤마북스에서는 어떤 책을 출판했나요?

지금까지 8년간 약 60~70권 정도 낸 것 같아요. 혼자 하는 것치고는 많이 낸 거죠. 기본적으로 제가 관심이 있는 대상에 대한 책을 만들어요. 그렇기 때문에 대만 작가의 소설이나 해외의 고전소설, 실용서, 영화책, 만화 등 장르는 제각각이에요. 지금까지 가장 잘 팔린 《지구 최강의 국어교과서地表最

強國文課本》(천망陳舜 저)는 1만 부가 팔렸어요. 저희 서점에는 세 종류의 북시리즈가 있는데 이 책은 그 가운데 인문사회계열 책 시리즈인 《보이다示見》 시리즈에 속해요. 공자, 맹자, 소동파 등 예전에 중학교 교과서에서 배운 고문을 고른 다음 국어 강사이자 민요 가수인 저자가 새롭게 해석해서 원문을 현대식으로 바꾼 책이에요. 고문은 보통 암기하는 용으로 많이 읽지만 이 책은 재미있게 읽으면서 공부할 수 있는 내용이에요. 주요 독자층은 고등학교와 대학교의 국어 선생님입니다. 앞으로 2권 더 이어서 낼 예정인데 일본에서도 팔릴까요(웃음)?

다른 시리즈로는 순문학 시리즈 《언사言寺》와 실험적인 외국어 학습책 시리즈 《언어실험실言語實驗室》이 있어요. 《언사》는 칼로스 불로산Carlos Bulosan의 《아버지의 웃음소리老爸的笑聲》, 다자이 오사무太宰治의 《오토기조시御伽草紙》 등 지금까지 58권을 출판했고, 그중에는 3,000부를 찍은 책도 있는데 보통은 안전하게 초판은 1,500부 정도를 찍어요. 출판 시장의 규모가 작은 대만에서는 1,500부를 찍으면 전 서점에 다 진열할 수 있어요(내용이나 장르에 따라 다르겠지만 한국이라면 일반적인 초판 부수는 1,500~2,000부, 일본이라면 2,000~5,000부 정도). 이 《눈 이야기/성스러운 신·죽은 자眼睛的故事/聖神·死人》는 2018년 4월에 낸 책이에요. 조르주 바타유Georges Bataille의 《눈 이야기》와 《성스러운 신》, 이 2권을 같은 띠지로 묶은 문고판 사이즈의 책 세트예요. 기발한 디자인은 샤오쯔(230쪽)가 한 거예요. 이 책이 54, 55번째 책입니다.

《언사》 시리즈는 기본적으로 문고판 사이즈다. 같은 띠지로 묶은 중앙의 2권이 조르주 바타유의 《눈 이야기/성스러운 신·죽은 자》이다.

'콤마인'이 등장하는 콤마북스의 인스타그램. 인스타그램 스토리에도 최신 정보가 정기적으로 업데이트된다.

편집은 책과 독자가 만나는 데 걸리는 시간을 가장 짧게 만들어주는 일

+++   대만의 연간 출판물 수는 3만 8,807점(2016년)으로 일본과 비교해 봐도 인구 대비 많은 편인 것 같아요(일본은 같은 해 7만 8,113점). 그런데 그중에서 기획한 책이 '팔리는 책'이 되려면 어떻게 해야 할까요?

재미있는 책이라도 잘 팔릴지 어떨지는 솔직히 알 수 없어요. 다만 원칙으로 기억해 둬야 할 포인트는 몇 가지 있습니다. 책의 취지가 스트레이트로 전해지는지 아닌지, 북디자인이 얼마나 독자들에게 열려 있는지…… 조금 전에도 말한 것처럼 교류하고 싶다는 저자의 마음 앞에 놓인 장애물을 얼마나 제거해 줄 수 있을지…… 이것이 편집자의 일이라고 생각해요. 더 읽기 편한 책으로 편집하고 더 예쁜 디자인으로 만들고 더 알기 쉬운 설명문을 쓰는 거죠. 그렇게 작품과 독자가 만나는 데 걸리는 시간을 가능한 한 짧게 만들고 싶어요.

그다음에는 책마다 '팔렸다'는 기준을 만들어두는 거예요. 개인적으로 더 마음이 가는 책이라도 팔릴 것 같지 않다면 1,000부를 찍어서 700~800부를 파는 거예요. 반대로 이건 많이 팔릴 것 같다는 책이라면 꼭 3,000부를 판매한다는 어려운 요구를 자신에게 하는 거죠. 이렇게 기획마다 특성을 잘 파악해서 출판 부수를 결정해야 해요. 500부 팔린 책이나 1만 부 팔린 책이나 책의 내용에 따라서는 똑같은 '팔리는 책'이라고 생각해요. 과거에 3,000부를 찍었는데 500부도 팔리지 않은 책도 있었지만요(웃음).

+++   책을 다 만들고 난 후에 판매 촉진을 위해 뭔가 독자적으로 하는 활동이 있나요?

앞으로 주력하고 싶은 부분은 신간 내용에 따라 책 정보를 인터넷이나 SNS로 더 알리는 거예요. 자사 사이트는 지금 만들고 있기 때문에 최근에는 인스타그램에서 하고 있어요(웃음). 저희 책을 읽어주시는 독자를 '콤마인逗點人'이라고 부르는데, '가장 후회하는 일은?', '언제 가장 즐겁다고 느끼는지?'와 같은 독자의 스토리를 이끌어낼 수 있는 Q&A를 올리고 있어요. 사람을 통해서 책에 흥미를 가지도록 하는 거예요. 여기서는 어디까지나 책이 주인공이기 때문에 책으로 얼굴을 가려요.

서점 안내와 영업은 메일로 하고 있는데, 최근에는 제 페이스북을 본 서점 직원과 서점 주인에게 직접 주문을 받기도 했어요. 작은 독립출판사라도 그 책이 독자에게 필요하다는 판단이 들면 서점에 진열해요. 애초에 대만의 독립출판이 지금처럼 이렇게 활발하게 이루어지게 된 것도 독립서점이 많기 때문이에요. 엄청난 유통 판로를 개척하는 것이 아니라 일

책 제작을 통해 이런
커뮤니케이션 방식에
더 깊게 파고든다.

단 독립서점을 찾아보는 것도 좋은 방법이에요. 인터넷으로 찾아보면 연락처는 바로 알 수 있으니까요.

+++ 유통에 대한 이야기가 나와서 말인데 대만에서는 어떤 식으로 서점에 책을 납품하나요?

저희는 기본적으로 중간 유통업체를 이용합니다. 초판을 1,500부 찍었다고 하면 90퍼센트는 유통업체에 넘기고 나머지는 독립서점에 직접 납품해요. 물론 서점에서는 반품이 오죠. 유통업체에 넘길 때의 도매 가격은 출판사마다 다르기 때문에 한마디로 대답하기 어렵지만 일반적인 유통업체의 마진은 책 가격의 10퍼센트 정도입니다. 대만의 가장 큰 서적 유통업체는 연합발행 聯合發行, 대하大河, 홍마의紅螞蟻, 붉은 개미, 지기知己, 이 4곳 정도예요. 잡지라면 이 이외에도 더 있고요. 그리고 큰 유통업체만으로

는 대만 전체를 커버하기 힘들기 때문에 중간 유통업체 中盤商가 각지에 있어요. 여기도 마찬가지로 수수료 10퍼센트가 붙어요. 저희 쪽에서 적극적으로 중국대륙을 포함한 해외에 책을 판매하지는 않지만 홍콩이나 말레이시아 같은 중국어권에서 발주를 하는 경우가 있어요. 그때도 유통업체를 이용해서 도매 판매를 합니다.

최근에는 콤마북스의 책의 판권을 사서 번역하고 싶다는 오퍼가 해외에서도 자주 오기 때문에 페이스북 페이지뿐만 아니라 자사 사이트를 제대로 만들어서 정보를 제공해야겠다는 생각이 들어서 얼마 전에 업자와 계약을 했어요(웃음). 혼자서 모든 일을 해야 하는 상황에서 일단은 예정된 책을 만드는 일을 우선시해 왔어요. 그런데 내년부터는 인터넷 환경을 개선해서 예전에 만들던 독립출판물(잡지)도 전자책으로 만들어보고 싶어요.

+ PUBLISHER

**500부 팔린 책이나
1만 부 팔린 책이나
책의 내용에 따라서는
똑같은 '팔리는 책'이라고
생각해요.**

왼쪽부터 장제스의 동상이 사람들을 덮치는 어두운 만화
《장공이 사람을 잡아먹는가?(蔣公會吃人?)》,
중국무협영화에 대해서 논한《영화와 겨루다(與電影過招)》,
18금 단편 만화집《다시 계산 중(重新計算中)》

+++　　　계속 혼자서 출판사를 해오신 거죠?

맞아요. 지금까지 혼자 해왔어요. 사무실은 타오위안에 있지만 주로 일하는 곳은 '거리'예요. 스마트폰으로 원고를 쓰거나 사무 작업을 하기 때문에 전철 안에서 일을 끝마치는 경우도 많아요(웃음). 상황에 따라서 편집은 친구에게 도움을 받는 경우도 있어요. 구상이나 방향성은 제가 생각하고 그 후의 작업은 사람들에게 맡깁니다.

영어책의 경우는 제가 직접 번역을 할 때도 있어요. 칼로스 불로산의《아버지의 웃음소리》, 어니스트 헤밍웨이의《태양은 다시 떠오른다》,《우리 시대에》등은 제가 번역했어요. 편집자가 번역하는 일이 한국에서도 자주 있나요? 대만의 독립출판 현장에서는 일반적이지 않지만 마음이나 시간이 충분하다면 해볼 수 있는 선택의 문제 같아요. 가장 많이 작업을 같이한 디자이너는 샤오쯔小子로 30권, 아니 40권 이상 셀 수 없을 정도로 많은 책을 같이 만들었기 때문에 샤오쯔가 콤마북스의 비주얼스타일을 완성해 주었다고 할 수 있어요.

책은 1년에 평균 10권 정도 낸 것 같은데, 2018년에는 20권을 낼 예정이에요. 쌓여 있는 원고가 꽤 많은데, 지금 바로 내지 않으면 더 이상 신선한 내용이 아닐 것 같아서 서둘러야 해요(웃음). 혼자서 8년이나 해오다 보면 위기나 사건도 굉장히 많아요. 피투성이가 되죠. 책 표지에서 오타를 발견하고 스티커로 붙인 적도 있고 번역 문제로 책을 전부 회수해서 파쇄한 적도 있어요. 생각만 해도 무섭네요(웃음). 재미있는 실패 같은 건 없어요. 그리고 사업을 하다 보면 반드시 금전적인 위기도 오게 되어 있어요. 아직은 괜찮지만요.

독립출판사가 '연맹'을 만들어 협력하다

+++　　대만에서는 '독립출판연맹'이라는 것이 있다는 이야기를 들었는데 이 연맹을 직접 만드신 건가요?

대만의 독립출판사 일인출판사一人出版社, 남방가원출판사南方家園出版社, 콤마북스 3사가 2015년에 만든 단체로 지금은 〈꽁치〉를 출판하고 있는 쿠로시오문화黑潮文化, 보이스 오브 포토그래피Voices of Photography 등을 포함한 20개 정도의 독립출판사가 가입되어 있어요. 대표라고 할까, 얼굴이라고 할까, 그건 제가 맡고 있어요. '독립출판연맹'이라는 단위로 공동으로 전시회를 기획하거나 세미나를 개최하거나 대만이나 홍콩의 북페어에서 공동으로 부스를 내는 것처럼 대만의 독립출판을 국내외로 널리 알리는 활동을 하고 있습니다. 2018년에 열린 타이베이 국제도서전에서는 '방랑 독자 2037讀字漫遊2037'이라는 이름의 프로젝트(계엄령이 해제된 1987년에서 30년이 흘렀고 앞으로 20년 동안 독립출판이 중심이 되어 '독력시대讀力時代'를 열어가자는 시도. 중국어로 '독력讀力, dúlì'은 '독립獨立, dúlì'과 동음)를 했는데, 꽤 넓은 공간을 사용해서 전시, 판매, 이벤트를 하고 각사의 간행물을 소개하는 팸플릿도 만들었어요.

당연히 가입한 출판사끼리 정보를 공유하고 문제를 해결할 수 있다는 장점도 크죠. 막 독립출판사를 차린 곳은 유통업체, 서점, 인쇄소 간에 거래에 대해서 잘 모를 수 있잖아요. 이때 경험이 축적된 연맹의 선배들이 가르쳐줘요. 서점에 대해서도 공동으로 대응할 수 있는 장점이 있어요. 대만 국내외의 서점 연락처를 연맹 내에서 공유하고 매월 신간을 정리해서 서점에 메일로 안내해요. 중산역 지하상가에 있는 '청핀R79(182쪽)'에는 2017년부터 특별히 독립출판사 책장 진열대가 생겼어요. 그 공간이 지금은 대만 내의 청핀서점 8개 지점으로 확대되었어요.

대만의 재미있는 점은 큰 서점이라도 독립출판사를 지원해 준다는 거예요. 청핀서점뿐만 아니라 보커라이博客來, 금석당金石堂과 같은 대규

모 서점도 작은 출판사에 협력적으로 자원을 나눠줘요. 반대로 작은 독립서점과는 토크 이벤트, 세미나, 작은 북페어를 함께 개최하는 일이 많아요. 이런 일은 큰 서점에서는 하기 어려우니까요.

+++ 실제로 독립출판사가 대만에서는 지금도 늘어나고 있나요?

늘어나고 있고 수준도 절대 낮다고 할 수 없어요. 시장 진입이 쉽다는 것이 대만 출판업계의 특징이라고 생각해요. 편집, 디자인, 인쇄, 영업, 유통으로 확실히 분업화되어 있어서 직접 할 수 없는 부분은 외주를 주면 되기 때문에 누구나 독립출판 활동을 하기 쉬운 환경이 조성되어 있어요. 게다가 출판사에서 일하는 많은 사람들이 자신이 만들고 싶은 것을 만들고 싶다고 생각해요. 이 두 가지가 대만의 독립출판을 발전시키는 요인이라고 생각합니다.

+++ 그렇다고는 해도 대만에서도 책이 그렇게 많이 팔리지는 않잖아요. 직접 출판사를 시작하는 사람들은 다 먹고살 만할까요?

기본적으로 다른 일로 생계를 유지하는 경우가 많아요. 연맹 가입자 중에는 와인 수입 판매를 하는 사람, 프리랜서로 다른 출판사의 편집 일을 받아서 하는 사람도 있어요. 모두가 돈을 벌 수 있는 일을 확보해 두고 독립출판은 주요 수입원으로 생각하지 않아요. 이런 '본업' 중에 많은 것은 역시 글과 관련된 일, 예를 들면 편집자, 기자, 작가인데, 출판사에서 일하면서 자신이 좋아해서 출판하고 싶은 책은 독립출판으로 내는 사람도 있어요. 일본에서는 있을 수 없는 일인가요? 대만에서는 출판사 직원도 프리랜서 계약을 맺고 다른 일을 하는 사람이 많아요. 그래서 장르가 겹치지 않는다면 출판사에서 일하는 사람이 다른 출판사를 만드는 건 전혀 이상한 일이 아니에요. 문화적인 차이일지도 모르겠네요.

타이베이 국제도서전에서 배포된 독립출판연맹의 팸플릿.
오른쪽이 2018년의 '방랑 독자 2037',
왼쪽이 2016년의 '독자의 책상(讀字辦桌)'

실험은 '혼자'라도 '홀로' 하는 것은 아니다.

출판사를 시작했을 때 우왕좌왕하던 이야기를 담은《날아 차기, 오열, 흰 코털—처음 출판사를 시작하고 대박이 난다는 것은 거짓말 飛踢, 醜哭, 白鼻毛-第一次開出版社就大賣騙你的》은 2012년에 출판했어요. 출판사 창업에 대해서 현장의 시선으로 쓴, 당시에는 대만에서 유일한 책이었기 때문에 그때 이 책 때문에 출판업계에 들어온 사람도 꽤 있어요(웃음). 최근에도 출판사를 시작하고 싶어 하는 젊은 사람들이 자주 상담을 하러 오는데, 그럴 때마다 저도 모르게 그만두라고 말하고 싶은 충동이 들기도 해요. 그런데 또 진짜 재미있으니까 해보라고 천진난만하게 웃으며 말할 수도 없어요. 하지만 출판은 '창작' 행위 가운데 가장 재미있는 프로세스니까 일로 할 수 있다면 정말 좋다고 생각해요. 출판으로 큰돈을 벌 수는 없어도 자신의 생활의 영양분이 될 거라고 생각해요.

+++　　　최근에 일본의 출판사 또는 서점에서 자극이나 영감을 받은 적이 있나요?
있어요. 잠시 책을 가져올게요. 니시야마 마사코 西山雅子 씨가 편집한 이《일본 1인 출판사가 일하는 방식》이라는 책을 읽으면서 굉장히 공감이 가서 이런 추천의 글을 대만판에 썼어요.

'이 책을 읽으면서 이건 만난 적은 없지만 속마음을 잘 아는 친구들에게서 온 메일을 한 통씩 열어보는 감각과 비슷하다고 느꼈다. 독립출판사 한 곳 한 곳의 이야기를 읽으면서 굉장히 그리운, 나도 경험한 장면과 몇 번이고 마주하게 되었다. 머리가 나빠서 해버린 나의 결단과 이상하게 고집을 부려 드러나게 된 자신의 결점도 보게 되었다. 이런 일들이 멀리 떨어진 일본에서 나처럼 독립출판사를 시작한 사람들에게도 일어나고 있었던 것이다. 심지어 그것은 보석처럼 반짝반짝 빛나고 있었다.'

천샤민 씨의 첫 저서
《날아 차기, 오열, 흰 코털》(2012년)

《일본 1인 출판사가 일하는 방식》이 중국어 번체판에서는 《일개인 대장부(一個人大丈夫)》(일본어로 읽으면 '혼자서도 괜찮아'라는 뜻이 된다)라는 제목으로 바뀐 것이 재미있다.

1인 출판사라는 불안한 길을 걷는 것이 절대 나 혼자만이 아니라고 격려해 주는 책이었어요. 출판이라는 창을 통해 앞으로의 세상에 대해 깊이 사고하고 지금까지 해온 것들을 재확인하는 데도 큰 도움이 되었어요.

+++ **마지막으로 지금 이야기를 나누고 있는 이곳 '두쯔서점'은 콤마북스가 시작한 서점이잖아요. 서점을 시작한 목적은 무엇인가요?**
'책이 어떻게 만들어지는지'에 대해서는 경험을 통해서 알았기 때문에 다음은 '책이 어떻게 팔리는지'에 대해 더 알고 싶어서 이렇게 서점을 시작했어요. 이것도 제 자신의 의문을 해결하기 위해서 만든 거죠. 책을 출판하는 일을 시작한 지는 꽤 오래되었지만 도대체 누가 우리의 책을 사는지에 대해서는 제대로 알지 못했어요. 그래서 직접 서점을 열어 어떤 독자가 저희 책을 좋아하는지 연구해 보자는 생각이 든 거죠.
2015년부터 타오위안에서 서점을 하고 있

었는데, 내용은 좋았지만 적자였어요. 그래서 마지막 승부를 건다는 마음으로 2018년 4월에 서점을 독서 인구가 비교적 많은 타이베이의 여기(구팅)로 옮겨왔어요. 디자이너 샤오쯔와의 공동 경영 형태로 운영하고 있어요. 독립출판사에서 출간하는 책을 중심으로 판매하고 안쪽에는 콤마북스의 출판물을 모아서 진열해 두었어요. 이곳은 예전에는 카페였는데, 매출이 좋은 음료 판매 공간은 이쪽으로 서점을 옮기면서 확장했어요.
서점 이름인 '두쯔讀字'는 '獨自閱讀 讀字探索'('독자적으로 읽고 문자를 통해 탐색한다. 중국어에서 '독자獨自, 스스로'와 '독자讀字, 글을 읽다'는 모두 duzi두쯔로 같은 발음')에서 유래했습니다. 케이크 만들기가 취미인 작가 궈정웨이郭正偉가 점장을 맡고 있는데, 평범한 서점이라는 공간을 넘어서 크리에이터가 모이는 공간으로 만들고 싶어요. 실제로 자신만의 공간이 있으면 이벤트를

열거나 할 때 편리해요. 그리고 구입 데이터를 알 수 있기 때문에 판매 경향을 관찰하고 분석할 수도 있어요. 이런 데이터를 알 수 있으면 서적 편집이나 장정의 방향성, 홍보 방식까지 피드백이 가능해요. 샤오쯔나 다른 주주들은 모두 이 서점이 잘될 수 있을지 긴장하고 있는데, 저는 앞으로 분명히 더 좋은 일이 생길 거라고 기대하고 있어요.

+++　　　최근에 '콤마학교'라는 프로젝트도 시작하셨죠?

콤마학교는 앞으로 2~3년간 가장 중요한 비즈니스 모델이라고 생각해요. 지금까지 나온 콤마북스의 출판물 가운데 특히 뛰어나다고 생각하는 콘텐츠를 제가 골라서 동영상이나 음성으로 만들어서 인터넷에 업로드를 하고요. 또는 오프라인에서 하는 정기적인 커리큘럼을 만들어요. 이렇게 해서 책으로만 표현할 수 있었던 것을 보다 많은 채널을 통해 일반 독자에게 알리는 기획이

에요. 이렇게 하면 책 판매 이외의 수입도 생기고요. 이런 과정을 통해서 과거 출판물을 정리해서 판권 판매를 확대하려고 생각 중이에요.

서점을 하면서 물론 즐겁다고 생각하는 순간도 있지만 낭만적으로 생각되는 감정은 이제 없어요(웃음). 이제 제 나이도 먹을 만큼 먹은 나이가 되었기 때문에 오히려 이 두쓰서점을 통해 어떤 크리에이티브한 일을 할 수 있을지에 대해 쭉 생각하고 있어요. 저에게는 출판사도 인터넷도, 그리고 이 서점도 모두 '실험'의 장이에요. 이 실험의 장에서 어떤 식으로 독자에게 콘텐츠를 제공하면 어떤 식으로 현실적인 반응이 돌아오는지, 전 이게 궁금할 뿐이에요. 이건 신나고 흥분되는 일이라기보다는 쭉 그냥 계속하는 '일'이에요. 그냥 저는 워커홀릭인가 봐요.

**세 마리 고양이의 일상을 그린 만화
《고양이 세 마리 클럽(三猫俱樂部)》.
굿즈도 다양하다.**

+++   **이렇게 오래 일을 계속하기 위해서는 무엇이 중요할까요?**

역시 저는 건강이 가장 중요하다고 생각해요(웃음). 항상 아이디어가 마구 떠오르는 편이기 때문에 저를 중심으로 친구들과 협업하는 스타일로 일을 하고 있는데 그렇게 하다 보니 일의 양이 너무 많아요. 앞으로도 쭉 혼자서 하려고 생각했는데, 최근에는 진지하게 직원을 늘려볼까 생각 중이에요. 천천히 인재를 키워서 일을 맡겨야 하니까……. 그렇게 되면 저는 일찍 자고 일찍 일어날 수 있어서 건강도 챙길 수 있을 것 같아요!

>>> 逗點文創結社 commaBOOKS

콤마북스
+++ www.facebook.com/commaBOOKS

>>> 讀字書店 duzubooks

두쯔서점
臺北市大安區和平東路一段104巷6號
No.6, Ln. 104, Sec. 1, Heping E. Rd., Da'an Dist.,
Taipei City 106, Taiwan
02-2369-6344
영업시간 14:00~22:00
화요일 휴무
+++ www.facebook.com/duzubooks

BOOK+++++++ + BOOKSTORE
>>REVOLUTION
= in -> TAIPEI <-

8.

홍콩 출신의 시인이 연
대만 최초의 시집 전문 서점

= INTERVIEW

詩生活
poetry in life

시생활

서점과 출판사를 각각의 일터로 가지고 있는 커플
루잉위 씨(왼쪽)와 류지 씨(오른쪽)

청핀R79(182쪽)에서 돌아오는 길에 중산 츠펑제 골목길을 걷다가 우연히 '시생활詩生活'이라고 하늘색으로 힘 있게 쓰인 간판을 보게 되었다. '詩人駐店시인주점', 그러니까 시인이 항상 있는 가게라고도 쓰여 있었다. 서울에도 위트 앤 시니컬wit n cynical이라는 시인이 운영하는 서점이 있었다는 생각을 하며 다가가 보니 하늘색의 나무틀로 가장자리를 두른 귀여운 서점이 나타났다.

시생활은 4년 전에 홍콩에서 타이베이로 온 루잉위陸穎魚, fish(1984년생) 씨가 2017년 5월에 오픈한 서점이다. 판매하는 책은 전부 시집으로 시집 이외에 시를 인용한(예칭葉青이라는 시인이 인기다) 자체 제작 엽서, 가죽 책갈피, 캔배지 등 시와 관련된 굿즈도 판매하고 있다. '시살롱詩沙龍'이라고 불리는 만큼 커피나 차 등 음료도 판매한다.

"시는 22살 때부터 쓰기 시작했고 지금까지 4권의 책을 냈어요. 하지만 많이 찍어도 1,000부 정도죠. 주변에 독립서점을 시작하는 친구들이 많았기 때문에 저도 해보고 싶다는 생각이 들었어요. 서점 운영 경험은 없었지만 책은 정말 좋아하니까. 대만에서 시집만 판매하는 서점은 여기가 처음일 거예요."

이 서점은 홍콩에 있는 친구와 2명이서 경영하고 있다. 진열해 둔 시집은 대만 작가뿐만 아니라 홍콩 작가의 작품도 많다. 서점 안에는 침대도 있어서 친구 방에 놀러온 것 같은 느낌이 든다. 독립출판(자비출판) 시집도 응원하는 마음으로 진열해 두긴 하지만 발행 부수는 대부분 100~200부 정도라고 한다. 서점에서는 신간 이벤트나 시 낭독회도 열고 있다.

"3년 전, 타이베이 시 페스티벌Taipei Poetry Festival에 다니카와 슌타로谷川俊太郎 씨가 왔을 때 제가 인터뷰를 했어요. 젊은 시인들이 SNS에 시를 발표하기도 하면서 지금 타이베이의 젊은 층, 특히 대학생들에게 시가 인기가 많아요. '굿나잇시晚安詩'라는 페이스북 페이지에 시가 공유되면서 인기가 많아진 젊은 시인도 있어요."

'일인(一人)'이라는 글씨를 로고로 한 일인출판사의 책이 다양하게 진열된 책장.
레몽 크노의 《문체 연습》(중국어 제목은 《스타일 연습(風格練習)》)도 보인다.

詩生活

서울에도 시인이 운영하는 시집 전문 서점이 있다고 말하자 "어! 우리 내일 한국에 가요!"
라고 말하고 누군가에게 연락을 하기 시작했다. 남편이 '일인출판사'라는 이름의 출판사를
하고 있다는 말을 듣고 깜짝 놀랐다. 이번에 따로 취재를 하지는 않았지만 직접적이고 재미
있는 이름이라는 생각이 들어 궁금하던 참이었기 때문이다. 20분 정도 시간이 흐르자 본인
이 "안녕하세요" 하고 나타났다.

류지劉霽(1978년 타이베이 출생) 씨가 2008년에 혼자서 시작한 '일인출판사一人出版社/Alone
Publishing'는 천샤민 씨의 콤마북스(96쪽)와 함께 대만 1인 출판사의 선구자다. 문학을 중심
으로 영화나 연극 관련 책 등을 1년에 4권 정도 내고 있다. 류지 씨는 원래 책과 영화 자막
등을 번역하다가 자신이 좋아하는 작가의 책을 자신이 출판해 보고 싶어서 출판사를 시작
하게 되었다. 번역은 앞으로도 계속할 계획이라고 한다. "번역도 출판도 하는 건 제가 처음
일까요? 일인출판사, 일인출판사라고 하니까 그걸 그냥 이름으로 써야겠다는 생각이 들어
서……." 명함을 보니 "혼자 읽고 혼자 생각하라Read Alone. Think Alone"라고 써져 있었다.

루잉위 씨가 2016년에 낸 시집《저 놈 잡아라抓住那個渾蛋》도 일인출판사가 낸 책이다. "남편
은 책을 만들고 저는 책을 팔아요"라고 루잉위 씨가 말했다. 그러고 보니 서점 안에 일인출
판사의 책을 모아둔 진열칸도 있었다. "천샤민 씨 쪽이 출판물 수가 훨씬 많지만, 혼자서 하
면 1년에 4권이면 충분해요. 아내가 서점으로 돈을 벌고 있고요. 저금은 전부 다 맡겼어
요(웃음)." 류지 씨가 말했다. "거짓말!" 하고 받아치는 루잉위 씨. 마지막에 류지 씨가
"두 분은 서울에 대한 책을 만들었고 지금은 타이베이, 다음은 홍콩?" 하고 말하며 웃었다.

루잉위 씨의 세 번째 시집《저 놈 잡아라》가 진열되어 있다(아래).

+ BOOKSTORE

>>> 詩生活 poetry in life

시생활
臺北市大同區承德路二段75巷37號
No.37, Ln. 75, Sec. 2, Chengde Rd., Datong Dist., Taipei
City 103, Taiwan
02-2558-1343
영업시간 14:00~20:00
화요일 휴무
+++ www.facebook.com/poetryxpoet

詩生活

BOOK++++++++
>>REVOLUTION
= in -> TAIPEI <-

+++ BOOKSTORE

博客來
OKAPI

보커라이

오카피

何珍甄 + 何曼瑄
Janet Ho + Azona Ho

BOOK+++++++   + BOOKSTORE
>>REVOLUTION
= in -> TAIPEI <-

9.

= INTERVIEW

다양한 도서 콘텐츠로 사람들을
독서로 이끄는 온라인 서점에서
출발한 미디어

허전전 何珍甄, Janet Ho

1981년 타이베이 출생

허만쉬안 何曼瑄, Azona Ho

1981년 타이베이 출생

보커라이 博客來 PR 담당자 +

오카피 OKAPI 편집장

+++ 한국의 알라딘처럼 대만의 온라인 서점 상황도 알고 싶었다. 그래서 서점 운영자들에게 "대만에서 가장 유명한 온라인 서점은?"이라는 질문을 하니 전부 입을 모아 '보커라이'라고 대답했다. 보커라이는 온라인 서점으로는 대만 최대 규모이며 지금은 '오카피'라는 독자적인 독서 사이트도 운영하고 있다. 이 오카피의 편집장이 이전에 만났던 '남자휴일위원회'의 허만쉬안 씨였다. 본사에 찾아가니 보커라이의 PR 담당자인 허전전 씨도 같이 인터뷰를 할 수 있었다.

'독서와 생활' 제안 미디어를 시작한 온라인 서점

허전전(이하 전전) 저희가 근무하는 온라인 서점 보커라이는 1995년 말에 시작했고 창업자는 장톈리张天立입니다. 아마존이 1994년에 시작되었으니 거의 같은 시기네요. 2001년에 대만에서 세븐일레븐 체인을 운영하는 퉁이차오상統一超商 그룹으로 들어갔어요. 장톈리는 지금 보커라이의 주주고 2010년에 '타아제TAAZE'라는 다른 인터넷서점을 만들었어요. 1995년에 대만은 인터넷쇼핑의 여명기였죠. 야후가 생긴 것도 그 시기예요. 당시 인터넷쇼핑몰의 주요 아이템은 잡화가 대부분이었는데, 창업자는 책을 메인으로 내세운 서점을 오픈한 거예요. 현재의 회원 수는 836만 명이고 페이스북의 팔로워 수는 85만 명이에요. 대만 이외에도 홍콩, 싱가포르, 말레이시아까지 국제배송으로 대응하고 있습니다.

+++   보커라이의 라이벌이 있다면 어디일까요?

전전 '라이벌'이란 어떤 의미일까요? 제가 알고 있는 한 2008~2009년의 보커라이의 매출은 온라인과 오프라인에 관계없이 대만의 전 서점 가운데 1위였어요. 서적 판매부터 시작했지만 2010년부터는 잡화, 일용품 등도 취급하는 종합적인 온라인 쇼핑몰로 확대되었고, 지금은 서적뿐만 아니라 의류, 식품, 화장품, 가전제품도 판매하고 있어요. 대만의 다른 인터넷쇼핑몰은 잡화 판매부터 시작하거나 경매 사이트에서 전자상거래 사이트로 발전하는 곳이 대부분이었기 때문에 보커라이는 특수한 존재라고 할 수 있어요. 그렇기 때문에 '라이벌은?'이라는 질문에 대해서는 대답하기가 좀 어려워요(웃음). 경쟁 상대는 특별히 없어요. 회원의 속성도 좀 달라요. 다른 사이트의 소비자가 같은 상품이라면 더 저렴한 곳에서 구입하는 비교적 유동적인 소비자라고 한다면 저희 회원은 문화적인 것을 중요하게 생각해요.

'많은 고객이 찾아오길'이라는
뜻이 담긴 회사명

+++ 　　대만에서는 도서의 가격 할인에 제한이 없다고 들었는데 그게 정말이라면 대형서점과 독립서점 또는 온라인 서점과 오프라인 서점 사이에 가격 경쟁이 있지는 않나요?

전전 보커라이의 경우(회원 우대 가격)는 중국어책은 기본적으로 10퍼센트 할인된 가격으로 판매하고 있어요. 일부 전문서는 5퍼센트 할인으로 판매하고 수입 양서는 할인은 하지 않아요. 이것이 기본 원칙이고 출판사와의 회의를 거쳐 통일된 할인 정책을 실시하고 있어요. 신간은 21퍼센트 할인된 가격으로 판매해요(싼민三民서점이나 타아제 같은 다른 온라인 서점도 신간은 21퍼센트 할인된 가격으로 판매). 매년 음력설 전후로 개최되는 타이베이 국제도서전에서는 책을 30~50퍼센트 할인된 가격으로 판매하는데, 북페어에 가지 못하는 사람들을 위해 온라인도 할인율을 맞춰서 온라인상에서 북페어를 하고 있어요. 보커라이는 이렇게 항상 오프라인 서점과 보조를 맞추고 있어요. 할인율에 특별히 법적인 제한은 없지만 기본적인 할인율은 대체로 정해져 있어요. 북페어를 할 때는 30~50퍼센트고 출판사가 재고 처분을 할 때는 할인율이 더 높아져요. 신간은 발간하고 1~2주 사이에는 대략 21퍼센트 정도 할인하는 것이 일반적이에요. 중국어로 쓰면 '79折정가의 79%만 받는다는 뜻'이 되는데 더 득을 보는 것 같은 심리적 효과가 있다고 생각해요.

보커라이 사이트맵(2018년 11월)

+++ 　　일본과 비교해서 대만 서점은 도서 매입 과정이 복잡하고 다수의 유통업체나 출판사와 거래하기가 어렵다고 들었는데 보커라이에는 바이어MD가 몇 명이나 있나요?

허만쉬안(이하 만쉬안) 직원은 약 300명 정도가 있고 MD는 대만 책을 대상으로 하는 직원만 15명 정도 있어요. 500개에 가까운 출판사 및 유통업체와 거래가 이루어져요. 사내 판매부문은 서적과 잡화로 크게 나눠져 있는데 각각 계약이 이루어집니다. 이 이외에 IT, 고객 서비스, 관리, 판촉, 창고와 같은 부서가 있어요.

+++ 　　'오카피'는 보커라이가 시작한 웹 미디어라고 들었는데, 맞나요?

만쉬안 네. 보커라이가 2010년 11월에 새롭게 선보인 콘텐츠 미디어로 정식 명칭은 '오카피 열독생활지OKAPI 閱讀生活誌'입니다. '독서 지도'와 '생활 제안'을 위한 정보지예요.

오카피의 마스코트 캐릭터.
만화에서는 '오카피 군'으로 불린다.

린 주부가 오카피에 연재한 '린 주부의 집안일'.
간단하게 만들 수 있는 가정 요리 레시피를
매회 소개했다.

지금 월간 페이지뷰는 68만, 페이스북 팔로워는 15만 명이에요. 제가 2015년 3월부터 편집장을 맡고 있어요. 저는 예전에는 시보출판時報出版이라는 출판사에서 편집장, 자전성구문화自轉星球文化라는 독립출판사에서 작가 매니지먼트와 상품 개발 일을 했어요. 업무와는 별도로 친구 3명이서 '남자휴일위원회男子休日委員會'라고 하는 생활과 여행에 관련된 창작 유닛을 2012년부터 하고 있는데, 지금까지 교토 사쿄구와 홋카이도의 휴일을 각각 테마로 한 《사쿄구 남자 휴일左京都男子休日》과 《홋카이도 중앙 남자 휴일北海道央男子休日》이라는 책을 냈어요.

전전 저는 출판, 통신 서비스, 신문 미디어, 광고와 관련된 일을 했어요.

만쉬안 오카피를 만들 준비를 시작한 2009년은 막 대만에서 페이스북이 인기를 얻기 시작한 시기로 블로그는 이제 완전히 자리를 잡은 미디어가 되었어요. 당시에는 대부분의 출판사 편집자들이 인터넷상에 자신이 담당한 책의 편집기 같은 것을 올리면서 중요한 홍보 역할을 했어요. 보커라이 사이트에도 서적판촉부문의 문화사업부 매니저가 매달 공동으로 책을 골라 서평을 쓰는 '보커라이 선서選書', 매주 발송하는 메일 매거진으로 신간을 소개하는 '편집 레터('북포스트'라는 사이트에 업데이트)'라는 콘텐츠가 이미 있었어요. 그리고 다른 사이트에서 간단하게 블로그를 운영하기도 했어요.

전전 이런 콘텐츠가 오카피의 전신이라고 할 수 있는데, 당시의 내용은 '보커라이 독서보博客來獨書報'라는 페이지에서 볼 수 있습니다. '보커라이 선서'는 지금도 있는데 매월 8~10권의 책을 보커라이의 MD가 고르고 있어요. 매년 연말에는 그해의 최고의 책을 100권 정도 고르는 '그해의 베스트 100年度百大'이라는 기획도 하고 있어요.

만쉬안 오카피의 성장 과정을 보면 당시 보커라이의 상황과 관련이 많아요. 그때쯤 보커라이는 책뿐만 아니라 음악이나 영상 등 취급하는 분야를 확대하고 있었어요. 북셀렉션이나 서평 등을 통해 '열독閱讀'을 추진하는 매체에 대한 수요가 하루하루 높아지고 있었어요('열독'은 '독서'보다 넓은 의미를 가진다. 읽는다는 뜻의 영어 'reading'에 가까운 뉘앙스). 그래서 독서를 테마로 매체로서의 인지도와 브랜드 이미지를 높이고, 콘텐츠를 만들어서 새로운 크리에이터를 육성하려고 한 거죠. 당시의 기획서를 보면 뉴 미디어(동영상, 캐릭터 등)라고 불리는 시대를 앞서 나간 콘텐츠도 포함되어 있어요. 오카피도 처음에는 책 내용 소개에 관한 콘텐츠 제작부터 시작했지만 판촉이라는 목적과 거리를 두기 위해서 책 장정을 자세하게 설명하거나 편집 작업의 뒷이야기를 소개하거나 주제별로 책을 큐레이션하는 등 내용을 확대·보충해 나갔어요.

전전 주제별 북큐레이션이라고 하면 그림책이나 요리책 등 주제에 맞는 책을 몇 종류 골라서 독자에게 소개하는 것이 일반적이지만, 저희는 테마부터 기획해서 직접 책을 '포장'해 나가요. 포장의 대상에는 책과 직접적으로 연관되지 않은 것도 있고, 콘텐츠를 보는 관점도 다양하게 바꿔서 진행해요. 신간과 신간이 아닌 것을 구별하지 않고 판촉이나 할인의 영향도 받지 않습니다. 첫 번째 목적은 어디까지나 '다른 읽는 즐거움'을 제안하는 것이지 책의 판매가 아니에요.

만쉬안 제가 편집부에 들어갈 때쯤부터 오카피 사이트가 점점 확충되었어요. 원래 인터뷰는 작가만 대상으로 했었는데 영화감독, 뮤지션도 하게 되었죠. 기존의 '서적 소개'에 새로운 시점과 해석을 더해 폭을 넓히는 것이 오카피의 역할이라고 생각해요. 한 가지 구체적인 예를 들어볼게요. 우리가 매년 굉장히 공들여 하고 것이 바로 4월 23일 '세계 책의 날'에 관련된 콘텐츠예요. 책과 관련된 문화를 위해서 유네스코가 제정한 이날은 서점에도 굉장히 중요한 날이에요. 오카피도 유명인에게 책을 골라달라고 의뢰를 할 뿐만 아니라 사이트에서 책과 관련된 다양한 콘텐츠를 제공합니다.

전전 세계 책의 날이 되면 예전에는 서점에서 독서를 권장하기 위한 주제를 골라 장르별로 책을 배치하는 그런 일을 했었는데, 콘텐츠를 중시하는 관점으로 보면 이렇게 됩니다(동영상을 보여준다).

만쉬안 '오카피 열독생활 당신은 어느 파?OKAPI閱讀生活隨堂考'라는 일종의 자체 동영상 방송인데(http://okapi.books.com.tw/activity/2017/04/reading/kitchen.html), 이건 2017년 세계 책의 날에 오카피 사이트에서 무료로 공개한 영상이에요. SOAC와 린 주부라는 요리가인데, 레시피책의 저자이기도 한 남녀가 부엌에서 요리를 하면서 좋아하는 책을 소개하는 거예요. 린 주부는 이노우에 아레노井上荒野의 《양배추 볶음에 바치다》를 읽으면서 자신의 레시피를 조금 바꿔서 돼지고기 버섯밥을 만들었고, SOAC는 《트레인스포팅》의 폐인 같은 생활을 보고 술에 어울리는 대만식 닭튀김을 제안했어요. 이렇게 책과 요리를 조합한 거예요. 마지막에는 '어느 파?' 하고 일반인을 대상으로 투표를 했는데 총 3만 7,000표 정도를 모았어요. 촬영 전에 방송의 취지와 방향성은 두 분에게 전달했지만 세세하게 지시를 하지는 않았기 때문에 애드리브로 토크가 진행되었어요. 세계 책의 날을 위해 매년 다른 콘텐츠를 몇 개씩 만들고 있는데 이렇게 일을 크게 벌인 적은 별로 없어요.

2017년의 세계 책의 날에 맞춰서 특별히 기획한 동영상 콘텐츠 '오카피 열독생활 당신은 어느 파?'

책으로 만들어진 《린 주부의 집안일》(오른쪽)과 그 속편(왼쪽)

+ BOOKSTORE

저자를 발굴하고 책의 매력을 장정으로도 알린다

+++   TV를 보는 것 같아요. 정말 수준이 높네요. 그런데 오카피의 일반적인 콘텐츠는 어떤 내용인가요?

만쉬안 주요 콘텐츠는 '인물 탐방人物專訪'이라는 저자의 인터뷰 기사로 한 달에 3~4개 정도 업데이트하고 있어요. 출판사에서 제공되는 신간 정보를 바탕으로 편집부에서 취재를 하고 싶은 인물을 골라요. 2018년 4월 기사는 작가 허만좡何曼莊이 자신의 거주지 뉴욕에서 춤과 문화에 대해서 쓴 에세이《이따금 춤, 뉴욕有時跳舞 New York》, 아동문학 작가 패트리샤 매클라클랜Patricia MacLachlan이 쓴 아이들과 개의 따뜻한 이야기《헤어지기 싫어不想說再見, The Poet's Dog》 등이에요. '번역계 인생譯界人生'이라는 번역가에게 초점을 맞춘 기사도 있어요. 이 이외에 '연재 작가駐站作家'라는 칼럼 페이지도 있어요. 미국에 살고 있는 장먀오루張妙如가 손으로 쓴 글씨로 전하는 귀여운 일러스트＋사진 에세이 '장먀오루가 그림으로 말하는 구미 문화張妙如圖說歐美文化', 문학자인 지다웨이紀大偉가 쓴 문학계 대학원생의 기분을 풀어 놓은 대중적인 에세이 '지다웨이의 대학원생 사우나紀大偉研究生三溫暖' 등의 글을 볼 수 있어요. 이 페이지는 작가들의 창작 의욕을 북돋기 위해서 만들었어요. 작가는 일반적으로 책의 인세가 들어오기 전까지는 수입이 없잖아요. 저희는 재미있다고 생각하는 작가에게 집필을 의뢰하고 서로 이야기를 나누면서 그 작가에게 맞는 테마와 방향성을 결정하고 집필하는 중에 원고료를 지불하고 있어요. 편집은 저희가 하고요.

+++   연재가 끝나면 단행본으로 출판하나요?

만쉬안 '연재 작가'의 연재를 모아서 책으로 묶는 것은 생각하지 않고 있어요. 오카피 안에 출판부도 없고 연재의 저작권은 작가에게 있어요. 이 기획의 목적은 어디까지나 작가의 창작 지원이기 때문에 만약 작가가 단행본으로 출판하기를 원한다면 출판사를 찾아서 출판할 거라고 생각해요. 저희는 그저 작가가 작품을 발표할 수 있는 플랫폼으로 오카피를 제공하는 것뿐이에요. 이 플랫폼을 통해 성장한 작가가 책을 출판하는 기쁜 날이 오면 저희도 취재해서 글을 쓸 수 있고 그 책을 보커라이에서도 판매할 수 있기 때문에 매출도 있겠죠. 이런 사이클이 잘 돌아간다면 작가에게도 저희에게도 유익한 콘텐츠가 될 거예요.

아까 이야기한 린 주부도 '연재 작가' 출신인데 사실 책을 써본 경험은 없었어요. 영업 업무를 하다가 결혼·출산 후에 전업주부가 되어 블로그에 친절하고 재미있게 자신의 식사와 이

유식 기록을 올렸는데, 그걸 저희가 2015년에 발견해서 그해에 오카피에서 연재하기 시작했어요. 누구라도 만들 수 있는 가정요리 레시피와 라이프스타일을 매주 일요일 낮에 업데이트했어요. 반년 후에는 출판사와 계약을 하고 또 반년 후 2016년에는 《린 주부의 집안일 林姓主婦的家務事》이라는 책이 나왔어요. 이 책은 2017년에 나온 속편 《린 주부의 집안일 2》와 함께 베스트셀러가 되었죠. 책이 나왔을 때는 오카피에서도 대대적으로 책을 소개했어요. 저는 원래 책을 만들던 사람이기 때문에 린 주부의 경우는 나중에 책으로 만들어질 거라고 예상했어요.

+++　　　이 이외에 오카피만의 콘텐츠가 있다면 알려주세요.

만쉬안 북디자인에 초점을 맞춘 '좋은 북디자인 書籍好設計'이라는 기획이 있는데, 사이트를 만들 때부터 해왔어요. 마침 2010년

쯤부터 대만에서 북디자인을 중요하게 생각하기 시작했거든요. 그런데 그것에 특화된 사이트는 없었어요. 책의 형태는 책 읽는 사람들의 공통언어잖아요? 그래서 '좋은 디자인이란?'이라는 관점에서 오카피가 책을 1권씩 자세하게 소개하자는 기획을 한 거죠. 출판사를 통해 디자이너나 편집자에게 의뢰해서 책 사진과 함께 디자인의 의도와 과정에 대해 자세한 설명을 들었어요. 연말에는 그걸 다 모아서 그해에 가장 뛰어난 북디자인을 선정해서 소개하는 '올해의 좋은 북디자인 年度書籍好設計'이라는 기획을 했어요. 2017년에는 시집, 그림책, 요리책, 여행책의 4가지 분야로 나눠서 각각의 저자가 고른 책을 '좋은 북디자인으로 선정한 이유'와 선택한 책에 대해 그 '제작자(편집자, 디자이너)가 말하는 현장 이야기'를 소개하는 컬래버레이션 특집도 기획했어요.

2017년 말의 '올해의 좋은 북디자인'에는 38권의 책이 선정되었다.

2017년의 '올해의 좋은 북디자인' 가운데 하나인 성하오웨이(盛浩偉)의 《나의 명서(名書我之物)》. 장정은 공백지구의 펑싱카이가 담당했다.

이 '좋은 디자인好設計'은 해가 지날수록 점점 책의 형태, 디자인에 대해 깊이 파고드는 내용으로 발전해서 2016년부터는 '오카피 체크'라는 항목도 도입했어요. 디자인을 즐기기 위한 6가지 관점이라는 의미인데, 그 6가지는 커버, 본문, 장정, 재질, 인쇄, 가공이에요. 항목을 추가하기 전에 먼저 일반 독자를 대상으로 책을 만드는 작업에서 아주 중요한 4가지인 제본, 가공, 인쇄, 판형에 대해서 설명하는 특별 동영상을 제작해서 사이트에 올렸어요.

+++ **콘텐츠를 많이 만드시는 것 같은데 팀 인원은 몇 명 정도로 구성되어 있나요?**

사내에서 편집은 3명이 담당해요. 집필이나 사진 촬영은 프리랜서에게 맡기고요. 큰 콘텐츠로는 서평도 있는데, 세세하게 장르를 구분하고 있어요. 작가나 자유기고가에게 서평을 부탁하는 '작가의 독서노트作家讀書筆記', 오카피 직원이 쓰는 '오카피의 책 추천 OPAPI選書推薦', 시인이 소개하는 '시인 개인의 독시詩人/私人.讀詩', 라이트노벨이 테마인 '함께 읽는 라이트노벨一起讀輕小說' 등이 있어요. 앞으로는 정해진 작가에게 기고를 부탁해서 칼럼화하는 것도 검토하고 있어요.

+++ **보커라이가 오카피를 운영하는 근본적인 목적은 뭘까요?**

만쉬안 사이트를 운영하는 데 있어서 가장

작가가 작품을 발표할 수 있는 플랫폼으로 오카피를 제공하는 것뿐이에요.

중요한 것은 조회 수예요. 다양한 독자를 사이트로 끌어들이기 위해서 다양한 콘텐츠를 준비합니다. 오카피의 콘텐츠에 매력을 느껴서 사이트에 방문한 사람들은 사이트에서 소개하는 상품이 마음에 들면 자연스럽게 보커라이로 가게 되어 있어요.

전전 보커라이 사이트에서는 책과 함께 일용품, 의류, 식품도 판매하고 있는데, 그 사이트에서 제작하는 콘텐츠는 비교적 광고색이 많이 드러나요. 그에 비해 최근 몇 년 동안 오카피에서는 책 이외에 영화, 문방구 등 생활과 밀접한 관련이 있는 콘텐츠를 적극적으로 늘리고 있어요. 이런 콘텐츠를 통해 이용자가 상품에 관심을 가진다면 링크를 통해 보커라이 사이트로 가서 구입 버튼을 클릭하겠죠. 저희로서도 이용자가 상품을 충분히 이해한 다음 구매하길 바라니까요.

만쉬안 보통은 사이트 옆쪽에 이런저런 광고가 나오는데 오카피 사이트의 배너는 전부 책과 관련된 거예요. 그 배너 또는 오카피 사이트 내의 책 이미지를 클릭하면 보커라이의 책 정보 페이지로 이동합니다. 그 책에 대해서 더 자세히 알고 싶은 경우는 오카피 콘텐츠에 첨부된 링크를 클릭하면 됩니다. 이렇게 '오카피→보커라이→오카피'라는 나선형의 순환 구조가 만들어져 있어요.

+++ **그렇게 보커라이로 이동하는 배너를 만들 때는 출판사에서 제작비를 내는 건가요?**
만쉬안 출판사가 비용을 낼 필요는 없고 저희가 배너를 넣을 책을 선택해요. 배너 링크를 클릭하면 보커라이의 책 내용 소개 페이지로 이동하죠. 그리고 그중에서 콘텐츠 사이트인 오카피와 잘 어울리는, 소개해야 할 책을 골라서 오카피의 사이트 배너를 달아요. 이용자는 오카피의 기사를 읽고 관심이 생기면 자연스럽게 보커라이의 사이트로 가겠죠. 우리가 출판사와 손을 잡고 특정한 책을 홍보할 때는 반드시 그 책이 추천할 만한 가치가 있는지 없는지 생각하고 결정해요. 보커라이 사이트의 편집자가 사내통신망으로 정기적으로 신간 정보를 공유하면 오카피의 편집자가 그 가운데 적당한 책을 고르는 프로세스예요. 그렇기 때문에 아무 책이나 이미 보커라이의 내용 소개 페이지가 있다고 전부 링크를 거는 건 아니에요.
전전 그러니까 출판사 입장에서 보면 오카피가 보커라이와 협업하는 형태이기 때문에 사이트의 콘텐츠 제작비를 포함해서 출판사가 지불하는 비용은 없어요.
만쉬안 그 대신에 보커라이의 판촉 이벤트에 포함되는 책의 경우에는 할인율이나 사은품과 같은 부분에서 발생하는 비용을 어떻게 분담할지에 대해서 출판사와 협의하는 경우가 있어요. 예를 들어 사은품의 경우에는 지금 대만에서 유행하는 레시피북에는 작은 그릇, 운동책에는 트레이닝벨트처럼 보커라이 자체 제작 굿즈를 제공하기도 하거든요. 그런데 이건 어디까지나 부차적인 서비스죠. 이런 사은품 증정이 매출 증가로 이어진다는 사실은 부정할 수 없지만 판매하는 입장에서도 불규칙적인 물류비용이 발생하기 때문에 자주 하지는 못해요.

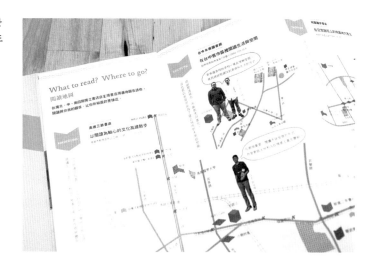

2016년 세계 책의 날에 맞춰서 기획한 '리딩 플러스'. 보커라이의 콘텐츠와도 연동되어 있다.

일단은 독서에 관심을 가지게 만드는 것을 최우선으로 생각한다

+++　　아마 일본의 온라인 서점은 이런 기획성이 놓은 콘텐츠를 적극적으로 제작하지도 않고 만든다 해도 출판사에서 광고료나 제작비를 받을 것 같아요.

전전 저희는 유통업이기 때문에 직접적인 매출은 상품 판매에서 발생해요. 보커라이 사이트에는 돈을 주고 구매할 수 있는 광고란이 있는데, 예를 들어 메인 페이지를 열면 광고가 나오죠. 출판사나 잡화 제조업체는 이 광고를 넣을 수 있는 란을 유료로 구입할 수 있어요. 오카피는 콘텐츠 미디어이기 때문에 유료 광고란은 없고요.

+++　　오카피의 콘텐츠는 보커라이라고 하는 한 기업이 매출을 유지할 수 있도록 밑에서 지지하는 역할을 넘어섰다는 생각이 들어요.

만쉬안 맞아요. 오카피를 통해서 보커라이를 좋아하게 되고 그 후에 최종적으로 매출이 오르는 순서겠죠. 이상적인 이야기를 하자면 책을 사는 행위만이 '책을 좋아한다'는 마음의 발로라고는 생각하지 않아요. 책 구입이라는 행동의 전 단계에서 오카피가 콘텐츠를 통해 책을 구입하고 싶도록 만드는 것은 출판사의 입장에서는 직접적이고 순발적인 장점은 없는 것처럼 보이겠지만 독자가 책에 흥미를 가질 수 있도록 노력한다면 돌고 돌아 책의 판매도 늘어날 거라고 생각해요.

전전 책이라는 것은 실용품과는 달리 새롭다거나 보기에 예쁘다거나 화제성이 있다고 해서 바로 구입으로 이어지는 상품이 아니에요. 이게 어려운 부분이죠.

시티카페와 컬래버레이션을 한
'커피 한 모금, 책 한 권'의 커피컵홀더.
3명의 다른 사람의 시점에서 글의 첫 부분이
세 가지 버전으로 써 있다.

'문학의 여정-책'. 패키지 제작 과정도
오카피 사이트에서 공개했다.

다양한 원지와 포장지가 들어 있는
'잘 써지는 종이'는 339위안(약 1만 4,000원)으로
보커라이에서 한정 판매했다(현재는 품절).

+++　　　　오카피의 기사를 읽고 보커라이에서
책을 사지 않고 다른 오프라인 서점에서 사도
괜찮다는 말인가요?

만쉬안 반대로 오프라인 서점에서 책을 보
고 보커라이에서 책을 주문하는 경우가 많
아요.

전전 인터넷에서 책을 검색하면 먼저 보커
라이의 정보가 나오기 때문에 보커라이에
서 주문하는 사람이 많아요. 그래도 대만의
오프라인 서점 중에는 청핀서점 같은 대형
서점 이외에도 개성 있는 독립서점이 많기
때문에 온라인인지, 오프라인인지, 책을 어
디서 살지에 대한 선택은 사람에 따라 다를
거라고 생각해요. 독자 개개인의 기호가 있
는 것이고 서점별로 판매하는 책의 수, 종
류, 서비스도 달라요. 보커라이의 경우에는
할인율이나 취급하는 책 종류가 많다는 편

리성이 다른 서점에 비해 굉장히 좋은데, 어
떤 서점이라도 존재하는 이유가 있다고 생
각해요. 사실 이전에 독립서점과 컬래버레
이션을 한 적도 있어요.

만쉬안 보커라이는 오프라인 서점을 경쟁
상대로 보지 않아요. 2016년 세계 책의 날
에 대만에 있는 5곳의 독립서점과 함께 서
점 지도인 '리딩 플러스Reading+'를 만들었어
요. 망가시크, 두쯔서점, 본책도서관本冊圖書
館, 싼위서점三餘書店, 미래서점未來書店이라
는 5곳의 독립서점으로 독자를 안내하는 이
벤트를 기획해서 서점의 각각의 특징을 소
개했어요. 오카피의 페이스북 페이지에서
신청하면 각 서점에서 열린 토크 라이브 영
상을 특별 사이트에서 볼 수 있도록 했어
요. 보커라이에서 취급하지 않는 책(독립출
판물)을 아주 많이 소개해 주어서 저희도

+ BOOKSTORE

독서를 습관화할 수 있도록
도와주는 콘텐츠를 개발하는 거예요.
그래야 출판산업이
장기간 이어질 수 있다고 생각해요.

매입하기도 했어요. 어쩔 수 없이 매입하지 못한 책은 서점에 직접 가서 구입해 달라고 공지하기도 했죠. 평소에도 '열람의 장閱讀場域'이라는 콘텐츠에서 오프라인 서점에서 책을 읽는 재미를 환기하고 있어요.

+++ 오카피가 생겨서 보커라이의 매출이 어느 정도 올랐는지 실제 수치가 있나요?
만쉬안 안타깝지만 통계를 낸 적은 없어요. 다만 오카피에서 보커라이로 유입되는 숫자는 한 달에 50만 정도가 됩니다. 출판사와의 컬래버레이션은 아니지만 오카피를 보고 보커라이의 자체 제작 상품이 팔린 판촉 사례는 있어요.
전전 대만에서는 차 문화가 굉장히 발달했는데, 2015년쯤부터 커피 소비가 늘어나면서 커피를 마시는 습관이 자리 잡기 시작했

어요. 커피를 '블랙골드黑金'라고 부르기까지 했으니까요. 그래서 커피 원두나 텀블러와 같은 관련 상품도 많이 판매했죠. 그리고 '보커라이 커피 페스티벌'이라는 이름으로 커피를 주제로 한 특별 페이지를 개설하고 오카피의 콘텐츠와 연동된 '커피 한 모금, 책 한 권一口咖啡, 一本書'이라는 이벤트를 기획했어요. 같은 그룹 내에 있는 세븐일레븐의 카페(시티카페)와 오카피가 컬래버레이션을 해서 자체 제작 커피 컵홀더를 만들었어요.
만쉬안 컵홀더에 쓰인 문장은 작가 '개인의 견個人意見' 씨가 쓴 거예요. 패션 에세이로 대만에서 유명한 작가인데 소설은 아직 쓴 적이 없었어요. 이 작가에게 첫 도입 부분만 3인(남자, 남자, 여자)의 시점에서 3가지 버전으로 써달라고 집필을 의뢰했어요.

그래서 그 글을 컵홀더에 실었어요. 세 가지 다른 입구가 있는 연애소설인 거죠. 혹시 그 다음 이야기를 읽고 싶다면 컵홀더 위의 QR코드로 오카피 사이트로 이동해서 글을 볼 수 있어요. 다른 시점의 글이 궁금해서 이 컵홀더를 모으고 싶다는 생각이 들도록 만드는 목적도 있어요.

그리고 이 이벤트를 좀 더 발전시켰어요. 보커라이도 파트너로 참가한 2015년 대만 디자인 위크TWDW를 위해 뭔가 글자와 관련이 있는 걸 만들고 싶다고 생각했는데, 그때 개인의견 씨의 소설을 다른 디자인 패키지로 포장하는 아이디어가 떠올랐어요. 녜용전에게 디자인을 부탁해서 블랙, 라떼, 밀크의 세 종류의 캔커피 모양 용기에 이 소설을 인쇄한 책자를 넣었어요. '문학의 여정文學的旅程'이라는 프로젝트예요. 페어 중 일주일 기간 한정 상품이었는데 완판되었죠. 인터넷에서 공개된 소설이라도 형태를 바꾸면 구매해 준다는 사실을 배웠어요. **전전** 이건 20주년을 기념해서 시작한 '생활철학연구소生活哲研所'라는 기획으로, 책과 종이가 있는 라이프스타일을 테마로 한 보커라이의 자체 브랜드PB 상품 중 하나인데 지금까지 에코백, 노트 등 전부 11가지 종류의 제품을 만들었어요. 그중에서 '잘 써지는 종이好好寫字帖'는 다양한 재질, 두께, 용도의 종이를 모은 것으로 전부 대만에서 직접 손으로 만든 거예요. 오카피가 직접 기획해서 종이문화기금, 제지공장과의 컬래버레이션을 통해 제작한 상품이에요. 보커라이에서는 특수한 수초지라는 종이를 판매하는데 그 공장을 취재했을 때 굉장히 재미있었어요. '생활철학연구소' 안에서도 완성도가 높고 굉장히 정성을 들인 제품이었죠.

+++ 앞으로 온라인 서점과 오프라인 서점이 오래도록 공존하기 위해서는 무엇이 필요하다고 생각하세요?

만쉬안 각각의 독자에게는 각각의 구매 스타일이 있기 때문에 온라인에서 사는 걸 좋아하는 사람도 있고 오프라인 서점에 가는 걸 좋아하는 사람도 있을 거예요. 저희가 할 수 있는 일은 책을 단순한 상품으로 유통하는 것이 아니라 사람들이 독서를 습관화할 수 있도록 도와주는 콘텐츠를 개발하는 거예요. 그래야 출판 산업이 장기간 이어질 수 있다고 생각하기 때문에 이것이 저희의 중요한 목표예요.

몇 년 전부터는 중고등학생을 대상으로 '청춘보커라이青春博客來'라고 하는 미디어도 운영하고 있어요. 청소년을 대상으로 책 소개, 독서 방법과 수업, 나 자신 찾기, 트렌드라는 화제를 제공하면서 '독서가讀家'라는 계간신문(평균 5만 부)을 정기적으로 제작해서 전국 500곳 가까운 중고등학교와 도서관에 무료로 배부하여 독서 촉진 활동을 하고 있어요. 인생에서 제일 독서 습관을 기르기 좋은 시기가 중고등학교 시절이기 때문이에요. 이 활동도 직접적으로 매출에 도움이 되는 건 아니지만 독자 육성과 온라인 서점의 신뢰 구축을 위해서 앞날을 생각하면서 열심히 하고 있어요.

>>> 博客來 + OKAPI

보커라이＋오카피
臺北市南港區八德路四段768巷1弄18號B1-1 博客來數位科技股份有限公司
B1-1, No.18, Aly. 1, Ln. 768, Sec. 4, Bade Rd., Nangang Dist., Taipei City 115, Taiwan
02-2782-1100
+++ www.books.com.tw
+++ okapi.books.com.tw

BOOK++++++++
>>REVOLUTION
= in -> TAIPEI <-

+ BOOKSTORE

10.

탐미적인 살롱의
분위기를 풍기는 셀렉트서점

= INTERVIEW

荒花
wildflower

야생화

타이베이의 번화가 중산 지역은 한쪽 차선만 5차선인 큰 거리지만 옆길로 접어들면 갑자기 좁은 골목길이 나온다. 오토바이 부품점·수리점이 많았던 츠펑제도 지금은 의류·잡화 매장, 수제맥주집 같은 작고 개성 넘치는 가게가 여기저기 자리를 잡은 재미있는 지역이 되었다. 그 일각에 낡은 건물 1층에 숨어 있는 것 같은 '야생화荒花'는 타이베이에서 책을 좋아하는 사람들이 항상 언급하는 독립서점 중 하나다.

이곳은 원칙적으로는 취재를 받지 않는다. 하지만 이번에는 특별히 서점의 전체 사진을 찍지 않는다는 조건으로 취재를 할 수 있었다. 서점 주인 중 한 명인 루크Luc 씨는 "미리 서점의 사진을 보게 되면 실제로 서점에 왔을 때 느낄 수 있는 생생한 체험의 감각이 옅어져요. 여기는 진짜 물건을 파는 가게잖아요."라고 말했다.

은둔처라고 불러도 어울릴 것 같은, 바깥세상과는 다른 시간이 흐르는 서점 안에는 대만의 젊은 아티스트의 작품집부터 일본과 유럽에서 사들인 중고책까지 다양한 책이 오브제와 함께 보기 좋게 진열되어 있다. 데라야마 슈지寺山修司, 시부사와 다쓰히코澁澤龍彥, 다케히사 유메지竹久夢二 등의 책을 보면 서점의 취향과 기호를 미루어 짐작할 수 있다. "제가 좋아하는 걸 두는 것뿐이에요."라고 말하는 루크 씨는 원래 소수로 운영되는 독서 살롱을 주최하고 있었다. 언젠가 서점을 열고 싶다고 생각했지만 좀처럼 이미지에 어울리는 매물을 찾지 못했다고 한다. 그리고 약 2년 반 전에 드디어 이곳을 발견했다. 운치가 있는 입구의 쇠로 된 울타리가 서점의 세계관으로 우리를 이끈다. 이곳은 2명이 공동 경영하는 곳이다.

서점 안에 있는 갤러리에서는 아트북 출간 기념 전시나 기획전을 부정기적으로 개최하고 있다. 최근까지 카운터에서 커피, 술, 디저트 등을 팔았는데 지금은 책 판매대로 바뀌었다. "그걸 목적으로 오는 사람들이 늘어나 책을 좋아하는 사람들이 여유롭게 있지 못하는 것 같아서요." 서점을 해서 돈을 번다는 생각은 처음부터 하지 않았다고 한다. 생활을 위해서 카피라이터로 일하고 있다. 그리고 서점을 계속하기 위해서는 좋아한다는 열정을 계속 간직하는 것이 중요하다고 말했다.

"시간이 지날수록 경영에 더 신경을 쓰게 되니까 처음 가졌던 열정이 식기 쉬워요. 그렇게 되지 않도록 항상 새로운 것을 찾고 새로운 전시 방법을 생각해요."

>>> 荒花 wildflower

야생화
臺北市大同區承德路一段69巷7號
No.7, Ln. 69, Sec. 1, Chengde Rd., Datong Dist.,
Taipei City 103, Taiwan
영업시간 14:00~21:00
화·수요일 휴무
+++ www.facebook.com/wildflowerbookstore

荒花

BOOK+++++++
\>\>REVOLUTION
= in -> TAIPEI <-

+ PUBLISHER

11.

대만의 새로운 독립문화를
전하는 잡지

= INTERVIEW

新活水
Fountain

신휘수이

타이베이의 서점에서 '최근 이 책이 잘 팔린다'는 이야기를 듣고 손에 집어 든 것이 바로 〈신휘수이新活水〉라는 잡지였다. 판권 페이지를 보면 가장 위에 대만 총통인 차이잉원의 이름이 있다. 거기다 특집 기사는 대만 독립출판의 신세대에 관한 이야기였다. 일본에서는 과연 총리의 이름으로 이런 잡지를 출판할 수 있을까? 편집을 담당하는 곳은 중화문화총회中華文化總會라는 단체로 타이베이 서점 주인들의 추천으로 찾아간 독립출판전을 주최한 곳이기도 했다. 파랑새서점에서 대만의 독립출판문화에 대해 〈신휘수이〉의 편집장 장톄즈張鐵志(1972년생) 씨에게 이야기를 들어봤다.

제가 소속된 중화문화총회(이하 문총)는 1967년부터 50년 정도 이어져 온 NGO입니다. 민간 조직이지만 임기 중인 대만 총통이 원칙적으로 회장을 맡는 조금은 특수한 조직이에요. 문총의 중요한 임무는 대만 문화를 바탕으로 대만 국내외의 문화교류를 촉진하는 것이에요. 저는 대만에서 작가로 살고 있는데 예전에 홍콩에서 잡지 편집장을 한 적도 있고 2016년에는 쑹산문창원구松山文創園區에 오픈한 웨웨서점의 고문으로 이벤트도 다수 기획했어요. 지금은 여기 파랑새서점의 고문도 맡고 있습니다. 그리고 2017년에 처음으로 문총에 오게 되었어요.
저는 문총에서 3개월에 1번 개최하는 전람회를 기획하고 있어요. 올해(2018년) 2월부터 3월까지는 '잡지세대 마이 진誌世代 my zine'이라는 타이틀로 대만과 네덜란드의 독립출판물(진, 지방잡지 포함)을 대치시키는 전시를 개최해서 크누스트 프레스Knust Press의 설립자를 네덜란드에서 초청해서 진을 만드는 워크숍을 열었어요. 아, 보셨어요? 9월에 도쿄 우에노에서 열릴 대만 문화를 일본에 소개하는 페스티벌TAIWAN PLUS 2018 文化臺灣도 기획 중인데, 그때 꼭 오세요.

+++   〈신휘수이〉는 타이베이의 어느 서점에 가도 진열되어 있더라고요.
저는 문총이 격월로 발행하는 잡지 〈신휘수이〉의 편집장도 맡고 있어요. 대만의 새로운 문화 태동을 소개하고 '대뇌를 풀어주고 눈을 자극하여 쿨하고 시각적으로도 즐거운 섹시한 사상 문화 잡지'를 표방하는 〈신휘수이〉는 2005년에 창간되어 중간에 한 번 디지털 콘텐츠로 바뀌었지만 2017년 9월에 대대적으로 리뉴얼하면서 복간되었어요. 대만에서 계엄령이 해제되어 젊은 층의 문화가 폭발하는 계기가 된 〈1987년1987年〉, 그 후에 〈신 대만극 2.0新臺劇2.0〉, 앞서 소개한 전시와 연동된 〈진 세대ZINE 世代〉, 디자인 신세대를 다룬 최신 호 〈대만 미학臺灣美學〉까지 2018년 4월까지 총 4권을 발행했어요. 매호 7,000~8,000부 정도를 찍는데 항상 판매는 순조로운 편이에요. 청핀서점이나 보커라이 같은 대형서점에서는 최신 호가 잡지 부문 1위를 하고 있고, 지금까지 발행한 4권 모두 순위 안에 있어요. 책 디자인에도 굉장히 공을 들이는 거 같이 보이죠?

+++   이렇게 제가 취재를 요청하게 된 건 대만의 출판문화 전반에 대해서 잘 아실 것 같아서예요. 지금 대만에서 독립서점이 유행하는 이유는 뭐라고 생각하세요?

전 세계에서 동시다발적으로 일어나는 현상인데, 지금 대만의 출판업계는 전체적으로 크게 좋은 상황이 아니에요. 기존의 대형서점은 점점 더 상황이 어려워지고 있어서 책 판매 공간도 줄이고 있어요. 그런데 이것과 반비례하듯이 독립서점은 최근 수년간 문화적인 중요성이 더 커지고 있어요.

여기에는 몇 가지 이유가 있습니다. 첫 번째로 젊은 사람들은 특징이 있는 서점을 선호해요. 지금은 책 구입만이 목적이라면 인터넷으로 충분한 시대예요. 그렇기 때문에 독자들에게 특별한 공간 체험과 북큐레이션을 제공할 수 있는 특징적인 서점만 살아남을 수 있어요. 두 번째는……, 먼저 한 가지 묻고 싶은데 일본 사람들은 온라인 서점에서 책을 많이 사나요?

+++   물론 아마존과 같은 곳의 이용률은 높지만 재판매가격유지제도가 있기 때문에 온라인 서점에서도 종이책의 할인 판매는 하지 않아요.

그 문제에 대해서는 지금 대만에서도 한창 논의가 활발하게 이루어지고 있어요. 대만의 온라인 서점의 책 가격이 지나치게 저렴해서 독립서점에 불리한 상황이 계속되고

록 음악에 조예가 깊은 장톄즈 씨는
음악 · 문학 평론에 대한 책도 다수 출판했다.

대만과 네덜란드의 독립출판물을 전시한 전시
'잡지세대 마이 진'. 대만의 로컬 매거진도 다수
전시되었다(2018년 2~3월).

있거든요. 대만문화부 내에서도 일본의 재판매가격유지제도와 같은 법률로 책의 정가를 통일해야 한다는 목소리가 나오고 있어요(대만의 서적정가제도에 대해서 2018년의 보도에서는 곧 법안이 정리되어 행정원 문화회 토론에 제출될 예정이라고 한다). 독립서점이 잘되는 두 번째 이유는 최근에 젊은 사람들이 자신의 고향으로 돌아가는 붐이 일고 있기 때문이에요. 애초에 고향을 떠나지 않는 사람도 많지만 농업을 하거나 창의적인 활동을 하거나 젊은 사람들끼리 힘을 합쳐 사업을 시작하면서 자신의 고향을 변화시키려고 하고 있어요. 이런 흐름의 일환으로 고향에서 독립서점을 오픈하는 젊은 층이 늘었어요. 다양한 노력을 통해 지역 주민들과 연대하고 고향과 외부 세계를 연결해 나가요. 그래서 서점이 그 지역 커뮤니티의 문화 기지로서 역할을 하는 거죠.

이런 독립서점의 움직임에 대해서 '포스트 청핀시대'라는 제목으로 글을 쓴 적이 있어요. 1989년, 런아이루에 처음 청핀서점이 등장했을 때 기존의 서점과 크게 다른 세련된 공간과 선별을 거친 책의 라인업에 대만 사람들은 완전히 마음이 사로잡혔어요. 하지만 시대가 변하면서 청핀서점의 특징은 점차 대중화되었고 일반화되었죠. 이를 대체하듯이 5~6년 전부터는 독립서점이 늘어나 활발하게 움직이고 있어요. 제가 '포스트 청핀시대'라고 부르는 시기죠. 하지만 독립서점의 경영도 어렵기 때문에 문을 여는 곳도 많지만 닫는 곳 역시 많습니다.

대만, 홍콩, 중국의 '독립'적인 문화를
고찰한 장톄즈 씨의 저서 《버닝 시대》

新活水

+++   왜 '포스트 청핀시대'로 들어갔다고 생각하세요?

청핀서점이 등장하기 전, 대만에는 아무런 특징도 없는 거리의 작은 서점밖에 없었어요. 1980년대에 금석당金石堂이라는 서점 체인이 등장했는데 이곳은 유행하는 책을 모아놓은 현대화된 서점이었어요. 이와는 달리 1989년에 등장한 청핀서점은 굉장히 충격적이었어요. 1층은 레스토랑이고 지하는 엄청 넓은 책 판매 층이었죠. 예쁘게 인테리어가 된 넓은 공간에 인문학, 고전문학, 예술 관련 책이 쭉 진열되어 있었고, 그 옆에는 고급스러운 잡화와 도자기가 놓여 있었어요. 그때는 딱 계엄령이 해제되어 대만의 민주화가 시작된 시기로 페미니즘, 마르크스주의 같이 지금까지 서점이 취급하지 않았던 비평적 성격이 강한 '새로운' 책을 청핀서점이 들여놓았어요. 그것이 시대의 새로운 사상과 움직임에 굉장히 잘 맞아떨어진 것 같아요. 그러니까 예전의 청핀서점은 '문화의 상징'으로 군림했다고 할 수 있었어요. 당시 대학생이었던 저도 거기 죽치고 앉아 있었죠(웃음).

장테즈 씨가 편집장을 맡고 있는 〈신휘수이〉는
취재 후 2018년 11월을 기준으로 7호까지 발간되었다.

그런데 21세기에 들어와 보커라이를 비롯한 온라인 서점이 새롭게 떠오르기 시작했어요. 그러자 청핀서점은 임대업에 주력하기 시작했어요. 라이프스타일 숍에 공간을 빌려주고 이익을 내는 거예요. 그 이유는 간단한데 책의 이익률이 낮기 때문이죠. 자연스럽게 책 판매 공간은 점점 좁아졌어요. 지금의 서점은 더 이상 책 판매만으로는 유지되기가 어렵고 다양한 이벤트를 열어 사람들을 관심을 환기할 수밖에 없어요. 하지만 타이베이의 청핀서점의 이벤트 공간은 애초부터 넓지 않았어요. 대만 자체도 크지 않기 때문에 지금은 작가가 출간 기념 이벤트를 열 때는 청핀서점뿐만 아니라 독립서점의 공간도 활용하고 있어요. 이런 경위로 서점문화의 중심이 점차 청핀서점에서 독립서점으로 옮겨가게 되었어요. 이것이 바로 '포스트 청핀시대'입니다.

+++ **독립서점뿐만이 아니라 독립출판의 움직임도 커지고 있는데, 그 이유는 뭐라고 생각하세요?**

젊은 세대를 보면 자신의 커뮤니티 안에서 스스로 책이나 잡지를 만드는 사람들이 늘어나고 있는 건 사실이에요. 사회적인 배경으로는 2014년의 '해바라기 학생 운동'이 있었죠(2014년 3월 18일부터 4월 10일까지 대만의 학생과 시민이 대만의 국회인 입법원을 점거하면서 시작된 정치사회운동).

이 운동을 계기로 자신만의 세계를 보는 관점을 더 강력하게 제시하는 편이 나을 것 같다는 분위기가 젊은 세대 사이에서 점점 고조되었어요. NGO 활동을 하는 사람, 출판물을 만드는 사람 등등 각자의 표현 방법으로 여러 활동을 시작했어요. 예를 들어 〈꽁치〉(192쪽)의 창간도 2014년이에요.

정부가 출판물을 만들도록 장려한 것도 있어요. 문화부의 보조금 제도가 있는데 뭔가 문화적인 프로젝트를 걸고 신청을 해서 심사를 통과하면 수십만 위안을 받을 수 있는 경우도 있어요. 예전에는 새롭게 서점을 오픈할 때 신청할 수 있는 보조금도 있었는데 지금은 주로 서점의 여러 활동을 대상으로 지급하고 있어요. 예를 들어 타이중에 있는 한 서점은 외진 거리에 가서 독서를 홍보하는 프로젝트를 하고 있더라고요. 보조금에 의지해서 노력을 게을리할 수도 있다는 우려도 있지만 중요한 건 적절한 서점에 제대로 보조금이 지급되는지입니다. 대만의 중부나 남부에 있는 서점이 이벤트에 타이베이의 작가를 부르게 되면 교통비나 숙박비만 해도 꽤 부담이 되니까요.

+++ **독립서점을 꾸준히 이어가는 사람의 특징이 있을까요?**

독립서점이 계속 가거나 망하거나 하는 것은 경영자로서의 능력이나 지역의 특성 등 여러 요인이 관련되어 있기 때문에 일률적으로 말하기는 조금 어려워요. 그렇지만 독립서점을 시작하는 사람이 책을 좋아하는 사람이라는 사실은 말할 필요도 없겠죠. 거기에다 지금의 서점을 유지하기 위해서는 이벤트 기획 능력이 굉장히 중요해요. 책 판매만으로는 이익이 굉장히 적기 때문에 이벤트 기획을 중심으로 이익을 내는 서점도 있을 거예요. 이벤트는 사람들을 끌어모아서 서점에 활력을 불어넣는 효과도 있죠. 재작년에 제가 일을 맡았던 웨웨서점에서 이벤트를 많이 열었기 때문에 취재도 많이 들어왔어요. 그 덕분에 저명한 작가도 토크 이벤트를 할 때 청핀서점이 아니라 웨웨서점에서 하는 일까지 생겼고요. 이 파랑새서점처럼 특징이 있고 서점 자체가 예쁜 것도 중요합니다. 그걸 보러오는 거니까요. 물론 경영 능력이 필요한 건 기본 중의 기본이고요.

+++ **젊은 세대 사이에 일고 있는 '독립' 붐은 혹시 장톄즈 씨가 쓴 《버닝 시대燃燒的年代》라는 책의 주제와도 관계가 있을까요?**

조금 복잡하기는 하지만, 그렇다고 할 수 있어요. 2016년에 나온 《버닝 시대》는 제가 최근 대만 문화계에서 일어나는 큰 변화에 대해서 고찰한 책이에요. 젊은 세대가 개성과 특징이 뚜렷한 것을 선호하고 인디가 메이저를 누르는 현상은 사실 출판뿐만 아니라 음악의 세계에서도 일어나요. 독립출판 잡지나 독립서점의 출현. 대만 최대의 음악상인 금곡시상식에서 '올해의 음악'은 최근 몇 년간 계속 인디음악이 받았어요.

이런 '새로운 독립의 세대'의 중심에 있는 '80허우後', '90허우'라고 불리는 1980~90년대생 젊은 세대는 대만에서 '소확행小確幸 세대'라고 자주 불려요. 무라카미 하루키村上春樹의 책에서 나온 말이죠. 서점이나 카페를 열거나 책이나 음악을 만들거나 자신의 손으로 무언가를 표현해서 만족할 수 있다면 회사에서 기를 쓰고 일하지 않아도 된다고 생각해요. 물질적인 만족보다도 개인의 자주성이나 자기 표현을 추구하죠. 이것이 지금의 젊은 세대의 경향이라고 생각해요. 그러니까 이렇게 많은 사람들이 서점을 시작하겠죠? 큰 조직 안에서 위만 바라보고 달리는 20년 전의 가치관과는 완전히 달라요.

최근 몇 년간 대만뿐만 아니라 홍콩에서도, 한국에서도 새로운 유형의 사회운동이 일어나고 있어요. 젊은 세대와 그 윗세대가 가치관 차이로 인해 충돌하고 마찰이 생기는 것이 원인이에요. 신구 모델 사이에서 충돌의 불꽃이 타오르는 지금이 바로 '버닝 시대'인 거죠. 주류 미디어나 출판으로는 젊은 세대의 목소리를 전달할 수 없으니까 이들이 직접 미디어를 만들어 서점을 여는 거예요.

+ PUBLISHER

>>> 新活水 Fountain

신훠수이
臺北市中正區重慶南路二段15號 中華文化總會
No.15, Sec. 2, Chongqing S. Rd., Zhongzheng Dist.,
Taipei City 100, Taiwan
02-2396-4256
+++ www.fountain.org.tw

新活水

BOOK+++++++
>>REVOLUTION
= in -> TAIPEI <-

+++ PUBLISHER/BOOKSTORE

田園城市
Garden City

전원도시

陳炳檆
Vincent Chen

서점 안으로 들어가면 오른쪽 안쪽은 작은 갤러리,
왼쪽 안쪽은 카페다. 지하 1층에도 전시 공간이 있다.

+ PUBLISHER/BOOKSTORE

BOOK+++++++ + PUBLISHER/
>>REVOLUTION   BOOKSTORE
= in -> TAIPEI <-

12.

출판사와 서점이라는 양쪽 바퀴
위에서 경험을 쌓아가는
= INTERVIEW   타이베이 독립서점의 개척자

천빙썬 陳炳槮, Vincent Chen

1960년 타이난 출생

전원도시 田園城市 대표

+++   제1회 아시아 북마켓(2017년)을 위한 첫 미팅에 타이베이의 독립서점 대표로 참가한 사람이 바로 중산 지역에서 오랜 시간 자리를 지켜온 전원도시의 천빙썬 씨다. 타이베이의 서점·출판사 관계자들이 모두, 아마도 일본의 관계자들까지 모두 형으로 좋아하고 따르는 천빙썬 씨의 활짝 웃는 얼굴. 얼마 전에도 도쿄 시모키타자와에서 우연히 일본에 책을 사러 온 천빙썬 씨와 만났다. 갤러리 전시도 활발하게 진행하고 있다고 한다. 천빙썬 씨의 이런 활동력의 근원은 과연 무엇일까?

田園城市

책의 개성을 드러낼 수 있는 공간으로 서점을 열었다

전원도시는 서점 이전에 먼저 출판사가 있었어요. 1994년부터 출판사를 시작했으니 25년도 더 지났네요. 전원도시 라이프스타일 서점田園城市生活風格書店은 2004년에 이곳, 타이베이의 중산 지역에서 시작했어요. 직접 출판사를 시작하기 전에는 다른 출판사에서 영업을 했어요. 독립하려고 생각한 이유는 매일 여러 곳을 돌며 영업을 하면서 출판에 비즈니스로 발전시킬 여지가 있다는 사실을 깨달았기 때문이에요. 원래 경영학을 전공하기도 했고요. 또제가 좋아하는 예술이나 디자인 관련 서적을 전문적으로 취급하는 독립출판사가 당시 대만에 거의 없었어요. 적어도 일반 독자에게 열린 책을 만드는 곳은 없었어요. 제 아이디어에 자신이 있었기 때문에 이건 잘될 거라고 생각했어요.

+++   처음부터 출판사의 이름도 '전원도시'였나요?
사실 전원도시(출판사)를 시작하기 전에 5년 정도 다른 출판사를 다른 사람과 공동 출자해서 경영한 적이 있어요. 지경기업地景企業, 정식명칭은 地景企業股份有限公司이라는 이름이었는데, '경관景觀, Landscape'에 관련된 출판사라는 의미에요. 영국에서 시작된 도시 설계 개념인 '가든 시티Garden City'를 바탕으로 당시에는 건축이나 생태학에 관한 책을 출판했어요. 파트너와 방향성과 비전에서 의견 차이가 생겨 다른 길을 가기로 결정했지만, 이 콘셉트 그대로 이름만 살짝 바꿔서 출판사 이름을 '전원도시', 그러니까 '가든 시티'라고 지은 거죠. 도시 안에 농촌이 있는 이상적인 상태, 그러니까 도회지의 생활 속에서도 아름다운 자연을 만끽하며 풍요로운 일상을 보낼 수 있다는 거죠. 이렇게 공존하기 힘든 두 가지의 라이프스타일生活風格의 사이를 좁히고 싶은 마음을 담았어요.

서점 내 카페 '리슨 커피(Listen coffee)'에서는
프렌치 프레스 추출 방식으로 만든 커피를 제공한다.

그래서 출판업계에 들어온 지 총 30년 정도가 되는데 지경기업은 경관, 이를 계승한 전원도시는 건축을 콘셉트로 했기 때문에 독립한 후 초기에는 노만 부스의 《Basic Elements of Landscape Architectural Design》을 번역한 《경관 디자인의 기본 요소景觀設計元素》와 같은 환경 디자인·건축 관련 책을 주로 출판했어요. 초기 책 5권 중 4권은 교과서처럼 쓰여서 계속 증쇄하고 있어요. 10년 정도 전부터는 출판하는 책 분야도 많아졌는데, 건축, 경관, 사진, 도시, 공업 디자인부터 점차 인문, 예술, 문화까지 범위가 넓어졌어요.

+++ 　　출판사 말고 서점도 시작한 이유는 뭔가요?

사무실을 넓은 곳으로 옮기고 싶은 것도 있었지만 당시에 출판사와 유통업체 사이의 거래 방식에 큰 의문이 들었어요. 출판사와 서점 사이에는 '총판 대리점總代理' 또는 '총대리總經銷'라고 불리는 유통업체가 존재하는데, 출판사의 의향을 들어주기는 하지만 유통업체 쪽에서 적극적으로 나서서 움직이지는 않아요. 그래서 직접 거래가 가능하고 자사 출판물의 개성과 특색을 표현할 수 있는 서점을 직접 시작해야겠다고 생각한 거예요. 책의 개성을 보여줄 수 있는 진열 방식을 자신의 스타일대로 연출하고 책을 보다 좋은 방식으로 유통시키는 하나의

장으로 말이죠. 영업을 하던 사람으로서 서점의 진열대를 매일 보면서 책이나 잡지가 아무런 개성 없이 쌓여 있는 것을 보면 참을 수가 없었어요.

15년 전 대만에서 출판사가 서점을 오픈하는 일은 들어본 적이 없긴 해요. 일반적으로 그럴 필요가 없었는지도 모르죠(웃음). 그래도 기존의 시스템과는 다르게 책의 독자적인 유통 경로와 운영 방법을 개척할 필요가 있다고 생각했어요. 출판사의 이익 구조도 앞으로 더 축소될 거라고 생각했기 때문에 경영적인 판단으로 새로운 도전을 한 거죠. 실제로 그 예상대로 되었고요. 예전에는 출판사가 신간을 유통업체나 서점에 도매로 넘기면 바로 대금을 지불해 주었는데, 책이 잘 팔리지 않는 지금은 팔리면 팔린 만큼만 출판사에 돈을 주는 거죠. 결과적으로 운영자금이 돌지 않아 출판 사이클이 늦어지고 출판물 수도 줄어들었어요.

중산 지역에 서점을 연 것은 이 일대의 분위기와 교통편을 생각해서예요. 이곳은 큰 도로에 접해 있는 것은 아니지만, 그렇기 때문에 편안한 분위기가 나죠. 아무나 들어오는 것보다는 좋아하는 사람만 찾아오는 특별한 느낌을 내고 싶었어요. 일본에도 그런 곳이 정말 많잖아요. 저도 일본에 가면 직접 가고 싶은 가게를 찾아요. 이런 공간이라면 내가 좋아하는 것은 내가 찾겠다는 마니아 고객을 만들 수 있어요.

서점 안에는 홍콩이나 일본 등
아시아 각국의 독립출판물도 다수 놓여 있다.

+++　　　현재 대만에서 독립서점이 많이 생기는 것을 보면 어떤 생각이 드세요?

솔직히 그렇게 좋은 현상이라고는 생각하지 않아요. 독립서점이 늘어나는 것은 개점시에 문화부에서 받을 수 있는 보조금 때문이에요. 5년 전부터 시작된 제도로 서점의 규모나 사정에 따라서 한 서점당 연간 수만 위안 정도의 자금을 지원해 줘요. 하지만 받으려면 정부의 홍보 활동도 해야 하기 때문에 귀중한 시간을 할애해야 해요. 큰 금액은 아니지만 보조금을 받게 되면 경영적인 면에서 거기에 기대게 되는 것이 문제가 되죠. 그래서 독립서점을 할 때 가장 중요한 것은 다른 사람의 힘이 아니라 자신의 힘으로 잘 경영해 나가는 거예요. 보조금에 기대서 서점을 한다면 조금도 '독립'이 아니잖아요(웃음)? 이렇게 생각해 보면 진정한 의미로 실력이 있는 독립서점은 그렇게 많지 않아요. 책을 진열해 놓고 그 옆에서 커피나 농산물을 팔면 '독립서점'이라고 하기도 하니까요. 현재의 상황이 지속된다면 지금 늘어나고 있는 서점은 앞으로 2년 정도 지나면 전부 사라질 거라고 생각해요.

**책이나 잡지가
아무런 개성 없이
쌓여 있는 것을 보면
참을 수가 없었어요.**

+++　　　정부가 서점에 보조금을 지원하게 된 이유는 뭔가요?

4~5년 전에 대만에서 서점이 점점 줄어들던 시기가 있었어요. 대만의 서점은 기본적으로 규모가 작아서 1회 책 발주량이 적기 때문에 출판사에서 직접 책을 구입하면 비싸질 수밖에 없어요. 입고하는 것조차 어려울 수도 있고요. 그래서 이익률도 낮아요. 그런데 청핀서점이나 보커라이와 같은 대형서점은 항상 크게 할인을 하기 때문에 작은 서점은 경쟁하기가 어려워요.

그래서 정부가 실적이 좋지 않은 서점을 지원해서 지속성을 담보해 주기 위해 보조금 제도를 시작한 거예요. 그런데 자세히 보면 돈을 주는 것밖에 하지 않았어요. 각각의 서점과 이야기를 해보거나 보다 좋은 경영 방법에 대해서 생각해 보는 건 아니었기 때문에 출판업계의 과제에 대해 정면으로 대처한 건 아니었어요. 서점 문화를 개선하기 위한 본질적인 해결책은 아니었던 거죠.

　　　+ PUBLISHER/BOOKSTORE

이익률이 낮은 상황에서도 꾸준히 실험을 계속하다

+++　　　그런데 대만에서는 어떤 서점이라도, 어떤 책이라도 할인이 가능한가요? 일반적인 책 유통 시스템에 대해서 알려주세요.

어떤 책이라도 할인이 가능하다는 점이 일본과는 다른 대만 출판업계만의 특색이에요. 서점에 가면 '87折', '75折'과 같은 스티커가 책에 붙어 있는 걸 볼 수 있는데 각각 13퍼센트 할인, 25퍼센트 할인이라는 의미예요. 큰 서점일수록 할인이 쉽죠. 그래서 독립계 작은 서점은 아무래도 서적 이외에 잡화, 문구, 음식이나 음료, 농산물 등을 판매해서 수익을 내지 않으면 경영이 어려워요.

대만의 서점이 유통업체를 통해서 출판사에서 책을 매입하는 경우, 가장 저렴하게는 책 가격의 65퍼센트, 보통은 70퍼센트 가격으로 매입하고 5퍼센트의 영업세를 내는 경우가 일반적이에요. 예를 들어 책 가격이 1,000엔이라고 하면 출판사가 450엔(45퍼센트), 유통업체가 200~250엔(20~25퍼센트), 서점이 300~350엔(30~35퍼센트)을 가져가는데, 여기서 할인을 하면 그만큼 서점의 이익이 줄어들어요. 직거래의 경우도 출판사는 보통 서점에 책 가격의 65~70퍼센트로 팔아요. 다만 청핀서점과 보커라이라는 2대 서점의 경우는 예외예요. 출판사는 청핀서점에는 위탁으로 약 55퍼센트, 보커라이에는 약 60퍼센트(80퍼센트 정도가 매절) 가격으로 도매를 해요(각각 5퍼센트의 영업세 포함). 그러니까 출판사 입장에서는 청핀서점이나 보커라이와 직거래를 하는 것과 독립서점과 유통업체를 통해 거래를 하는 것 사이에 이익률 차이가 거의 없어요. 가장 힘든 건 유통업체를 거쳐 2대 서점과 거래를 하는 경우예요. 그만큼 출판사의 이익이 줄어드니까요. 개인이 만든 독립출판물을 청핀서점이 취급하는 경우는 거의 없고 신규 출판사는 신간을 내지 않으면 직거래를 하기 힘들어져요. 그래서 저희가 유통업체가 되어서 독립출판물을 청핀서점에 공급하는 경우가 꽤 있어요.

취재를 하던 중에 지하 갤러리에서 개최된
'타이완대학의 오래된 건축과 진달래'전

키노 스툴의 대만 시장 판매용 상품인 현관용 의자

+++ 그렇다면 여기 전원도시에서 판매하는 책도 전부 반품이 가능한가요?

출판사 전원도시가 책을 도매로 판매하는 경우, 독립서점, 청핀서점과 보커라이와 같은 대형서점, 그리고 제가 하는 서점, 모든 서점이 반품 가능합니다. 그중에서 독립서점에는 비교적 저렴한 가격으로 판매하고 있어요. 저희가 서점으로 출판사의 책을 매입할 때는 매절로 하는 경우도 있고 위탁으로 하는 경우도 있어요. 출판사별로 조건이 달라요.

+++ 이익률이 낮은 상황에서 서점을 경영하면서 지금까지 직면한 문제는 뭐가 있을까요?

문제는 없어요(웃음). 아니, 문제는 항상 일어나지만 계속 해결해 온 느낌이에요. 어느 쪽이든 서점이라는 공간을 꾸준히 진화시켜 나갈 필요가 있다고 생각해요. 대만의 서점은 능동적이라기보다 고객이 방문해도 수동적인 자세로 조용히 기다린다는 인상이 있어요. 기본적으로 책은 어떤 서점에서도 구입할 수 있기 때문에 변화가 없는 서

+ PUBLISHER/BOOKSTORE

점에는 그렇게 자주 갈 필요가 없어요. 책은 그곳에서 기다리고 있는데 다음에 방문할 때까지 긴 시간이 비는 거예요. 그렇기 때문에 전원도시에서는 꾸준히 전시회나 이벤트를 개최해서 고객이 몇 번이고 방문할 구실을 만들어요. 그런 식으로 서점 내에서 다양한 책을 접할 기회를 늘려서 소비 습관을 만드는 거죠. 그래서 항상 어떻게 하면 고객이 서점에 찾아올지, 어떻게 하면 서점에 올 때마다 재미있고 수준 높은 체험을 제공할 수 있을지 생각해요. 그런 방법 중 하나로 서점을 열고 6년째 되던 2010년부터 지하 1층에서 갤러리 '예문공간藝文空間'을 시작했어요. 2년 전부터는 1층의 사무실이었던 공간도 제2갤러리로 만들고 원래의 지하 갤러리 공간도 넓혔어요. 지금은 1년에 36회 정도 전시회를 개최하고 있는데, 이미 2018년도 12월까지 전시 예약이 다 찬 상황이에요(2018년 4월 기준). 대만뿐만 아니라 일본, 홍콩 등 해외 작가의 전시도 많아요. 2018년 1월에는 후지모리 다이지藤森泰司 씨의 의자 브랜드 키노 스툴Kino Stool의 전시를 했어요. 전시를 하는 작가들이 친구나 지인들에게 이야기를 하는 것인지 전시를 할 때마다 매번 새로운 고객들이 오세요. 전시회에 작품을 전시하는 작가에게 보증금을 받고 작품이 팔리면 그 30퍼센트가 전원도시의 수입이 됩니다. 지금 지하 갤러리에서는 의사이자 화가인 작가가 그린 '타이완대학의 오래된 건축과 진달래'라는 전시를 개최 중이에요. 일본 식민지 시대의 건축과 대만에서 일본의 벚꽃과 같은 존재로 학교에 많이 피어 있는 진달래의 조합이죠. 작품집은 전원도시가 아니라 타이완대학의 지원으로 출판되었어요. 전시를 개최할 수 있을지에 대한 판단 기준은 내용이 독창적이고 참신한지, 외국 사람들이 봤을 때 '대만'이라는 느낌을 받을 수 있는지……. 그런 걸 생각해요. 기획자의 인맥이나 그들이 가진 자원도 검토하고 있어요. 의사가 그림을 그린다고 하면 놀라잖아요? '아티스트'가 아니라도 개개인의 재능을 발휘할 수 있는 장으로 갤러리를 제공하고 싶고, 그쪽이 서점 경영에도 더 좋다고 생각해요. 광열비나 장소 대여료는 전시하는 사람이 비용을 지불하지만, 공간 설비나 준비 같은 것은 직원과 같이해요. 1층 갤러리에서는 주로 라이프스타일에 관련된 전시를 하고 있는데, 지금은 그릇 전시를 하고 있어요. 거리 곳곳에 놓여 있는 전시 광고 전단지는 전원도시의 홍보에도 도움이 됩니다.

갤러리나 카페의 매출은 서점 사업 쪽에 포함되는데 출판 사업과의 매출 비율은 항상 바뀌지만 최근에는 서점 전체의 수익이 출판을 넘어섰어요. 서점이지만 출판사기도 하고 복수의 전시·이벤트 공간도 갖추고 있다는 점이 다른 독립서점과는 다른 전원도시의 강점이라고 생각해요. 비슷한 형태가 없기도 해서 독립서점연맹에는 가입하지 않았어요.

어떻게 하면 독자가 서점에 와줄지,
어떻게 하면 책을 사줄지…….
서점의 주역은
어디까지나 책이에요.

《맨발의 겐》의 중국어 번체판《맨발의 아위안(赤脚阿元)》

+++　　　출판사와 서점을 둘 다 경영해서 생기는 긍정적인 효과가 있을까요?

물론 있어요. 먼저 서점의 입장에서 보자면 출판 경험을 살린 북셀렉션이 가능해요. 출판사에 발주를 하는 것도 쉬워져서 전시 때는 책을 저렴하게 입고해서 대상이 되는 책을 기간 중에 독점 판매하기도 해요. 각 출판사와의 거래가 장기적이고 발주량이나 종류도 많기 때문에 이렇게 우대를 받아요. 출판사 입장에서 보자면 만든 책을 팔고 싶을 때 원하는 시기에 마음대로 진열대에 올려놓을 수 있어요. 보통 서점에서 표지가 보이도록 진열대에 놓아둘 수 있는 기간은 수개월 정도인데 우리 서점이 있으면 원하는 기간만큼도 가능하죠. 당연히 이 공간에서 토크 이벤트, 사인회, 전람회 같은 다양한 이벤트를 개최할 수 있기 때문에 피드백을 받아 출판기획에 활용할 수 있는 것도 이점이라고 할 수 있어요.

참고로 현재 출판사 직원은 재택근무로 편집, 디자인, 영업 업무를 하고 있어요. 사원과 프리랜서가 반반 정도로 4~5명 정도 있어요. 사원이라도 다른 출판사 일을 할 수 있기 때문에 프리랜서와 큰 차이는 없어요. 전원도시의 직원은 모두 출판업계에서 일한 경험이 10~15년 정도 있는 베테랑으로 그 세대는 재택근무가 주류라고 할 수 있어요. 서점(갤러리, 카페)은 연말연시를 제외하고 연중무휴로 주말에는 저를 포함해서 3명, 주중에는 4~5명이 근무합니다.

+++　　　원래 천빙썬 씨가 머릿속에서 만들고 싶었던 서점의 이미지가 있었나요?

저는 제 스스로도 엄청나게 책을 좋아하는 사람이라고 생각을 하는데, 그래서 항상 소비자=독자의 시선에 서서 생각을 해요. 어떻게 하면 독자가 서점에 와줄지, 어떻게 하면 책을 사줄지……. 서점의 주역은 어디까지나 책이에요. 그래서 카페에서 마실 수 있는 커피의 종류도 많지 않아요. 책의 존재를 방해하지 않도록 말이죠. 반대로 서점 이벤트나 갤러리 전시는 다른 방식으로 표현된 일종의 책이라고 생각해요. 서점에는 1명 정도, 책에 대한 토막 지식이나 스토리를 들려주며 독자를 서점 안쪽까지 끌어들일 수 있는 사람이 필요해요. 자신의 개성을 앞세워 기다리기보다는 독자의 요구에 맞춰서 적극적으로 행동하고 싶어요. 결과적으로 전원도시의 고객은 나이가 많든 적든, 남자든 여자든 모두 친구가 됩니다.

이건 저의 경영이념이기도 한데, 서점 안에서는 세대 차를 만들고 싶지 않아요. 부모와 자식이 서점에 같이 와도 각자가 자신의 공간을 발견할 수 있으면 좋겠어요. 서점을 나이가 어린 사람과 나이가 많은 사람이 같이 와서 즐길 수 있는 공간으로 만들고 싶어요. 그런데 전원도시의 공간은 한정적이기 때문에 전 세대를 흡수할 수 있는 폭넓은 상품 구성이 쉽지 않아요. 그래서 서점 내부 인테리어와 라이프스타일을 중심으로 고른 책을 통해 세대를 이어나가야겠다고 생각하고 있어요. 한 지붕 아래 사는 가족에게는 분명히 뭔가 공통적으로 선호하는 것이 있을 테니까요.

田園城市

시장이나 슈퍼를 가는 것처럼 가벼운 마음으로
서점에 들러줬으면 좋겠다

서점 내 책 진열장은
특별 주문한 물건
보관용 바구니를 쌓아서
만들었다.

+++　　　인테리어 중에는 책 진열장에 쓰인 바구니가 특징적으로 서점의
분위기를 주도하는 것 같아요.

전원도시의 책장 콘셉트는 '시장'이에요. 시장은 정말 신나는 곳이잖
아요. 일상의 연장선이기도 하면서 신선한 야채와 고기를 구입하면서
가게 주인과 즐겁게 대화도 나누는 특별한 시간. 서점을 찾아온 손님
도 이런 식으로 '책 시장'에서 책을 골랐으면 좋겠다고 생각했어요. 매
일 슈퍼마켓에 가는 것처럼 가벼운 기분으로 서점에 가는 거죠. 그래
서 원래는 서적용이 아닌, 실제 슈퍼마켓 매장 같은 곳에서 사용되는
보관용 플라스틱 바구니 350개를 특별히 주문했어요. 대만에서는 1개
가 200위안(약 8,000원) 정도로 어디서나 살 수 있어요. 보통은 초록
색이 많은데 회색으로 색을 바꿔 달라고 의뢰했어요. 그걸로 이렇게
책장과 평대를 만든 거죠.

바구니만으로는 책이 손상될 수도 있고 너무 인공적이어서 책장의 책
을 받치는 부분에는 우리가 줄질을 한 목재를 사용했어요. 그래서 분
위기가 부드러워졌어요. 이 바구니에는 손으로 잡을 수 있는 부분이
있기 때문에 책을 넣고 그대로 옮길 수도 있고 레고처럼 몇 단이고 쌓
을 수도 있고 의자나 테이블을 만들 수도 있어요. 이렇게 여러 용도
로 쓸 수 있어서 굉장히 편해요. 이벤트를 할 때도 바로 정리해서 공
간을 만들 수 있고요. 북페어에 갈 때는 이대로 책을 가지고 가기도
해요. 무엇보다 일반적으로 쓰는 소재가 아니기 때문에 사람들의 눈
을 사로잡아 서점의 인상을 각인시킬 수 있어요. 그러고 보니 예전에
500위안(약 2만 원) 이상 구입하면 슈퍼에 갈 때 사용할 수 있는 에
코백을 증정했어요. 파란색과 흰색의 스트라이프 무늬가 귀여운 에
코백이었어요.

아오이 유우의 팝업북
《거짓말(うそ。)》은
이미 20권 이상
팔렸다고 한다.

+++ **서점의 일본 책 코너에는 마니아층이 볼 것 같은 책까지 있던데요, 천빙썬 씨가 정기적으로 일본에 가서 사오신다고 예전에 들었어요.**

일본에는 2개월에 1번 정도 책을 사러 가요. 한 번에 헌책을 400~500권, 40~50만 엔(약 440~550만 원) 정도 대량으로 구입해 오죠. 기치조지의 햐쿠넨, 시모키타자와의 클라리스북스와 같은 중고서점을 주로 가는데, 진보초는 이제 비싸져서 자주 가지는 않아요. 찾는 책이 일본의 전통적인 고서라기보다는 디자이너가 좋아할 것 같은 디자인에 특화된 책, 예술 관련 책이니까요. 그리고 즈시逗子에는 예술 관련 책 종류가 많고 사람들이 아직 많이 모르기 때문에 일전에 7만 엔(약 77만 원) 정도 구입한 적이 있어요(웃음). 구입하면 바로 근처 우체국에서 배편으로 발송하고 다음 역으로 갑니다. 일본의 책 이외에도 토트백, 엽서, 매년

1번 있는 '활판 도쿄活版 TOKYO' 이벤트 등에서 구입한 잡화나 문구도 팔아요. 잘 팔려서라기보다는 종류가 다양하고 재밌으니까 서점 안에 진열하고 있어요.

+++ **그렇게 일본에서 매입한 것을 팔면 수익은 남나요?**

그렇게 보이지 않을 수도 있지만 수익이 분명히 있죠(웃음). 판매하는 책은 전부 깨끗한 새 제품처럼 보이지만 전부 중고예요. 붙어 있는 가격의 40퍼센트가 매입할 때 가격이기 때문에 60퍼센트가 매출 총이익입니다. 그런데 책에 따라서는 밑도는 경우도 있

전원도시의 책장 콘셉트는 '시장'이에요. 시장은 정말 신나는 곳이잖아요.

동물 크레용은 하나에 40위안(약 1,600원)

기 때문에 1권당 최저 300~400위안(약 12,000~16,000원)의 이익이 나오도록 가격을 설정하고 있어요. 많이 입고하면 많이 팔리니까요. 일본의 책은 굉장히 잘 팔리는 편이에요. 그런데 다른 서점이 이렇게 한다고 해도 잘되기는 어려울 거예요. 어떤 책이 가치가 있는지, 그 책을 누가 살 것인지는 출판업계에 35년이나 종사한 저의 축적된 경험이 있기 때문에 알 수 있는 것이라고 생각해요. 갤러리의 영향도 있어서 최근에는 일본 책의 판매도 좋아 한 번에 매입하는 양도 늘어났어요. 대만의 디자인 회사가 사무실에 둘 책을 사러 전원도시에 찾아와요. 한 번에 1만~1만 5,000위안(약 40~60만 원) 정도를 사 간 사람도 있어요. 2018년 7월 말에는 서점에서 책도 판매하고 있는 기토 후지오木藤富士夫 씨와 아키모토 쓰쿠에秋元机 씨의 2인전을 개최하는데, 최근에는 일본뿐만 아니라 홍콩, 한국과 같은 해외 작가들이 독립출판물이나 직접 제작한 잡지 등을 전원도시에서 위탁 판매하는 경우도 늘고 있어요. 일반 서점에서는 살 수 없는 것들이에요. 배송으로 받을 때도 있고 직접 가지고 오는 경우도 있는데, 이런 제작물은 반품도 받아주세요. 제가 일본에 가는 김에 가지고 가기도 해요(웃음). 일본에서 대량으로 구입하는 것은 대만에서 거리가 가깝기 때문인데 앞으로 비즈니스가 안정적으로 자리 잡으면 미국이나 유럽으로도 진출하고 싶어요.

+ PUBLISHER/BOOKSTORE

《숲. 북1 워크》는 영어, 일본어, 중국어의 3개 국어를 병기했다.

+++　　　예전에 도쿄 다와라마치에 있는 서점 '리드인 라이트인 북스토어Readin' Writin' BOOKSTORE'에서도 전원도시의 책이 있는 걸 본 적이 있어요. 판매를 한 건가요?

네. 일본에 갈 때는 항상 아사쿠사에 머물면서 리드인 라이트인 북스토어의 오치아이 씨에게 책을 가져갑니다(〈꽁치〉도 천빙쎤 씨를 통해서 판매하고 있다). 그리고 진보초에 있는 건축 전문 난요도서점南洋堂書店에도 매번 책을 납품하러 가요. 예를 들어 스에미쓰 히로카즈·스에미쓰 요코末光弘和·末光陽子가 쓴 《숲. 북1 워크SUEP. BOOK1 WORK》라든지……. 일본의 건축가 유닛 '숲.SUEP.'의 책인데 대만에서 개최한 전시회가 계기가 되어서 출판하게 된 대만 오리지널 작품집이에요.

일본의 서점을 많이 돌아보다 보면 츠타야 서점이 아닌 거리의 작은 서점에서도 개성 넘치는 공간과 이야기를 발견할 수 있어요. 그래서 매번 가는 서점 이외에도 새로운 서점이 생기면 찾아가고 있어요. 거기서 자극

을 받고 대만에 돌아와 여기 서점에서 아이디어를 실행에 옮겨보기도 하는데 반드시 모든 것이 대만에 적용 가능한 건 아니에요. 그래도 일본 시장은 대만보다 크기 때문에 일본의 아이디어가 대만에서 적용 가능한 경우가 많아요. 그리고 리드인 라이트인 북스토어처럼 거래나 공동 기획이 가능한 일본의 서점을 항상 찾고 있어요. 대만 국내외를 가리지 않고 책의 가능성을 더 넓히고 싶어서죠.

+++　　　전원도시의 출판 부문에서는 1년에 몇 권 정도 책을 내나요?

최근에는 1년에 12권 정도 내고 있어요. 예전에는 사내에서 기획하고 편집해서 출판했기 때문에 1권을 출판한 다음에 다음 책으로 넘어갔어요. 그래서 출간하는 권수가 많지 않았어요. 그런데 최근에는 기획 투고가 많아서 저자가 있고 원고가 있으면 바로 출판할 수 있는 시스템이 갖춰졌어요. 최근에는 독립출판이 활발하게 이루어지고 있기 때문에 책을 출판하고 싶은(하고 있는) 작가나 아티스트가 출판사가 함께 출판하는 선택지도 있어요. 이런 저자를 출판사가 찾아내는 경우도 있고요. 새로운 방식이어서 설명이 쉽지 않은데 원고나 아이디어를 가지고 오는 사람은 마음이 급하기 때문에 바로 출판할 수 있는 속도감이 중요합니다. 그리고 전원도시는 책의 유통에서도 유리

한 부분이 있어요. 후지이 가쓰유키藤井克之 씨의 《일본과 대만의 풍경화日本與臺灣的風景畫》와 같이 작가가 돈을 내고 전원도시가 출판해서 전시회에서 판매하는 방식도 있고, 주주朱韮 씨의 시집처럼 이미 인쇄되어 완성된 책을 서점에 유통시키는 방식도 있어요. 이 경우에는 반드시 전원도시의 이름을 사용하지 않아도 됩니다. 대만 출신의 사진가 리웨링李岳凌이 일본에서 출판한 사진집 《로우 소울Raw Soul》의 대만 유통은 우리의 도매 경로를 이용하는데, 그러니까 대만의 서점이 이 사진집을 입고할 때는 전원도시를 통해야 하는 거죠. 독립서점, 청핀서점과 보커라이, 미술관과 관광지의 선물 판매점 등을 포함한 약 100여 개의 점포에 책을 공급하는데 마진은 정가의 30퍼센트 정도입니다. 한마디로 '출판사', '서점'이라고 해도 여러 가지 방식, 다양한 가능성을 모색하고 있어요. 서점이 그냥 서점만 하면 되는 시대는 지났어요. 출판사도 마찬가지입니다. 대

예미미(葉覓覓)의 시집 《갈수록 더욱 멀리(越車越遠)》(왼쪽)는 전원도시에서 출판한 책이다. 표지는 헝겊이고 책 제목은 자수로 되어 있는데, 2015년의 보커라이 '좋은 북디자인'에도 선정되었다.

만은 지금 바로 그 과도기에 있어요. 그렇기 때문에 전원도시는 항상 최전선에 서서 달리면서 실험을 계속하고 있어요. 지금은 대형 출판사·서점이 우리의 작은 서점·출판사의 경험과 노하우에 주목하고 있어요.

+++ 그렇다면 출판업계에 진출하려는 젊은 사람들이 상담을 위해 찾아오는 경우도 많나요?

네, 많아요. 서점이나 출판사를 시작하려는 사람들은 대부분 혼자기 때문에 책을 고를 수는 있어도 경영까지는 생각이 못 미치거나 편집은 할 수 있어도 마케팅에 대해서는 잘 모르거나 해외의 사정까지는 파악하지 못 하는 경우가 있어요. 그럴 때는 업계의 현 상황이나 제 자신의 경험을 솔직하게 말해줘요. 생각을 하기 위한 재료를 제공하는 느낌으로요. 우리는 항상 실패하면서 일을 해왔기 때문에 그만큼 성공의 경험도 풍부하니까요(웃음).

왼쪽이 리웨링의 사진집 《로우 소울》

+ PUBLISHER/BOOKSTORE

'양적'인 변화보다는 '질적'인 변화를 쌓아간다

+++　　　대만에서는 청핀서점의 영향력이 아주 크다고 들었는데 실제로
그렇게 생각하시나요?

실제로 청핀서점은 보커라이와 함께 많은 책을 판매하고 있지만 오프
라인에서 서점이 경쟁 상대 없이 독주하는 것은 출판사 입장에서는
좋은 일이 아니에요. 지금의 청핀서점은 책을 판매하는 것보다는 임
대 사업에서 주로 수익을 얻고 있기 때문이죠. 책은 위탁 판매고 할인
도 많기 때문에 출판사가 거기에만 의존할 수 없어요. 타이베이와 타
오위안에서 문구 등도 같이 취급하는 덴자오스墊脚石, '디딤돌'이라는 뜻라
는 체인 서점도 그렇고요.

이에 대해 독립서점끼리 연대하는 경우도 있어요. 아직은 지열별로 독
립서점이 1~2개밖에 없는 상황이기 때문에 독립서점끼리 크게 경쟁
하고 있다는 생각은 들지 않아요. 현재는 독립서점이 모여 협회를 만
들어 각각 입고하려는 책을 정리해서 출판사와 조정하고 있어요. 협
회가 어떤 의미에서 중개의 기능을 담당하는 거죠. 하지만 운영 비용
이 들기 때문에 책을 판매할 때 조금 마진을 더해야 하고 주문 정리에
시간이 걸리기 때문에 아주 효과적이라고는 할 수 없어요. 매년 열리
는 타이베이 국제도서전에서는 최근 5~6년 동안 독립서점·독립출
판사의 참가비를 무료로 해주거나 우대해 주고 있는데 직접 출판한 책
이 없다면 다른 출판사의 책을 팔아야 하기 때문에 서점의 존재를 어
필하는 것이 메인이 됩니다.

사진가 쉬성위안(徐聖淵)의 《스트레인저스
(STRANDERS)》도 전원도시에서 출판했다.

田園城市

+++ 전원도시의 앞으로의 비전을 알려주세요.

앞으로도 라이프스타일을 중심으로 서점과 출판사를 운영할 거예요. 그러니까 서점의 공간 디자인이 가장 중요하겠죠. 공간을 더 넓힌 다음 갤러리 공간을 활용해서 라이브 공연, 세미나, 퍼포먼스와 같은 여러 콘텐츠를 만들려고 해요. 어느 한 가지에 특화시키려는 것은 아니지만 역시 그 중심에 있는 건 라이프스타일이에요. 출판사는 이미 판매 루트를 확보해 두었기 때문에 이 부분도 더 유동적으로, 또 더 적극적으로 활용하려고 해요. 미래의 모델이 어딘가에 있는 것이 아니기 때문에 스스로 만들 수밖에 없어요. 하지만 부족한 부분을 알려주는 것은 역시 고객의 실제 목소리예요.

제가 생각하는 좋은 서점은 확실한 비전과 콘셉트를 가진 서점이에요. 그런 서점 중에 유니크한 곳을 꼽자면 신베이에 있는 '소소책방', 아트큐파이ArtQpie라고 하는 젊은 크리에이티브 팀이 타이중에서 경영하고 있는 '책 북사이트本冊 Book Site', 개성이 넘치는 타이난의 중고서점 '성 남쪽 옛 점포城南舊肆' 정도가 있을 것 같아요. 그리고 최근에 주베이에 오픈한 '혹은或者'도 있어요. 비전이 확실하고 매일 재미있게 진화해야 해요. 현대의 서점 경영은 그렇게 간단하지 않습니다.

+++ 젊은 세대에게 '전원도시처럼 서점과 출판사를 오래 유지하기 위해서는 어떻게 해야 할까요?'라는 질문을 받는다면 뭐라고 대답하시겠어요?

'끊임없이 변화하는 것'에 도전해야 합니다. 작은 변화라도 괜찮으니까 조금씩 발전해 나가는 거예요. 지금 있는 곳에서 움직이지 않고 가만히 있는 것이 가장 위험합니다. '아, 오늘도 잘 안 됐네'라고 한숨만 쉬고 있어서는 아무것도 변하지 않아요. 변화해야 경험이 생겨요. 그 경험이 쌓여서 나중에 굉장한 힘이 되는 거예요. 그것은 단순히 서점이 커지거나 서점을 새롭게 꾸미는 양적인 변화가 아니라 자신이 가진 특색, 내면, 인격, 그리고 마음으로 이어진 고객과의 관계성 같은 질적인 변화입니다. 전원도시에 올 때마다 항상 재미있다고 생각할 수 있도록 말이죠. 저의 모토는 '힘을 빌려서 쓰다借力使力'입니다. 상대방의 힘을 빌려서 자신의 힘으로 만드는 거죠. 이것도 하나의 경험이라고 생각하고 두려워하지 않고 천천히 도전해 보세요. 경험을 하다 보면 실패가 더 이상 무섭지 않아요. 저도 예전에 그랬으니까요(웃음).

+ PUBLISHER/BOOKSTORE

>>> 田園城市 Garden City

전원도시
臺北市中山區中山北路二段72巷6號
No.6, Ln. 72, Sec. 2, Zhongshan N Rd., Zhongshan Dist., Taipei City 10491, Taiwan
02-2531-9081
영업시간 일~수요일 10:00~19:00, **목~토요일** 10:00~20:00
+++ zh-tw.facebook.com/gardencitypublishers

田園城市

BOOK++++++++
>>REVOLUTION
= in -> TAIPEI <-

+ BOOKSTORE

13.

= INTERVIEW

배움을 통해
강력한 커뮤니티를 만드는
거리의 독립서점

小小書房
Small Small Bookshop

소소책방

타이베이의 서점을 돌아보다 보니 《개점 지침서開店指'難'》라는 책이 자주 눈에 띄었다. '인테리어는 이케아IKEA로도 괜찮나요?'와 같은 질문에 답하면서 서점 개업에 관한 어려움에 대해 설명한 책으로 이 책의 저자 훙펑虹風 씨가 바로 '소소책방小小書房'의 주인이다. 학생들이 많이 사는 신베이시 융허구에 위치하며 오픈한 지 12년이 되었다(2018년 기준). 청핀서점에서 회보 〈좋은 독서好讀〉의 편집과 온라인 부문의 운영 등을 하다가 독립해서 서점을 열었다고 한다.

다양한 책을 취급하는데, 그중에서도 특히 문학, 인문·사회과학과 관련된 비교적 강경파의 책이 눈에 띄었다. 최근에는 환경문제나 영속농업permaculture 서적에 주력하고 있다고 한다. 서점의 이름에 대해서 물어보니 "서점에서 판매하는 책이 딱딱하기 때문에 이름은 가볍고 쉽게 들어갈 수 있는 느낌을 내고 싶어서"라고 대답해 주었다. 가끔 아동서 전문 서점으로 오해받는 경우도 있다고 한다.

서점은 카페와 이어져 있고 지하에는 작은 이벤트 공간이 마련되어 있다. 월요일은 문예연구, 화요일은 문장 교실, 수요일은 대만어 강좌, 목요일은 사회학 독서회 등등 요일별로 매일 '읽는 체험'을 지원하는 작은 강좌나 독서회를 개최하고 있다(금요일에는 출간 이벤트 등을 위해 스케줄을 비워놓는다). "철학과 음악, BLBoys Love 강좌도 있어요. 우리가 하고 있는 것은 특정한 유형의 독서 인구를 천천히 늘려나가는 것과 작가와 밀접하게 교류하는 것입니다." 이곳에서는 대형서점에서는 만들기 어려운, 작지만 강력한 커뮤니티가 만들어지고 있었다.

출판도 하고 있다. 독특한 점은 문장 교실에서 만드는 잡지 〈소소생활小小生活〉이다. "융허 지역의 생활이나 역사를 주제로 수강생이 기획하고 취재, 글쓰기도 저희가 지도해요. 최신호에서는 거리의 오래된 문구점을 취재했어요. 수강생은 자신의 생활권에 관심을 가지고 그 이야기를 취재하기 위한 기술을 익혀요. 현대인의 생활은 독립되어 있지만 서로를 인식하고 깊이 이해하는 것을 통해 매매나 소비로만 이어진 관계에서 벗어날 수 있어요. 그것이 사회 커뮤니티로 들어가는 것입니다."

최소 100년은 이어지는 서점을 만들고 싶다고 한다. "우리의 경영의 핵심은 '축적'과 '나눔'입니다. 10년 단위로 단계를 나눠서 생각하고 있는데 제가 50세가 되면 후계자를 키우려고 생각 중이에요."

小小書房

서점 지하는 이벤트 공간이다.

+ BOOKSTORE

홍펑 씨가 쓴 서점 개업 지침서인 《개점 지침서》와
10주년 기념으로 책과 출판에 대해 이야기한 《글 다루는 사람들(馴字的人)》

>>> 小小書房 Small Small Bookshop

소소책방
新北市永和區文化路192巷4弄2-1號
No.2-1, Aly. 4, Ln. 192, Wenhua Rd., Yonghe Dist., New Taipei City 234, Taiwan
02-2923-1925
영업시간 월~토요일 13:30~22:30 **일요일** 13:30~21:00
+++ smallbooks.com.tw

小小書房

BOOK+++++++
>>REVOLUTION
= in -> TAIPEI <-
+ BOOKSTORE

14.

서점 드라마에서 탄생한 서점

= INTERVIEW

閱樂書店
YUE YUE&Co.

웨웨서점

시내에서 동쪽으로 가다 보면 나오는 쑹산문창원구는 화산1914문창원구와 함께 타이베이 '문화창의文化創意'의 거점 지역이다. 식물원 같은 입구를 빠져나가면 벽돌로 지어진 중후한 2층 건물이 쭉 이어져 있다. 이곳은 일본 식민지 시대였던 1937년에 건설된 거대한 담배공장이 있던 곳이다. 그 안쪽에 마치 발견해 주기를 기다리는 것 같은 초록색의 목조로 된 단층집이 보였다. 일본 메이지시대의 초등학교 같은 이 서점이 바로 웨웨서점이다.

서점 안으로 들어가니 천장을 가로지르는 아름다운 들보 구조가 눈에 들어왔다. 가죽을 씌운 소파에는 백열등이 부드러운 빛을 비춘다. '레트로'라는 말이 아주 잘 어울리는 분위기의 서점 카페다. 점장인 천웨이하오陳威豪 씨(1975년생)는 2017년 4월부터 일을 시작했는데, 그전에는 굿모닝재경문화早安財經文化라는 경제경영 서적을 위주로 출판하는 출판사에서 영업 담당으로 일했다. 파랑새서점(54쪽)의 차이산산 씨가 말한 대로 이 건물이 2014년에 '골목 안 그 서점巷弄裡的那家書店'이라는 독립서점을 무대로 한 연애드라마 촬영지로 사용된 것이 계기가 되어 웨웨서점이 탄생했다.

"몽전문창夢田文創이라는 드라마 제작회사가 여기 있었지요. 이 건물은 원래 담배공장의 탁아소였어요. 공장에서 일하는 사람들의 생활이 이 일대에서 해결될 수 있도록 한 거죠. 드라마 촬영을 위해서 새롭게 정비하고 책장을 설치했어요. 책은 고른 기준은 '사상과 크리에이티브'. 개념이 바뀔 수 있는 관점을 제시하는 책이죠."

'골목 안 그 서점'에서 주인공은 여자친구의 실종을 계기로 의사를 그만두고 이란宜蘭에서 '웨웨서점'의 점주로 일하기 시작한다. 그런데 여자친구가 실종되기 전에 집필하던 소설에도 사실 동명의 서점이 등장한다는 사실이 드러나면서…… 상상과 현실이 교차되는 스토리다. 가게 안의 복도로 나가면 갤러리가 보인다. 서점이 주최하는 이벤트도 월 2~3회 정도 진행된다. 토크 이벤트의 요점을 모조지에 써서 전시해 둔 것도 재미있다. "어제도 다큐멘터리 영화의 촬영이 있었어요. 하지만 책 판매와 촬영만이 아니라 다원적·다각적인 경영을 통해 사람들과의 접점을 가능한 한 늘리고 싶어요. 오시는 분들이 사진만 찍고 돌아가지 않도록 말이죠."

서점 개업을 다룬 드라마
'골목 안 그 서점'을 소설화한 책

>>> 閱樂書店 YUE YUE&Co.

웨웨서점
臺北市信義區光復南路133號
No.133, Guangfu S. Rd., Xinyi Dist., Taipei City 110, Taiwan
02-2749-1527
영업시간 월~금요일 11:30~18:30 **토~일요일** 10:00~20:00
+++ www.facebook.com/yueyue.company

閱樂書店

BOOK+++++++
>>REVOLUTION
= in -> TAIPEI <-

+++ BOOKSTORE

誠品書店
The eslite bookstore

청핀서점

林萱穎 + 楊淑娟
Shine Lin + Emily Yang

BOOK+++++++   + BOOKSTORE
>>REVOLUTION
= in -> TAIPEI <-

15.

= INTERVIEW

예술 · 인문서 북셀렉션으로
대만 서점의 새로운 시대를 연
대형 라이프스타일 서점

린쉬안잉 林萱穎, Shine Lin

1975년 타이베이 출생

양수쥐안 楊淑娟, Emily Yang

1972년 타이난 출생

청핀서점 誠品書店 디렉터 + 시니어매니저

+++   서점 안에 부엌 시설을 만들어 임차인으로 다른 업종을 받아들인다. '라이프스타일 서점'의 개척자로 아름다운 인테리어 등으로 일본 츠타야서점의 모델이 되었다고도 하는 이곳은 '청핀서점'이다. 타이베이 시내에 대형 점포를 다수 가지고 있으며 최근에는 중산 지하상가의 서점 거리를 리노베이션한 것으로도 화제가 되었다. 2019년에 일본으로 진출한다는 소식도 들려왔다. 점포와 이벤트 운영에서 각각 중요한 역할을 맡고 있는 직원의 이야기에서도 창업자의 이념이 묻어났다.

          誠品書店

독서와 예술의 생활문화를 부흥시키기 위해

+++ '대만의 서점 문화에 대해서 논하려면 청핀서점을 빼고는 설명이
불가능하다'는 이야기를 많이 들었어요. 먼저 연혁을 알려주세요.

양수쥐안(이하 양) 1989년 3월 12일에 창립된 청핀서점은 2019년에 딱
30주년이 됩니다. 현재 45곳의 점포(대만 41, 홍콩 3, 중국 1)가 있고,
직원은 대만에만 약 700명 정도가 있어요. 주요 사업은 서적 판매지만
이 이외에도 쇼핑몰, 콘서트홀, 영화관, 극장, 갤러리, 레스토랑, 카페,
바, 호텔 등 여러 업종을 운영 중입니다. 이런 사업의 다각화는 창립할
때부터 시작했는데 서점 1호점(둔난점) 안에는 이미 갤러리, 아트 공
간, 티룸이 있고, 서양 공예 브랜드도 입점해 있어요.

린쉬안잉(이하 린) 창업자인 우칭유吳清友는 원래 주방설비회사를 경영
했는데 서점이나 갤러리는 당시 39세였던 그에게 완전히 새로운 사업
이었어요. 본업에서는 굉장히 성공했지만 정신적으로 뭔가 공허감을
느끼고 있던 중에 자신의 존재의식을 찾으려고 시작했다고 해요. 1987
년에 계엄령이 해제된 후에 대만에서 독서와 예술과 관련된 생활문화
가 거의 사라진 것에 대해 한탄하면서 자신이 정말 하고 싶은 일을 하
기 위해 서점과 갤러리를 열었어요. '독서 Reading'와 '예술 Art'은 정신적
인 부분에서 창업자가 굉장히 중요하게 생각하던 두 가지예요. 그렇
게 해서 1989년에 타이베이 런아이둔난 로터리 앞에 인문 · 예술 전문
서점으로 청핀서점을 오픈하게 되었어요. 판매한 서적 장르는 쭉 '예
술 · 인문 · 문학' 서적입니다.

우리가 창업 이후 쭉 중요하게 생각한 세 가지 핵심 비전은 '공간', 그
리고 그곳에서 발생하는 '이벤트', 그 공간과 이벤트를 연결하는 '사
람'이에요. 서점 다음에 시작한 콘서트홀, 영화관, 레스토랑과 같은 사
업도 전부 이 비전이 발전해서 만들어진 거죠.

양 그래서 청핀서점의 직원들은 자신이 책만 파는 사람이라고 생각하
지 않아요. 우리는 '읽는 행위'와 관련된 모든 일을 해요. 청핀서점이
라는 공간에 들어오는 모든 사람이 소중한 한 권의 책과 만나는 것뿐

청핀서점 신이점의
잡지 코너

+ BOOKSTORE

만 아니라 자신의 마음이 편안해지는 무언가를 발견했으면 좋겠다고 전 직원이 생각하고 있어요.

린 저와 양수쥐안 씨는 오랜 기간 서점 직원으로 일했어요. 현재 양수쥐안 씨는 타이베이에서 가장 중요한 3개 점포(둔난점, 신이점, 쑹옌점)의 총괄 매니저로 일하고 있고, 저는 대만 내 전 지점의 마케팅 관련 책임 디렉터를 맡고 있어요. 지금은 둘 다 매장의 최전선에서 일하는 건 아니지만 우리가 서점 직원이라는 사실은 항상 잊지 않아요.

+++ **두 분 모두 청핀서점에서 사회생활을 시작했나요? 아니면 다른 일도 한 적이 있나요?**

양 청핀서점은 두 번째 직장으로 청핀서점 전에는 초등학교 비상근 교사로 일했어요. 하지만 항상 나는 서점에서 일을 해야 한다고 생각했기 때문에 고향인 타이난에 청핀서점이 처음 생겼을 때 바로 지원했어요. 그

때부터 18년이 지나 올해(2018년)로 일한 지 19년이 되었어요.

린 저도 벌써 20년째인데요. 마찬가지로 청핀서점이 두 번째 직장이에요. 처음에는 라디오 디제이를 했어요. 대학에서는 무역을 전공했기 때문에 디제이, 서점 직원 모두 부모님이 좋아할 만한 직업은 아니었어요. 서점에서 3년을 일한 후에 겨우 제가 좋아하는 직업을 선택했다는 걸 아셨는지 지금은 부모님도 응원해 주세요.

양 저도 서점에 들어오고 처음 반년은 부모님께 이직했다고 말을 못 했어요(웃음).

+++ **아까 세 가지 비전에 대해서 말씀하셨는데 양수쥐안 씨가 '공간' 담당, 린쉬안잉 씨가 '이벤트' 담당이 되는 건가요?**

린 아, 그건 아니고요. 저희 입장에서 보면 그 세 가지 요소는 서로 떼어놓을 수 없어요. 이벤트를 만든 사람이 저라고 해도 양수쥐안 씨와의 협력 없이는 실현이 불가능해요. 공간을 통해 고객이 이벤트를 체험하고 서점이 즐거운 공간이라고 생각해 주는 것이 중요해요.

양 서점에서 일하는 사람들은 모두 독자가 가장 활동적이라는 사실을 알고 있어요. 우리는 그냥 책과 독자가 만나는 공간을 만드는 것뿐이에요.

誠品書店

1989년에 문을 연 청핀서점 1호점인 둔난점의
당시 모습. 〈신휘수이〉 제1호에 실렸던 사진이다.

중산역 지하상가에 있는 청핀R79 내부. 분야별로 나눠진
방이 아치형 터널로 이어져 있다.

책과 그에 관한 모든 것

+++ **청핀서점의 이벤트는 어느 정도 빈도로 열리나요?**

린 연간 5,000개 정도의 이벤트가 열려요. 전부 우리가 기획하는 건 아니고 청핀서점 전 지점에서 열리는 이벤트가 전부 5,000개 정도 됩니다. 이렇게 많이 열리는 건 관심을 가져주는 독자들이 많기 때문이에요. 서점 내에서 이벤트를 개최하는 건 독자에게 항상 기대감을 주기 위해서예요. 우연히 청핀서점을 찾아도 항상 재미있는 일, 비일상적인 일과 만날 수 있어요. 우리가 공간·이벤트·사람을 조합해서 창의적인 무언가를 만들어내는 건 서점이 독자의 생활권 안으로 들어가 그곳에서 새로운 일을 체험할 수 있도록 하기 위해서예요. 이벤트를 가장 활발하게 개최하는 곳은 신이점입니다. 6층 건물인데 큰 이벤트가 열리면 위아래 두 층을 사용하고, 주말에는 다른 층에서 동시에 여러 이벤트가 개최되고 있어요. 한 달에 평균 40~50번의 이벤트가 열리는 것 같아요. 쿠킹스튜디오를 사용한 요리교실도 매주 하고 있어요.

+++ **특히 주력하는 부분이 있으면 알려주세요.**

린 대규모 기획이 몇 개씩 같이 진행되기 때문에 선택하는 것이 어려운데, 2018년에도 5월, 7월, 9월에 각각 큰 전시가 예정되어 있어요. 7월에는 데즈카 오사무 手塚治虫 탄생 90주년을 맞아 '24시간 데즈카 오사무 서점'이라는 타이틀로 둔난점에서 대형 만화 패널을 전시하고 청핀R79에도 팝업 전시공간을 만들어요. 9월에는 이와사키 치히로いわさきちひろ 탄생 100주년을 기념해서 일본의 치히로미술관과 제휴를 맺고 청핀R79에서 대규모 전시회를 열

어요. 요즘 인기가 굉장히 많은 젊은 작가 장시張西, 뉴욕타임스에 실린 적이 있는 삽화 작가 찬베이무川貝母와 컬래버레이션을 한 아트 작품을 지하상가 통로 전체에 전시할 계획이에요. 곧 있을 이벤트로는 5월 말에 스위스의 유명한 출판인이자 디자이너인 라르스 밀러Lars Muller를 초청해서 신이점에서 대만 첫 전람회 '종이 사이의 현실: 진실한 디자인에 응답하다紙間現實: 回應眞實的設計'를 개최해요. 교토, 도쿄, 상하이를 순회하고 대만으로 오는 것인데, 북커버를 디자인하는 워크숍도 예정되어 있어요. 그리고 9월에는 중산역 부근 미쓰코시백화점 2호점이 있던 자리에 청핀생활誠品生活 난시점을 오픈합니다.

+++ 청핀서점을 모델로 한 서점도 많은데, 세계적으로 선진적인 사례로 인정받는 이유는 뭐라고 생각하세요?

양 대답은 하나밖에 없어요. 청핀서점의 캐

치프레이즈를 보면 그 이유를 알 수 있어요. 'Books and Everything in Between'. 그러니까 '책과 그에 관한 모든 것'이라는 의미인데 우리는 항상 '읽는다'와 관련된 여러 행위에 대해서 계속 논의하고 있어요. 서점에서 이렇게 오래 일할 수 있는 건 서점이라는 공간이 다채로워져서 많은 사람들이 독서에 더 관심을 가지게 되어 독자의 '어떤 책을 읽으면 좋을까?'라는 질문에서 시작되는 커뮤니케이션이 가능해지길 항상 바라기 때문입니다. 우리가 선진적이라고는 생각하지 않아요. 서점을 하려면 겸손해져야 한다고 창업자가 항상 말씀하셨어요. 화려한 서점이 아니라 사람들의 인상에 남는 서점을 만들고 싶어요.

린 이벤트를 예로 들어서 말씀드리고 싶어요. 얼마 전에 다른 서점에서는 잘 볼 수 없는 특별한 이벤트를 열었어요. 저희 서점에서는 한 권의 책을 위해 공간을 마련해서 특별 전시를 기획하는 경우가 있어요. 일본의

청핀그룹이 매달 발행하고 있는 무료잡지 〈제안〉

청핀R79의 지하상가에 이와사키 치히로의 수채화와 장시의 글이 합쳐진 패널이 전시되었다(2018년 9월).

誠品書店

〈어른의 과학大人の科学〉이 아주 좋은 잡지라고 생각되어 몇 번이나 편집자를 취재하러 갔었는데, 2013년에 이 잡지 부록이었던 핀홀형 플라네타륨 '리얼 스타'를 사용해서 신이점에서 이벤트를 개최했어요. 이 플라네타륨은 5만 개의 별을 투영할 수 있는 엄청난 부록이었죠. 서점 안의 책장과 책장 사이에 관상용 방을 만들어서 '서점의 천문대'라고 이름을 붙이고 '서점에서 가장 아름다운 별이 반짝이는 하늘을 보지 않을래요?'라고 광고를 했죠. 그해에는 편집장인 니시무라 도시유키西村俊之 씨를 초대해서 이벤트 투어를 돌았어요. 니시무라 씨는 이런 일은 일본에서는 불가능하다며 귀국하실 때 안타까워했어요. 〈어른의 과학〉은 과학 잡지잖아요. 그 편집자들은 모두 어릴 때부터 각켄学研 출판사에서 나오는 과학책을 읽으며 자랐다고 들었어요. 모두가 어린 시절에 가졌던 열정을 어른이 되어서도 계속 간직했으면 좋겠어요. 그런 마음이 호기심 넘치는 잡지를 만들었다고 생각해요.

독립서점과 온라인 서점이 함께 가능성을 찾는다

+++　　　**독립서점이나 온라인 서점에 대해서는 어떻게 생각하세요?**

린 대만의 독립서점 주인들은 정말 존경스러워요. 청핀서점을 그만두고 직접 서점을 시작한 사람들과도 교류를 해요. 우리는 항상 독서 시장을 넓히고 싶다고 생각하니까요. 그건 독립출판사에 대해서도 마찬가지인데, 청핀서점에서는 독립출판사 전용 코너를 마련해서 책을 판매하고 있어요. 보통 서점에서는 이렇게 독립출판사라는 카테고리로 묶어 판매하지는 않기 때문에 청핀만의 특색이라고 생각해요.

양 독립서점과의 컬래버레이션에 대해서 한 가지 사례를 소개할게요. 청핀서점이 2014년에 25주년을 맞이했을 때 명작 고전을 소개하는 기획을 한 적이 있어요. 대만의 독자를 위해서 500권의 고전을 골라 한 권 한 권의 표지에 편집자가 쓴 추천문을 넣어 특별히 설치한 진열대에서 판매했죠. 이 기획에 대해서 들은 타이중, 타이둥, 타이난, 화렌처럼 청핀서점이 없는 각지의 독립서점에서 이 아이디어를 쓰고 싶다는 연락이 왔고, 당연히 그렇게 하라고 했어요. 그 추천문을 청핀서점이 매달 1일에 발행하는 소책자 〈제안提案〉에 실어서 각지의 독립서점으로 한 서점당 100권 정도씩 보냈어요. 지역 독자와의 교류에 활용했으면 좋겠다는 의미로요. 이런 시도를 통해 독립서점과의 관계도 돈독해졌어요.

+ BOOKSTORE

청핀생활 쑹옌점 옆에 있는 호텔 '청핀여행'은 전부 104실.
1층 라운지에도 책이 쭉 꽂혀 있다.

청핀생활 쑹옌점 내에는
분유리 체험을 할 수 있는 공방도 있다.

誠品書店

화려한 서점이 아니라
사람들의 인상에 남는
서점을 만들고 싶어요.

'청핀 맛 시장'에서는 대상 식품과 책을
세트로 15퍼센트 할인해서 판매하는 페어
'책반찬(書菜配)'도 개최했다(2018년 6월).

+++　　　　온라인 서점과의 관계성에 대해서는
어떻게 생각하세요? 그리고 독자가 오프라인
서점을 찾도록 만들기 위해 어떤 노력을 하는
지도 알고 싶어요.

전 세계 어느 곳에서든 온라인 서점이 오프
라인 서점에 큰 영향을 미치는 것은 이제 피
할 수 없는 조류예요. 그렇기 때문에 오히려
더 오프라인 서점의 존재가 아주 소중하죠.
청핀서점이 소중하게 생각하는 '책과 사람
이 만나는 좋은 공간을 제공한다'는 정신에
는 변함이 없어요. 다만 온라인 서점도 운
영하는 저희 입장에서는 온라인과 오프라
인 사이에서 다른 새로운 가능성을 찾아보
고 싶어요. 온라인 서점이 강세를 보이는 흐
름을 바꾸는 것이 아니라 열린 마음으로 받
아들이고 적응해 나가야 해요.

오프라인 서점만의 새로운 가능성으로 2018

년 6월에 리뉴얼한 신이점 3층에서는 '청
핀 맛 시장誠品知味市集/the eslite flavor Marché'이
라는 이름으로 시장같이 꾸민 이벤트 공간
을 마련해서 레시피북과 함께 신선한 야채
와 과일을 판매할 예정입니다. 혼자 사는
사람이 구입하기 좋은 양으로 포장된 식재
료와 함께 요리 방법을 알 수 있는 책도 살
수 있고, 요리교실에서는 식재료를 사용해
서 실제로 요리도 해볼 수 있어요. 이와 같
은 다양한 라이프스타일 제안을 통해 독자
들이 조금 더 서점이라는 공간이 필요하다
고 느낄 수 있도록 만들기 위한 도전입니다.

+++　　　　사실은 책 판매만으로 서점을 유지하
고 싶지만 그것만으로는 어려우니까 다른 잡화
나 문구도 취급하는……. 일본의 많은 서점이 이
런 고민을 하고 있는데 청핀서점은 어떤가요?

양 서점 경영이 어려운 상황에서 솔직히 책 이외의 것을 판매하는 쪽이 이익을 보는 것도 알고 있고, 저희도 그런 상황에 처해 있죠. 하지만 청핀서점의 원점이 서점이라는 사실을 잊어서는 안 돼요. 책을 책 이외의 다른 상품과 세트로 만든다고 해도 이건 '읽는다'는 행위를 보다 풍성하게 만들기 위해서예요. 어디까지나 주인공은 책이죠.

린 저는 시모키타자와역 근처에 있는 서점을 정말 좋아해서 지난 3월에 일본에 갔을 때도 책을 엄청 사 왔어요. 사람들이 인터넷에서 책을 사는 이유는 두 가지밖에 없어요. 하나는 아주 편리하니까. 다른 하나는 대만의 경우에는 온라인 서점의 할인율이 높기 때문이에요. 하지만 우리가 계속하고 있는 일은 책에 담긴 풍성한 내용을 서점이라는 현장에서 독자에게 확실히 전달하는 거예요. 이 일에 가장 큰 힘을 쏟고 있어요. 그래서 청핀서점 매장에서 가장 중요한 것은 북큐레이션의 취향이에요. 각 분야에서 어떤 책에 어떤 읽을 가치가 있는지, 어떤 책이 지금 중요한지, 한눈에 알 수 있도록 노력하고 있어요. 그 공간에 좋은 음악이 흐르고 좋은 조명이 비추고 좋은 직원이 있으면 사람은 반드시 서점에서 책을 살 거라고 생각해요.

양 우리의 경쟁 상대는 온라인 서점이 아니라 영원히 자기 자신이라고 생각해요. 또는 인스타그램이나 게임과 같은 다양한 오락

이나 시간 그 자체라고 생각해요.

+++   청핀서점의 직원은 어떻게 북큐레이션 트레이닝을 하나요?

양 청핀서점에는 서점 안의 모든 책을 가져가서 읽어도 되는 복리후생제도가 있어요. 한 번에 2권씩, 5일간 빌릴 수 있어요. 읽은 후에 구입하는 직원도 있고요.

린 부정기적이기는 하지만 하나의 테마와 관련된 책을 한 번에 몇 권씩 선별하는 과제를 주고 전시 공간에서 워크숍을 하는 경우도 있어요. 이런 실습을 통해 몇 번이고 계속 트레이닝을 하는데, 어느 정도의 수준에 도달하려면 1~2년 정도는 걸려요.

양 테마에 맞는 책을 테이블에 가져와서 어느 정도 매출이 나오면 좋을지에 대해서 생각하는, 일종의 경영 트레이닝이기도 하죠. 이것이 가능해야 예를 들어 '실연을 당했을 때 읽으면 좋은 책'이라는 테마에 맞춰 직원이 책을 골라 진열하는 것이 가능해요. 이때 다양한 분야의 책을 모르면 불가능하겠죠. 북큐레이션 트레이닝은 독서의 심도와 감도를 높여줘요.

린 실제로 모든 지점에서 하고 있어요. 지점별로 테마가 다른 것도 재밌는 점이죠. 책을 좋아하지 않는 사람은 청핀서점에서 오래 일하지 못할 거예요(웃음).

당장은 아니더라도 언젠가 책을 펴보는 날이 오면 충분하다

+++　　　매장에서 문학 담당은 계속 문학 담당이고 경제경영 담당은 계속 경제경영 담당인가요?

양 그건 아니에요. 저도 4년 동안 아동, 문학, 예술, 잡지, 경영, 컴퓨터, 이렇게 6가지 분야를 담당했어요. 이것도 어떤 의미에서 북큐레이션을 위한 트레이닝이라고 할 수 있어요. 경영 쪽에서도 같은 사람을 같은 곳에 오래 두지 않아요.

린 저는 아동, 예술, 라이프스타일, 잡지 분야를 담당했어요. 입사 면접 때 희망 분야가 있는지 물어봤는데 그때 '문학'이라고 대답했지만 아직 해보지는 못했어요(웃음).

양 저는 대학에서 문학을 전공해서 경영서 담당이 되었을 때는 진짜 힘들었어. 처음에는 책을 펴도 무슨 말인지 몰랐어요. 1년에 걸쳐 경영학 개론을 공부했죠. 익숙하지 않은 분야라도 그렇게 공부를 계속 하는 거예요. 이것이 가장 기초가 되는 트레이닝이에요. 그렇지 않으면 책 진열대 정리조차 힘들어요. 아동서를 담당하던 시절에 매주 토요일에 아이들에게 책을 읽어주는 일을 했는데 그것이 굉장히 좋은 훈련이 되었어요.

창업자 우칭유(왼쪽)와 창업자의 딸로 현재 청핀그룹 이사장인 우민제(吳旻潔)(오른쪽). 청핀서점의 철학을 기록한 린징이 (林靜宜)가 쓴 《청핀의 시간(誠品時光)》 발췌.

청핀R79의 서점 직원 추천 책 코너. 이번 테마는 '18세까지 꼭 읽어야 할 책'

+++ 두 분의 그런 경험에서 볼 때 책을 별로 읽지 않는 사람에게 책에 흥미를 가지도록 어떤 제안을 할 수 있을까요?

양 흥미가 없어서 책을 읽지 않는 게 아니라 어려워서 읽지 못하는 거라고 생각해요. 두꺼운 고전 연애소설은 읽지 못해도 가벼운 러브스토리 정도는 읽을 수 있을지도 몰라요. 예를 들어 남녀의 연애 스토리라면《너의 이름은.》부터 시작해서《노르웨이의 숲》을 읽는 걸 추천해 보는 거예요. 독서와 식생활 교육은 굉장히 비슷한데, 조금씩 바뀌는 취향을 즐기면서 점점 깊이를 더해 가도록 책을 추천하는 거예요.

'읽는다'는 행위의 종착지에 책만 있는 건 아니에요.

린 저는 친구 관계라고 가정하고 말해볼게요. 주위에 공부를 좋아하는 친구가 있으면 싫어하는 친구도 있을 거예요. 이 친구들에게 모두 같은 책을 추천하다가 실패한 경험이 몇 번이나 있어요. 글자를 많이 읽으면 눈이 피로하다는 사람에게는 재미있는 책을 추천해요. 먹는 걸 좋아하는 친구에게는 음식에 관한 책을, 사진을 좋아하는 친구에게는 인쇄에 특화된 책을 추천하는 거죠. 그리고 일단 스토리를 들려줘요. 그러면 10명 중 7명 정도는 그 책을 사요. 이렇게 저는 일대일로 그 사람에게 맞는 책을 고르는 것에는 자신이 있어요. 그렇지만 '읽는다'는 행위의 종착지에 책만 있는 건 아니에요. 청핀서점에는 전시와 세미나 공간이 있어요. 그곳을 들여다보는 것도 어떤 의미에서는 '읽는' 행동이라고 할 수 있죠. 이런 사람에게도 언젠가 책을 펴보는 날이 찾아올 거라고 믿어요.

마지막으로 여기 청핀R79에 대해서 지금은 돌아가신 창업자 우칭유(2017년 7월 타

청핀생활 쑹옌점에서는 대만 브랜드 상품을 다양하게 만날 수 있다.

계)의 생각을 말씀드리고 싶어요. 예전에도 이 지하상가는 수많은 서점이 늘어선 서점가였어요. 하지만 정리되지 않은 책을 쌓아놓고 싸게 파는 분위기라 쉽게 들어가기가 어려웠어요. 그런데 매일 많은 사람들이 통근이나 통학을 위해 그 길을 이용해요. 이 사람들 중에는 조금 전에 이야기한 독서를 그다지 많이 하지 않는 사람들도 다수 있을 거예요. 그런 상황을 창업자는 매우 안타깝게 생각했어요. 이렇게 책이 많은데 모두가 책에서 도망치듯 분주하게 서점 앞을 지나가요. 그래서 이 지하상가에 꼭 청핀서점을 만들어야겠다고 생각한 거죠. 처음에는 딱 5분이었어도 머무는 시간이 점점 늘어나 언젠가는 한 권의 책을 손에 들고 돌아갈 날이 반드시 온다고 믿은 거예요. 이런 창업자의 생각이 아무것도 하지 않아도 정신 없는 우리의 바쁜 나날을 관통해서 우리의 몸과 마음을 움직인 거죠.

양 창업자는 굉장히 특이하고 엄격한 사람이었어요. 우리가 잘한 것 같다고 생각한 일에 대해서도 항상 이런 식으로 하면 좋을 것 같다고 개선책을 제시했어요. 그런데 이 청핀R79가 생겼을 때는 "괜찮네."라는 딱 한 마디만 했어요. 지금 여기에 창업자가 안 계신 건 안타깝지만 돌아가시기 전에 생긴 마지막 점포가 잘되어서 정말 다행이에요. 청핀서점은 창업자의 정신을 소중하게 생각하고, 그 정신이 있었기 때문에 많은 사람에게 영향을 줄 수 있다고 생각해요. 공간에는 힘이 있다고 창업자는 굳게 믿었어요. 사람들이 청핀서점이라는 공간에 들어와 안도감을 느끼고 편안하게 시간을 보내길 진심으로 바랐어요. 그런 공간을 저희도 앞으로도 계속 이어나가고 싶어요.

청핀R79 誠品R79

臺北市大同區南京西路16號B1 中山地下街B1-B48號

B1, No.16, Nanjing W. Rd., Datong Dist.,

Taipei City 103, Taiwan

02-2563-9818

영업시간 11:00~21:30

청핀서점 둔난점 敦南店

臺北市大安區敦化南路1段245號

No.245, Sec. 1, Dunhua S. Rd., Da'an Dist.,

Taipei City 106, Taiwan

02-2775-5977

영업시간 24시간

청핀서점 신이점 信義店

臺北市信義區松高路11號

No.11, Songgao Rd., Xinyi Dist., Taipei City 110, Taiwan

02-8789-3388

영업시간 10:00~24:00

청핀서점 쑹옌점 松菸店

臺北市信義區菸廠路88號

No.88, Yanchang Rd., Xinyi Dist., Taipei City 110, Taiwan

02-6636-5888

영업시간 11:00~22:00

+++ www.eslitecorp.com

誠品書店

BOOK++++++++
>>REVOLUTION
= in -> TAIPEI <-

+++ PUBLISHER

秋刀魚
QDY

꽁치

陳頤華 +
鍾昕翰
Eva Chen +
Hank Chung

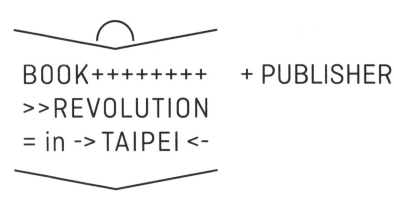

BOOK++++++++   + PUBLISHER
>>REVOLUTION
= in -> TAIPEI <-

16.

대만과 일본 사이를 헤엄치며
새로운 관점을 찾는
일본 문화 전문잡지

= INTERVIEW

천이화 陳頤華, Eva Chen

1989년 타이베이 출생

중신한 鍾昕翰, Hank Chung

1988년 타이베이 출생

꽁치 秋刀魚 편집장 + 발행인

+++ 　대만의 잡지 가운데 일본에서 가장 유명한 잡지는 아마 〈꽁치〉
일 것이다. 지금은 일본 서점에서 판매하는 경우도 적지 않아서 시모키
타자와 특집호를 통해 알게 된 사람도 많을 것이다. 하지만 '대만에서
본 일본'이라는 테마로만 어떻게 이렇게 매호 다양한 내용을 담을 수
있는지 항상 신기했다. 그 비밀에 대해서 알려준 〈꽁치〉의 편집장 천이
화 씨는 취재를 시작하자 최신 호를 우리에게 쓱 내밀었다. '2018년 특
집'. 벌써 한 해의 특집이라니 아마 일본의 그 어떤 잡지보다도 빠르지
않을까!

秋刀魚

지역 잡지 제작에서 알 수 있는 재미있는 일본과 대만의 관계

〈꽁치〉는 2014년 11월에 창간된 잡지입니다. 〈꽁치〉의 전신은 같은 해 5월에 발행한 〈흰수염고래藍鯨〉로 1호만 나오고 끝난 잡지예요. 대학을 졸업하고 1~2년이 지난 후에 잡지를 좋아하는 친구들과 함께 만들었어요. 특집 주제는 가오슝에 있는 하마싱哈瑪星이라는 곳이었죠.

하마싱은 일본 식민지 시대에 항구로 만들려고 매립한 땅으로 그곳에 철도가 직접 연결된 것 때문에 하마싱浜線, 하마센이라고 불렀어요. 그 이름이 정착되어 지금도 같은 발음의 한자를 붙여서 하마싱이라고 부르고 있어요. 아, 이게 바로 그 당시 하마싱의 지도예요. 일본 정부가 여기에서 성공한 도시계획을 가오슝시 전체로 확대했다고 해요. 〈흰수염고래〉를 만드는 과정에서 다양한 현지 사람들의 이야기를 듣고 역사 교과서에서는 전혀 배울 수 없었던 사실을 현지에 가서 알게 되었어요. 놀람과 동시에 어쩌면 우리의 일상 속에 의외로 이런 대만과 일본 사이의 관련성이 더 많을지도 모른다는 생각이 들었어요.

〈흰수염고래〉는 청핀서점과 같은 서점에서 판매되었고 그 후에 우리가 잡지를 계속 만들 수 있는 계기가 되었어요. 그리고 〈흰수염고래〉의 영향인지 아닌지는 잘 모르겠지만 2014년에 대만에서 이런 지역 잡지 발행이 유행처럼 번졌어요. 타이난의 아주 작은 거리에 대한 기사를 쓰는 〈정성원正興聞〉, 타이베이 남서쪽에 있는 신주에서 만드는 로컬푸드인 '고기완자탕'을 의미하는 이름을 가진 〈궁완탕貢丸湯〉 등 많은 지역에서 만들어졌어요. 이런 잡지를 만드는 사람들과는 친구가 되었어요. 당시에는 그런 지역 잡지 붐이 동지로서 굉장히 기뻤어요. 그런데 우리처럼 타이베이에 사는 사람이 가오슝이나 다른 지역에 가서 책을 만드는 것보다는 그 지역 사람들이 직접 만들면 더 좋은 잡지를 만들 수 있을 거라는 생각이 들었죠. 그래서 당시의 대만 잡지 시장에 뭐가 부족한지 진지하게 생각하던 중에 라이프스타일, 음식, 여행, 디자인과 같은 다양한 분야의 잡지는 있지만 '일본'을 다루는 잡지는 없다는 사실을 발견했어요. 대만과 일본은 역사적·사회적으로 관계가 깊을 뿐만이 아니라 대만 사람들은 일본의 문화에 굉장히 관심이 많아요. 일본의 드라마나 연예인을 시작으로 음악, 패션, 공예품 등 많은 사람들이 일본의 대해서 무언가 한 가지는 좋아하는데도 처음부터 끝까지 일본에 대해서 전문적으로 다루는 잡지는 없었어요. 그렇다면 우리가 이 '대만과 일본의 관계'를 주제로 잡지를 만들어봐야겠다는 생각이 든 거죠. 〈꽁치〉 창간호는 '알고 싶은 일본 100好想認識的100種日本'이라는 제목으로 2014년 11월에 발간되었어요. 건축, 야구, 음악, 종

〈꽁치〉의 전신이 된 〈흰수염고래〉

대만 각지의 로컬 매거진. 신주의 〈궁완탕〉과
타이난의 〈정싱원〉

교와 같은 19가지의 다양한 주제를 가지고
우리가 몰랐던 새로운 일본의 모습을 찾아
보는 내용이었는데, 창간호에 아주 잘 어울
리는 알찬 내용이었다고 생각해요.

+++　　　왜 〈꽁치〉라는 이름으로 지었나요?

이유는 세 가지예요. 첫 번째는 '秋刀魚꽁
치'라는 한자와 그 의미가 중국어와 일본어
에서 같아서 어느 언어권에서도 통하기 때
문이에요. 두 번째는 꽁치를 나타내는 '산
마'라는 일본어 발음이 대만의 몇몇 곳에
서는 그대로 통하기 때문이에요. '오뎅黑輪'
이나 '텐뿌라甜不辣'와 같은 말은 일본문화
의 영향을 받아 일본어 발음이 그대로 대만
에서 통용되는데 연배가 있으신 분들은 들
으면 바로 알아요. 세 번째는 일본 지도를
보고 일본열도를 옆으로 눕히면 꽁치 모양
과 닮았다고 생각했기 때문이에요. 〈흰수염
고래〉도 대만의 섬 모양이 한 마리의 고래
와 비슷하다는 이유로 지은 이름이거든요.

저희 출판사 이름은 '쿠로시오문화유한주
식회사黑潮文化股份有限公司'인데, 문화와 언
어는 해류로 옮겨져 전해진다고 생각해서
그렇게 지었어요. 쿠로시오해류는 동아시
아의 바다를 말하는데 필리핀에서 대만, 일
본으로, 그리고 일부는 쓰시마해류가 되어
한국으로 흘러가요. 쿠로시오해류가 대만
과 일본을 이어주고, 꽁치와 고래는 쿠로
시오해류 유역을 헤엄치는 생물입니다. 쿠로
시오문화는 〈흰수염고래〉와 〈꽁치〉를 순조
롭게 서점에 유통하기 위해 잡지 발행에 앞
서 2014년 4월에 만들었어요. 회사를 만드
는 것에 대해서 깊게 생각하지는 않았지만
대형 출판사에 기대지 않고 독립된 출판 활
동을 하기 위해서 만들게 되었죠.

+++　　　〈흰수염고래〉와 〈꽁치〉를 만들기 전
에는 회사에서 근무했나요?

네, 맞아요. 일을 그만두고 함께 〈흰수염고
래〉를 만든 다른 멤버 3명은 대학에서도 미

대만의 섬이 고래라면 일본열도는 꽁치

제4호는 아마 아시아 최초의 '긴자선 카레' 특집

디어와는 전혀 상관이 없는 공부를 했어요. 순수하게 잡지에 관심이 있었던 거죠. 저의 전공은 사회정책이고 중신한 씨는 같은 대학 친구로 환경공학을 전공했어요. 저는 대학 때 신문부에서 학생기자로 활동한 경험이 있어서 졸업 후에도 그대로 직원으로 신문부에서 편집 일을 계속했어요. 〈단장시보淡江時報〉라는 1호에 3만 부를 발행하는 제대로 된 신문이었죠. 중신한 씨는 타이베이의 애플스토어 점장으로 판매 운영과 인사 관리를 담당했어요. 청핀서점에서 아르바이트를 하던 멤버도 있었는데, 모두 잡지 제작과는 관계가 없는 환경에서 일하고 있었던 거죠.

그중에서 〈꽁치〉를 창간하고 현재까지 남아 있는 멤버는 우리 둘뿐이에요. 지금 회사는 5인 체제로 돌아가고 있어요. 제가 편집장, 중신한 씨가 사장, 그리고 편집 담당, 디자인 담당, 판매 · 유통의 기획 담당이 1명씩 있어요. 또 오랫동안 함께 일한 프리랜서 디자이너와 일러스트레이터가 10명 정도 있어서 테마에 어울리는 사람에게 그때마다 의뢰하고 있어요.

+ PUBLISHER

일본인이 간과한 시점을 외부에서 시각화하다

〈꽁치〉를 시작할 때 발행 부수는 3,000부로 제작비도 크라우드펀딩으로 충당했어요. 지금은 5만 부로 늘었는데 반은 대만에서, 나머지 반은 중국, 홍콩, 싱가포르, 말레이시아 등 중화권에서 판매하고 있어요. 일본이 테마라고 해도 언어의 장벽이 있기 때문에(〈꽁치〉 기사는 기본적으로 전부 중국어) 일본에서의 판매 부수는 굉장히 적어요. 아마 수백 부도 안 될 것 같아요. 2017년 말부터는 위탁 계약을 맺고 일본의 서점에도 입고하고 있는데 독자가 SNS에 〈꽁치〉의 사진을 올려준 것을 보고 '여기서도 팔고 있구나' 하고 파악하는 정도예요(웃음). 그러니까 일본에서 판매하고 싶으시면 연락주세요!

+++ **시모키타자와에 있는 서점 B&B나 다와라마치에 있는 서점 리드인 라이트인 북스토어에서는 봤어요.**
아, 제9호(2016년 5월)에서는 '왜? 시모키타자와'가 테마였죠.

+++ **〈꽁치〉의 가장 큰 특징은 독특한 시점이라고 생각해요. '뽑기', '밤 9시 이후의 도쿄', '헤이세이 30년(2018년)'과 같은 특집이요. '일본'이라는 같은 소재를 가지고 '이런 것까지?'라는 생각이 들 정도로 다양한 걸 하죠. 어떻게 주제를 정하시나요?**
기준이 되는 포인트가 정해져 있어요. 일단 우리가 흥미를 가지는 주제. 다음은 대만과 일본의 관계에 관련된 주제. 마지막으로 대만의 독자가 관심이 있는 주제. 그리고 이 세 가지를 생각하게 된 계기가 바로 제4호(2015년 7월) '긴자선 카레銀座線咖哩' 특집입니다. 대만 사람들은 카레를 정말 좋아해서 일본 잡지에 자주 전국 각지의 카레에 대해 특집 기사가 실리는 것을 보고 부러워했는데 우리에게는 그 정도까지 취재를 할 예산이 없었어요. 어떤 지역으로 좁힐까 고민하던 찰나에 도쿄메트로 긴자선의 색깔인 황토색이 카레의 색깔과 굉장히 비슷한 것을 보고 긴자선 연선에 있는 카레집을 소개하기로 했어요.

秋刀魚

이때 잡지가 나오고 나서 '긴자선의 카레만으로 특집 기사를 쓰다니 정말 재미있다'라는 리뷰를 일본인 독자에게서 많이 받고 외국인의 관점에서만 만들 수 있는 콘텐츠가 있다는 생각이 들었어요. 일본에 있었다면 긴자선 색깔과 카레 색깔이 비슷하다는 생각을 못 했을지도 몰라요. 반대로 말하면 우리도 분명 대만에 대해 놓치고 있는 사각지대가 있을 거예요. 이 경험을 바탕으로 이후에 나온 잡지에서는 단순히 일본의 유행만 따라가는 것이 아니라 대만과 일본의 관계에 초점을 맞추면서도 대만의 시점에서 일본의 문화를 바라보는 것을 〈꽁치〉의 방침으로 더 명확하게 정했어요.

그렇지만 '우리가 관심이 있는 주제'에 대해 비교적 깊게 파고든 제11호(2016년 9월) '규슈 남아 목욕탕' 특집 같은 것도 있어요. 대만 사람들은 대중목욕탕에 대해서 자세하게 잘 모르는데, 저희는 일본에 가면 어디서든지 목욕탕을 찾을 정도로 목욕탕을 좋아해요. 목욕탕은 많은 돈을 들이지 않고 로컬 문화를 이해하는 입구가 돼요. 그해 4월에 구마모토 지진이 일어나서 현지에서도

몇 번이나 취재 의뢰가 있었는데 우리가 만약 가게 된다면 일상 속의 '알몸 만남'의 장소인 목욕탕을 주제로 기사를 써보자고 생각했어요. 그것이 심신의 상처를 치유하고 복구에 작은 도움이라도 될 거라고 생각했거든요. 취재를 하러 간 7월은 기온이 37도가 당연한 시기였는데 그때도 42도나 되는 목욕물에 몸을 담갔어요(웃음).

+++ '일본'이 아니라 '대만' 쪽에 초점을 맞추는 경우도 있나요?

매년 1번은 반드시 대만을 메인으로 한 특집을 해요. 예를 들면 '잘 먹었어요! 일본 매실주×대만요리'에 대한 특집호(제6호, 2015년 11월)가 있어요. 대만에서는 매실주에 관심이 있는 사람이 많은데, 기사를 쓰면서 일본에서는 매실주가 집에서 담가서 저녁에 반주로 즐기는 술이라는 사실을 알고 깜짝 놀랐어요. 대만에서는 매실주를 마시려고 술집을 찾아가는데, 매실주에 대한 인상이 완전히 바뀐 거죠. 그래서 일본의 매실주에 어울리는 대만의 가정요리를 소개해 보면 어떨까 하는 생각이 들었어요. 소믈리에에게도 의견을 구해서 이것저것 먹어보고 고른 음식이 지파이(닭튀김), 루러우판(대만식 돼지고기 덮밥), 어아젠(굴전)입니다. 결과적으로 좋아는 하지만 조금 진입 장벽이 높았던 일본의 술과 대만 사람들의 거리가 좁혀졌다고 생각해요.

**외국인의 관점에서만
만들 수 있는 콘텐츠가
있다는 생각이 들었어요.**

+ PUBLISHER

쿠로시오문화의 직원과 오랜 시간 함께 일해온 프리랜서 디자이너(안경을 쓴 여성)와
일러스트레이터(모자를 쓴 남성)

이 호는 오사카에서 열린 북페어(2017년 아시아 북마켓)에서 가장 처음 완판되었는데, 굉
장히 재미있었던 점은 일본인과 대만인이 이 글을 읽을 때 시점이 서로 달랐다는 거예요.
일본 독자는 '대만에 가면 이 가게에 로컬푸드를 먹으러 가야지!'라는 생각을 한 반면에 대
만 독자는 '이 술은 집에서 이 요리와 같이 먹어봐야지!'라고 생각했다는 거죠. 같은 내용이
라도 받아들이는 방식의 각도가 달라요. 대만과 일본의 교류의 다층성을 보여주는 것은 꽤
좋은 시점이라고 생각합니다.

秋刀魚

+++ **문화나 역사에 깊이 파고든 '대만과 일본' 특집도 많겠죠?**

제10호(2016년 7월)는 '대만인이 말하는 일본어' 특집이에요. 표지에 '一級棒'이라고 쓰여 있는데 일본어의 '이치방いちばん'을 그대로 음역한 단어예요. 대만어 중에는 일본어의 영향을 받은 걸 넘어서서 일본어를 그대로 쓰는 말도 많아요. 운전을 하면서 '백'한다고 할 때 '밧쿠バック'라고 말하고, 거리에는 토랏쿠トラック와 칸반看板, 그러니까 트럭과 간판이 있고 라이터를 말하는 라이타ライター도 그대로 써요. 대만인은 일본어의 히라가나, 특히 노の를 간판에 쓰는 걸 굉장히 좋아하는데, 그만큼 일상에서 잘못된 말을 많이 볼 수 있어요(웃음). 젊은 사람들을 혼을 낼 때 '머리가 콘쿠리コンクリ'라고 말하는 사람도 있어요. 뇌가 콘크리트 같다는 의미예요. 대만에서 지금 70~80대인 사람들에게는 기본적으로 일본어가 통해요. 일본어에 대한 이해도 필요한 이 특집

은 대만인에게는 조금 어려웠을지도 모르지만 대만과 일본의 관계를 다루는 이상 언어의 문제를 피할 수는 없기 때문에 우리라면 이걸 해야 한다는 생각으로 도전했어요. 아, 숙소가 린썬베이루에 있어요? 그러면 이것도 소개해야 되는데……. 중산구의 린썬베이루와 중산베이루 사이에 짧은 길이 10군데(1조도리~10조도리) 있는데, 그 일대의 '조도리条通'에 대해서 기사를 썼어요(제14호, 2017년 3월). 이 지역은 대만이 일본 식민지 지배를 받았던 다이쇼시대부터 총독부에서도 가까운 고급주택가로 '다이쇼초大正町'라고 불렸어요. 일본 기업의 대만 진출이 활발하게 이루어지면서 바, 술집, 일본음식점이 늘어나면서 점점 밤의 네온사인이 반짝이는 거리로 변해갔어요. 대만 사람들이 볼 때 '조도리'는 바로 일본의 밤거리 그 자체예요. 근처에는 지금도 일본인이 많이 살고 있어서 당시의 분위기가 남아 있어요. 이 특집호에서는 이런 가게와 인

제10호 '대만인이 말하는 일본어' 특집. '오토바이(オートバイ)', 운전사를 의미하는 '운짱(運ちゃん)'도 대만에서 그대로 통용된다.

제13호 '가고 싶은 편의점!' 특집.
주먹밥과 튀김이 맛있는 편의점을 조사했다.

물을 통해 대만과 일본의 문화·역사의 지층을 소개했어요. 이 부근의 가게 직원은 대부분은 일본어를 할 수 있고 일본의 엔으로 계산할 수 있는 술집도 있어요. 6조도리에 있는 50년 넘은 대만요리 전문점 '우메코梅子'에는 꼭 한번 가보세요!

+++ **대만 독자의 관심이 무엇인지 바로 알 수 있는 호도 있겠죠?**

이 '가고 싶은 편의점!' 특집호(제13호, 2017년 1월)가 그런 종류죠. 일본을 여행하는 대만 사람들은 반드시 편의점에 가는데, 저 역시도 심야의 패밀리마트에서 발견한 바삭바삭한 프라이드치킨과 쫄깃쫄깃한 밥 덕분에 행복했던 날이 있었어요. 이때는 디자인과 지역 차이의 관점에서 편의점을 소개하는 한편 도쿄의 길거리에서 70명에게 편의점 음식에 관한 설문조사를 했어요. 튀김, 커피, 파스타와 같은 메뉴에 대해 로손, 패밀리마트, 세븐일레븐 중 어느

편의점의 것을 가장 좋아하는지 물어봤어요. 편의점 음식을 정말 사랑하는 대만인이라면 엄청 흥분할 내용이죠(웃음). 이건 어디까지나 길에 다니는 사람들의 의견을 모은 것으로 일본인을 대표하는 통계는 아니라고 분명히 밝혔는데도 말이죠.

+++ **세븐일레븐이 압도적으로 인기가 많네요. 그런데 튀김 종류는 패밀리마트예요(웃음).**

대만에는 로손이 없기 때문에 대만 사람들은 일본에 여행을 가면 로손에 잘 가요. 참고로 이 특집으로 잡지가 꼭 3년째를 맞아 레이아웃과 책의 형태 등 전반적인 사항을 대대적으로 리뉴얼했어요. '일상의 수요를 채워주는 편의점처럼 심플하고 순수한 초심이야말로 우리에게 꼭 필요한 것이다'라고 머리말에 써넣기도 했어요. 대만인의 독특한 관심이라는 의미에서는 이 '나와라! 뽑기' 특집호(제18호, 2017년 11월)도 반응이 꽤 좋았어요. 최근 대만에서 일본의 '뽑기(캡슐토이)'가 굉장히 핫했어요. 스린 야시장의 한 캡슐토이 전문점에서는 하룻밤에 40만 위안(약 1,600만 원)의 매출을 올린 전설적인 이야기도 있다고 해요. 일본의 유명한 피규어 제조업체인 가이오도, 컵 장식 피규어로 유명한 '컵의 후치코'에 대해서도 취재했어요. 뽑기 기계를 직접 만드는 방법과 실물 사진도 실었어요(웃음).

秋刀魚

더 깊게 '로컬'로 파고드는 대만에 대한 관심

+++　　　대만인이라는 외부의 시선으로 보기 때문에 일본을 더 신선하게
바라볼 수 있다는 생각이 드는데, 반대로 '일본인이 보는 대만'에 대해서 신
선하다고 느낀 부분이 있나요?

일본에서 최근에 대만 붐이 있었어요. 약 5년 전이라면 '샤오룽바오,
타피오카, 융캉제(딘타이펑이 있는 맛집 거리)'를 소개하는 것이 당
연했겠지만, 최근 1~2년 동안 관광지역도 타이중, 타이난, 가오슝 등
으로 점차 확대되어 '여기라면 일본인들이 엄청 좋아할 것 같다'가 '여
기가 일본인들한테 먹히는구나', '이 가게, 일본인도 알고 있대!'로 변
했어요. 성우인 이케자와 하루나池澤春菜 씨가 쓴 두 번째 대만 가이드
《한 그릇 더, 최애 대만 음식おかわり最愛台湾ご飯》에서는 외딴섬인 펑후
와 뤼다오까지, 대만인조차 잘 모르는 전 대만의 저렴하고 맛있는 로
컬푸드를 소개해서 깜짝 놀랐어요. 많은 사람들이 2번, 3번 대만을 여
행하고 싶다고 생각하고, 타이난의 공자묘나 가오슝의 시즈완에 가는
것뿐만 아니라 자신의 취향에 맞는 특별한 여행 스타일을 즐기기 위
해 대만을 찾는 일본인도 늘고 있어요. 대만을 즐기는 여행의 질적인
변화가 느껴져요.

제18호 특집에 등장했던
'메이드 인 꽁치의 뽑기'

+ PUBLISHER

+++ 〈꽁치〉를 4년 정도 계속해오면서 큰 변화 같은 것이 있었나요?

몇 가지가 있어요. 먼저 취재하고 싶은 사람을 취재할 수 있게 되었어요. 독자가 늘어난 것도 하나의 이유일 것 같은데, 아키모토 야스시秋元康 씨나 고레에다 히로카즈是枝裕和 감독과 같이 이전에는 인터뷰 의뢰도 어려웠던 저명한 분들을 취재할 기회가 늘어났어요. 이런 실적이 쌓이면 취재가 더 쉬워져요. 그 덕분에 최근에는 아트디렉터인 미즈노 마나부水野学 씨와도 만났어요. 앞으로도 저의 꿈의 취재 리스트를 다 만날 수 있도록 열심히 하려고요(웃음).

〈꽁치〉의 콘텐츠에 어울리는 형태로 광고주에게 광고를 제안할 수 있게 된 것도 변화라고 할 수 있어요. 우리는 일본 잡지에서 볼 수 있는, 광고라는 생각이 안 드는 느낌을 좋아해요. 일본이라면 이런 기업과 미디어가 제휴해서 제작한 타이업 광고를 흔히 볼 수 있을지도 모르겠지만 대만의 광고 스타일은 반드시 상품의 이름과 정보를 대대적으로 내세워야 하기 때문에 굉장히 어려워요. 그래서 이 '일본 스타일'로 광고를 할 수 있게 된 건 기쁜 일이라 할 수 있어요. 예를 들어 '일러스트의 확장' 특집호(제12호, 2016년 11월)에 실린 독일 구두 브랜드 트리픈trippen과 제휴한 페이지는 우리가 광고 일러스트를 제작하고 싶다고 제안해서 만든 거예요. 외부의 의견이 들어가는 것

지금, 일본인의 여행 스타일에서 대만을 즐기는 질적인 변화가 느껴져요.

이기 때문에 원래 대만에서는 거의 불가능에 가까운 일이에요. 그런데 트리픈도 잡지의 내용이 그들의 브랜딩과 이어진다고 생각했는지 특집에 맞춰서 함께 지면을 만드는 것에 동의해 주었어요. 지금 〈꽁치〉의 아트디렉터이기도 한 PW Lee가 일러스트를 그렸어요. 그 이후에는 더 본격적으로 광고 기획이 가능해졌어요. 최근에는 매호 기린 맥주와 컬래버레이션을 하고 있는데, 후지록페스티벌이 끝난 후에 참가자들을 취재하고 맥주를 마시는 기사를 작성하기도 했어요. 이건 페이스북에서도 하는 건데 독자의 반응도 아주 뜨거워요. 일본 기업 중에는 안경 브랜드 진스JINS나 가방 브랜드 포터PORTER 등에서 광고를 받고 있어요.

+++ 이런 광고 영업도 직원 전원이 하는 건가요?

대만과 일본의 광고회사에 위탁하고 있어요. 일본의 광고회사는 신라CINRA입니다(취재 후 2018년 7월에 쿠로시오문화와 신라의 자본업무제휴가 발표되었다). 이와테 현 관광국과의 컬래버레이션 지면은 신라

秋刀魚

를 통해 들어온 일이었어요. 도쿄, 오사카, 홋카이도 이외에도 최근에는 일본의 지방을 소개하는 기사 작성 일이 늘었어요. 〈꽁치〉를 보고 대만에서 일본에 가는 사람들이 늘었는지는 SNS의 사진이나 정보를 보고 추측할 뿐이죠.

출판사를 만들고 처음 3년간은 〈꽁치〉의 인지도를 올리는 일만으로도 벅찼어요. 그런데 작년부터는 팸플릿 제작 등 잡지 이외의 업무 의뢰가 점차 늘고 있어요. 편집 일도 외주로 받아서 하고 있고요. 대만의 타오위안공항이나 쑹산공항 등에서 나눠주는 면세점 무료잡지(기업 발주) 〈보이저 VOYAGER〉, 일본에서 개최된 남대만 4개 도시를 소개하는 관광 이벤트에서 무료로 배부한 팸플릿(행정기관 의뢰) 〈익스피리언스 사우슨 타이완 EXPERIENCE SOUTHERN TAIWAN〉. 이건 편집뿐만 아니라 번역과 인쇄도 맡아서 했어요. 행정기관의 간행물은 제한도 많고 대만에서는 '재미없는 것'의 대명사인데 조금은 재미있어지지 않았나 싶어요. 이 이외에도 대만의 무인양품에서 의뢰를 받기도 하고…… 편집 담당은 2명밖에 없어서 굉장히 바빠요! 그런데 이런 상황에서 최근에 저희가 단행본 출판도 시작했어요(웃음). 먼저 사진가 정홍징 鄭弘敬 씨의 사진집 《타이베이의 무료한 풍경 臺北無聊風景》(2018년 3월)을 냈어요. 타이베이 길거리에서 흔히 볼 수 있는 어딘가 이상한 일상을 도려낸 스냅사진 주위에 디자이너 샤오쯔(230쪽)의 디자인으로 비비드한 핑크색 테두리가 만들어졌어요. 표지 제목 글씨는 하나하나 거리의 간판을 촬영한 사진에서 오려내어 스티커로 만들어서 직접 사람들이 붙인 거예요. 샤오쯔를 선택한 사람은 바로 사진가 본인이에요. 샤오쯔는 2018년에 대만 총통 차이잉원의 연하장을 디자인한 것을 계기로 출판업계를 넘어서서 인기가 더 많아지고 있어요. 항상 화려한 무늬의 셔츠에 샌들을 신고 다니는데 총통부에서 열린 회견에서도 그 모습이었어요(웃음).

기업 또는 지방자치단체와 제휴해서 만든 페이지의 예. 오른쪽 상단이 트리폰과 컬래버레이션을 한 제12호 잡지 지면

〈꽁치〉가 발주 제작한 간행물. 면세점 무료잡지 〈보이저〉와 남대만을 소개하는 〈익스피리언스 사우슨 타이완〉

핑크색이 화려한 《타이베이의 무료한 풍경》(오른쪽 안쪽)

후쿠이현 출신의 〈립〉의 다나카 유스케 씨와
함께 만든 《고등어》

또 조금 특이한 여행 가이드도 만들었어요. 《고등어靑花魚》라는 책인데, 친분이 있던 〈립〉의
다나카 유스케 씨(272쪽)가 후쿠이현 출신이라는 인연도 있어서 후쿠이현에서 의뢰를 받
아서 만들었어요. 〈꽁치〉를 창간할 때 취재를 하러 온 다나카 씨도 마침 그때 〈립〉을 새롭게
만들려고 하던 시기였는데, 타이베이의 한 대만식 술집에서 대만 맥주를 마시며 유쾌하게
저녁 시간을 보냈던 기억이 나네요. 그 후로 대만과 일본을 이어주는 서로의 존재를 이해하
면서 많은 기획과 페어를 함께 하고 있어요.

일본을 찾는 대만 관광객의 목적지가 점점 지방으로 향하는 흐름 속에서 후쿠이현은 관광객
순위에서 매년 최하위를 차지하고 있었어요. 주요 관광지가 아니기 때문에 가질 수 있는 새
로운 매력을 알리기 위해 다나카 씨와 우리는 '미주微住'라는 키워드를 제시했어요. 2박 3일
의 짧은 여행도 아니지만 장기적인 이주도 아닌 미주……. 2주일 정도의 조금 긴 체류를 통
해 그 땅, 그 사람들과 '일생에 단 한 번뿐인 만남' 이상의 관계를 만든다는 뜻이에요. 실제로
사진가 가와시마 고토리川島小鳥 씨도 합류하여 2주 정도 후쿠이현에서 머물면서 거리의 식
당 안내부터 후쿠이현 사투리 강좌까지 다양한 기사를 작성해서 1권의 책으로 완성했어요.

秋刀魚

문화 교류는 상대를 통해 다른 시점을 획득하는 것

+++   지금은 〈꽁치〉 자체만 보면 흑자인가요?

잡지의 광고와 판매 수입으로 운영이 되지만 계간지기 때문에 기업 경영을 이어나가기 위해서는 솔직히 클라이언트의 수주가 없으면 아직 어려운 형편이에요. 기업이나 행정기관의 출판물을 편집하거나 지방자치단체와 함께 유니크한 단행본을 만들거나, 나아가 웹 미디어를 만드는 등 다른 콘텐츠의 가능성도 현재 모색하고 있는 중이에요. 그렇지만 다행히도 종이 매체에는 아직 수요가 있고 더 가지고 놀 수 있는 여백이 있기 때문에 그 안에서 새로운 콘텐츠를 만드는 노력을 계속 해나가고 싶어요.

+++   〈꽁치〉를 통해 지금까지 대만과 일본의 관계를 생각해 왔는데, 앞으로의 대만과 일본의 문화적 교류는 어떤 방향으로 나아가야 한다고 생각하세요? 또는 아직 부족한 점이 있다면 뭘까요?

저의 의견이 옳은지 아닌지는 잘 모르겠지만, 대만과 일본의 관계는 현재 '미묘'하다고 생각해요. 〈꽁치〉라는 이름의 유래가 사실 하나 더 있는데, 오즈 야스지로小津安二郎 감독의 〈꽁치의 맛秋刀魚の味〉이라는 영화가 있어요. 사실 이 작품 안에 꽁치가 나오지는 않아요. 그런데 이 영화에서 느낄 수 있는 결혼하는 딸을 보내는 아버지의 복잡한 심정이 딱 꽁치를 먹었을 때 쓴맛과 비슷해요. 딸 자신이 성장해야 겨우 알 수 있는 감정. 대만과 일본이 서로에 대해 가지는 감정도 이것과 비슷해서 단맛 안에 쓴맛이 들어 있는 것이 아닐까 하는 생각을 해요. 〈꽁치〉를 발간할 때, 저희는 대만과 일본 사이에 존재하는 여러 역사에 대해서도 책임을 질 각오를 했어요. 일본에 너무 우호적이라는 사람도 있고 일본 식민지 시대에 대한 역사적 해석을 원하는 사람도 있고, 물론 친일적인 태도를 보이는 사람도 있어요. 격려부터 의문까지 여러 목소리가 나오고 있는 게 너무 잘 보였어요. 실제로도 그랬고요.

+ PUBLISHER

'녠녠유위(年年有魚)'는 해마다 여유롭길 바란다는 뜻을 가진 '녠녠유위(年年有餘)'와 발음이 같다. 그래서 중화권에서는 새해에 복을 비는 음식으로 생선 요리를 먹는 관습이 있다.

그것이 현실이에요. 그렇지만 저는 그런 역사적인 문제가 있기 때문에 대만인이 지금까지 일본에 관심을 가져왔다고 생각해요. 과거의 좋고 나쁨을 판단하기 전에 이미 일어난 일로 일단 먼저 현실을 직시해야 해요. 그리고 그런 역사적 배경을 오히려 두 나라 사이의 의사소통을 위한 공통언어로 삼아 문화적인 이해를 더하는 양분으로 만드는 거예요. 대만과 일본의 관계를 축으로 잡지를 만드는 우리는 두 나라 사이에 존재하는 역사를 다음 시대를 향한 더 깊은 문화 교류의 확실한 기반으로 만들어가고 싶어요. 그래서 지금 대만과 일본의 교류가 상업적인 교류라는 표면에 머물지 않고 양쪽 문화의 공통점과 차이점에 대한 호기심이 깊은 곳으로 향하고 있다는 사실은 굉장히 기쁜 일이라고 생각해요.

秋刀魚

서로가 반대 방향에서 같은 일을 하고 있다
는 감각이 있어요(웃음). 실제로 다나카 씨
를 통해 대만의 의외의 모습을 알게 된 적
이 많아요. 제3호 '대만에 사는 일본인' 특
집(2015년 5월)에서 대만에 사는 일본인과
많은 이야기를 나눌 수 있었는데 입을 모아
쓰레기 분리수거를 하는 풍경이 굉장히 신
기하다고 말해서 굉장히 놀란 적이 있어요.
쭉 대만에서 산 사람에게는 쓰레기 수거차
가 오면 쓰레기봉투를 들고 나가서(가끔은
따라가서) 던지는 것이 일상이에요. 일상생
활 속에 있으면 자신들의 문화의 재미있는
점을 발견하기 어려워요. 이렇게 너무 가
까이 있어서 눈치채지 못한 작은 '보통'이
외국인의 눈을 거치면서 '보통'이 아닌 자
극적인 것으로 부각되어 눈치채게 되는 거
죠. 일본에서는 보통인 일이 〈꽁치〉에서는
특집 기사로 다뤄질 정도로 큰 발견이 됩니
다. 일본 사람들도 그렇게 생각해 주면 기
쁠 것 같아요. 문화 교류는 어떤 의미에서
상대를 통해 다른 시점을 획득하는 것이라
고 생각하기 때문에 대만과 일본의 관계도
'이건 평범하지 않은데?' 하는 신선한 자극
을 서로 '자본'으로 삼아 축척해 나가면 좋
겠다고 생각해요.

경영을 안정시키는 것은 언제나 어려운 일
이지만, 문화의 차이와 그 차이에서 생기는
재미를 발굴해 나가는 것이 〈꽁치〉의 존재
이유라고 생각해요. '쿠로시오문화'라는 출
판사 이름처럼 대만이라는 작은 섬은 딱 일
본, 한국, 중국, 홍콩, 그리고 동남아시아에
인접해 있어요. 〈꽁치〉가 나라와 나라, 도
시와 도시의 교류를 주제로 삼는 것에는 변
함이 없지만 한 권의 잡지라는 형태를 뛰어
넘어 대만과 일본 이외의 다른 동아시아 각
국과의 차이점을 발굴해 지면에 담을 가능
성도 있겠죠? 과거에는 실제로 홍콩에 사
는 일본인을 취재해서 기사로 쓴 적도 있어
요. 〈꽁치〉가 계속 헤엄치기 위해서 필요한
영양분은 문화와 생활습관이 만들어낸 재
미있는 두 나라의 차이예요. 나라나 도시는
다르지만 그 차이의 재미를 발굴해서 독자
들과 그 자극을 공유하고 싶어요.

>>> 秋刀魚 QDY

꽁치
臺北市大安區浦城街9-8號 黑潮文化股份有限公司
No.9-8, Pucheng St., Da'an Dist., Taipei City 106, Taiwan
02-2362-9039
+++ qdymag.com

秋刀魚

BOOK++++++++ + BOOKSTORE
>>REVOLUTION
= in -> TAIPEI <-

17.

일본 만화를 좋아하는
사람들이 만든 대만
서브컬처의 중심지

= INTERVIEW

Mangasick

망가시크

도쿄 나카노에 위치한 서점 '타코셰タコシェ'의 주인 나카야마 아유미中山亜
弓 씨가 만든 독립잡지 〈대만 서점 여행 '타이베이 편'台湾書店めぐりの旅〈台北
編〉〉에서 본 이후 '망가시크Mangasick'라는 이름의 서점에 쭉 관심을 가지고
있었다. 일본의 고전적인 만화를 판매하는 중고서점이라고 생각했는데 직
접 가보니 굉장히 팝하고 키치한 공간이었다. 잘 생각해 보면 일본의 록밴
드 넘버걸의 노래 제목과 서점 이름이 같다는 사실에서 충분히 상상할 수 있
는 일이었다. 트위터에서는 전부 일본어로 소통하고 있었는데, 연락을 취하
니 유창하고 정중한 일본어로 답장이 왔다. 점장(여성)인 황옌위黃延玉(유
우, 1985년생) 씨와 부점장(남성)인 황홍옌黃鴻硯(코우, 1985년생) 씨 커플
에게 이야기를 들어봤다.

Mangasick

황엔위(이하 유우) 2013년 10월에 망가시크를 오픈했어요. 그전에는 일본어책을 중심으로 판매하는 서점에서 만화 코너를 담당했어요.

황홍엔(이하 코우) 저는 원래 황관皇冠이라는 출판사에서 판권 판매 일을 했어요.

유우 저는 핑둥, 코우는 윈린, 둘 다 남부에서 타이베이로 왔는데, 처음 올라왔을 때는 남부와의 문화적인 차이가 너무 커서 깜짝 놀랐어요. 서브컬처의 영향이죠. 대학 시절에 좋아했던 인디밴드를 통해 해외의 재미있는 서브컬처 정보를 많이 알게 되었는데, 근무하던 서점에서 주류가 아닌 책을 입고하려고 하다가 점장에게 혼이 나곤 했죠(웃음). 당시 대만에서는 만화나 애니메이션을 좋아하는 사람들이 주류인 작품만 접할 수 있었어요. 이런 상황에서는 대만에서 창의적인 환경이 만들어지지 않겠다고 생각했죠. 그래서 그렇다면 내가 서점을 열어서 일단은 일본의 만화 문화를 알리고 더 마이너한 작품도 대만에서 볼 수 있도록 해야겠다고 생각했어요.

코우 망가시크가 생기기 전에 대만의 만화나 애니메이션은 코믹마켓 **일본 최대의 서브컬처 이벤트**에 나올 만한 2차 저작물이 많았어요. 자체 작품을 만드는 사람이 있어도 그런 사람들은 주류 시장을 목표로 해요. 마이너하지만 좋은 작품도 있다는 사실을 대만 사람들에게 알리고 싶어서 이 서점을 시작했어

요. 우리는 대학교 1학년 때 라이브하우스에서 처음 만나서 지금은 사귀는 사이예요. 취직을 하고 2~3년 정도 지난 후에 서점을 열었는데, 저는 처음에는 유우를 옆에서 도와주는 역할이었어요. 알고 계시겠지만 '망가시크'라는 이름은 넘버걸의 노래 제목에서 따왔어요. 그 정도로 둘 다 만화를 정말 좋아해요.

+++ **그런데 그런 일본의 마이너한 작품을 어떻게 알게 되셨어요?**

유우 처음에는 밴드를 하는 친구가 마루오 스에히로丸尾末広의 만화가 굉장히 좋다고 말해줬어요. 세이린도青林堂, 세이린코게이샤青林工藝舎와 같은 출판사가 있다고. 그때부터 점점 더 깊게 파기 시작했죠.

코우 더 충격적이었던 건 쓰게 요시하루つげ義春예요. 이 작가의 작품을 보고 본격적으로 깊은 일본 만화의 세계에 빠져들기 시작했어요. 유우는 대학 졸업 후에 학원을 다니면서 일본어를 공부했고, 저는 중학교 시절에 즐겨 들었던 제이팝J-POP 가사의 의미가 궁금해서 독학으로 공부를 하기 시작했어요. 처음에는 대만에 이런 일본 만화를 사줄 사람이 있을지 불안했기 때문에 만화카페로 시작했어요. 매장 입구 바로 옆의 공간은 원래 친구가 레코드점을 했었는데 개점 1년 반 후에 영업을 종료했어요. 그 후에는 갤러리로 휴일 없이 한 달에 1번 전시를

하고 있어요. 2017년 12월에는 매장 구조를 변경해서 만화카페(4시간 200위안약 8,000원+음료 1잔)와 서적 판매 공간을 명확하게 구분했어요. 원래는 다다미방에 낮은 상이 놓여 있던 만화카페 공간이 넓었는데 어느 것이 파는 것이고 어느 것이 읽어도 되는 것인지 손님들이 헷갈려 하기도 해서요. **유우** 처음부터 책도 판매하긴 했는데 대부분 대만 작가의 자비 출판물로 종류가 많지 않았어요. 일본에서 입고된 책도 거의 없었고요. 그것이 지금은 보시는 대로 이렇게 늘었어요. 가장 메인은 일본과 대만 작가의 만화, 자비 출판물이지만 일러스트, 화집, 평론, 시집도 판매하고 헌책뿐만 아니라 신간도 많아요.

+++ **어떤 식으로 입고를 하나요?**

유우 인터넷에서 마음에 드는 작가를 찾아서 출간한 책이 있는지 확인하고 그 책을 우리가 판매할 수 있을지 물어보는 경우가 많아요. 그리고 아는 일본의 작은 서점이나 출판사에서 직접 입고하는 경우도 있고요. 나고야의 온 리딩ON READING, 도쿄의 커뮤commune과 세이린코게이샤가 있죠. 토치トーチ, 리도샤가 운영하는 웹 만화 사이트의 만화도 정말 좋아해요. 약 10권을 단위로 해서 양이 많으면 배편으로 받아요. 얼마 전에 입고한 《학과 거북鶴と亀》은 최소 단위가 25권이었는데 대만에서는 여기서만 판매하기 때문에 벌써 50권이나 팔렸어요.

서점 내 만화카페 존에는 데즈카 오사무의 작품부터 야마토 와키(大和和紀)의 《뉴욕 코마치(N. Y. 小町)》까지 일본 만화(중국어 번체판)가 6,500권 정도 있다.

Mangasick

취재 당시 개최 중이던 일러스트레이터 팡다바오 (訪大寶)의 개인전 '이렇게 하면 돼?(這樣行嗎?)'

가오옌의 작품. 중앙 하단이 《초록의 노래》, 최근에는 문화잡지 〈스튜디오 보이스(STUDIO VOICE)〉에 일러스트도 그리고 있다.

코우 출판사에서 일하던 때는 잘 팔릴 것 같은 작품 중에서 재미있는 것을 찾는 것이 일이었는데, 지금은 정말 재미있을 것 같은 작품 중에서 팔릴 것 같은 것을 찾아서 입고해요. 순서가 반대가 되었어요.

+++ 신인 만화가나 아티스트의 작품을 싣는 독립잡지 〈유스카USCA〉의 대만판을 망가 시크에서 내고 있다고 들었어요.
코우 〈유스카〉의 전신인 잡지 〈디오라마DI-ORAMA〉를 조금 전에 이야기한 밴드 친구가 알려줬는데 이런 엄청난 만화잡지가 있다는 사실을 알고 정말 놀랐어요. 고토 유키 코ゴトウユキコ와 니시무라 쓰치카西村ツチカ라는 일본의 엄청난 만화가가 모여서 말이죠. 이때는 이미 〈유스카〉가 출판된 상태로, 제3호부터 직접 입고해서 판매하고 있어요. 발행인인 모리 게이타森敬太 씨가 영어판을 직접 냈을 때, 대만판을 우리가 출판하고 싶다고 연락했어요. 번역은 제가 하고요. 다음 달에 드디어 완성되는데, 서점에서 출판기념회도 할 거예요.
유우 〈유스카〉 대만판은 1,500부 제작해서 대만의 다른 서점에서도 판매할 예정이에요. 이미 반응이 굉장히 좋아서 말레이시아, 홍콩, 베이징의 서점에서도 문의가 오고 있어요. 바로 중쇄를 하려고 해요.
코우 이런 일본의 작품을 좋아하는 독자가 대만에 꽤 있다고는 해도 겨우 유지 가능한 정도예요. 유우는 풀타임으로 가게 일을 하고 있고, 저는 출판사를 그만둔 이후로는 계속 번역을 하고 있어요. 손님은 여성이 압도적으로 많고 대학생, 20~30대가 중심입니다. 만화라기보다는 서브컬처를 좋아하고 호기심이 많고, 예를 들면 미술이나 디자인 관련 일을 하는 사람들이 많죠. 책의 소개글을 매일 페이스북에 중국어로 올리고 있는데, 그 글을 읽고 관심을 가지게 되었다는 사람도 있어요. 대만 사람들은 SNS로 대부분 페이스북을 하거든요. 그리고 트위터는 일본어로, 인스타그램은 영어로 올리고 있어요.

+++ **망가시크에 다니면서 책을 만들게 되었다는 사람도 있나요?**

유우 있어요. 대표적인 예가 아직 대학생으로 이제 곧 졸업하는 가오옌高妍이라는 작가예요. 망가시크의 단골로 일본 문화를 아주 좋아해요. 원래는 2차 창작을 했는데 우리 서점에 진열된 출판물을 보고 처음으로 독립제작한 잡지 〈방에서 쓴 일기房間日記(2015년판)〉를 만들었어요. 그리고 3년 동안 지금까지 4권을 출판했어요. 가오옌 작가의 작품 중에서 특히 일본 독자들에게 추천하고 싶은 것은《초록의 노래綠之歌》로 일본의 레코드점에서 록밴드 핫피엔도의 노래를 듣고 반한 여자아이가 대만으로 돌아가 곧 핫피엔도의 라이브 공연이 있다는 사실을 알게 되지만 가고 싶어도 갈 수가 없어서 좋아하는 남자아이와 함께 공연장 밖으로 새어 나오는 노래를 듣고 행복해진다는 스토리예요. 가오옌 작가는 핫피엔도의 멤버였던 호소노 하루오미細野晴臣의 음악을 정말 좋아해요.

코우 2018년 6월에는 가오옌의 전시를 망가시크에서 개최할 예정이에요. 굉장히 빠른 속도로 '작가'가 되었어요. 언젠가는 일본어 번역판도 만들고 싶다고 이야기하더라고요.

유우 이 가게를 계속 해오면서 특별한 작품을 만들었다는 실감이 나요.

코우 그냥 손님이라고 생각했는데 반년 정도 후에 작품을 가지고 와서 팔아달라고 말하는 사람도 있어요. 직접 제작한 창작물이라면 기본적으로 진열대에 두고 있어요. 이《신기루 이야기蜃樓紀》는 사카바시라 이미리逆柱いみり라고 하는, 많이 안 알려졌을지도 모르지만 일본의 베테랑 작가의 작품이에요. 첫 번째 화집은 일본의 출판사 타코셰에서, 두 번째는 망가시크에서 자체 기획으로 출판되었어요. 1,000부를 찍어서 그 가운데 600부를 타코셰가 일본에서 유통시켰어요. 그래서 교토에 있는 서점 세이코샤誠光社나 시모키타자와에 있는 고서점 고서 비비비古書ビビビ에서 판매해요. 일본에서는 3,500엔(약 39,000원) 정도인데 꽤 빠른 속도로 품절되었어요. 지금은 만다라케まんだらけ, 만화책, 장난감 등을 판매하는 유명 중고서점의 매입 리스트에 올라가 있어요. 그리고 앞으로 출판할 아주 대단한 아웃사이더의 책이 있어요.

유우 작가는 아직 스무 살로 장덩하오張登豪라는 남자예요. 아무 데나 파는 노트에 연필로 힘 있게 그린 원고를 가져왔는데 대사는 적은 편이고 전부 영어로 썼어요. 200부만 찍으려고 생각 중이에요.

Mangasick

코우 지금 시대의 크리에이터는 창작 활동으로 먹고살 생각이 아니더라도 SNS나 인터넷 사이트에 자신을 알리거나 작품을 업로드하는 정도는 하고 있어요. 그런데 이 작가는 전혀 달라요. 어느 날 우리에게 갑자기 원고를 가지고 와서 "이걸 인쇄하고 싶은데 어떻게 하면 되나요?"라고 물어왔어요. 지인 중에 책을 만들고 싶어도 어떻게 만드는지 모르는 사람이 있으면 우리가 도와주는 형태로 출판을 하기도 하는데요, 장덩하오의 경우는 작품이 엄청나게 좋아서 오히려 저희 쪽에서 내게 해달라고 부탁했어요. 그런데도 앞으로 만화를 계속 그릴지는 아직 미정이라는 진정한 아웃사이더 아티스트예요.

+++ **지금 대만의 만화 출판 상황은 어떤가요?**

코우 대만에서는 원래 만화를 출판하려면 만화 전문 출판사에서 내야 했는데, 《심야식당》이 히트를 친 이후에는 일반 출판사도 만화를 출판하게 되었어요. 그래도 아직 만화출판사는 일본의 3대 만화잡지 〈점프ジャンプ〉, 〈매거진マガジン〉, 〈선데이サンデー〉에 실릴 것 같은 주류 작품, 가도카와출판사 KADOKAWA가 선호하는 애니메이션화 또는 영화화가 될 것 같은 작품, 모에계 **스토리보다 캐릭터를 중요하게 생각하는** 장르나 소년만화계, 일반출판사라면 미즈키 시게루水木しげる, 고노

후미요こうの史代와 같은 이제는 고전이 된 작품만 번역 출판하는 것이 일반적이에요.

유우 그래서 독자들이 가장 새롭고 예리한 만화를 읽을 수 있으면 좋겠다는 생각에 〈유스카〉를 대만에서도 낸 거예요.

코우 마쓰모토 다이요松本大洋의 작품도 2017년에 제가 번역한 《철콘 근크리트》가 나오기 전까지는 20년 정도 절판 상태였는데, 그 이후로 점차 번역되기 시작했어요. 마루오 스에히로의 《소녀 쓰바키少女椿》가 나온 것도 마찬가지로 작년이에요. 출판사를 그만두었을 때는 소설 번역만 했지만 최근에는 만화 번역 일도 늘어나서 아는 편집자에게 "이거 내는 편이 좋을 거 같아요." 하고 추천하기도 해요.

유우 다가메 겐고로田亀源五郎의 《아우의 남편弟の夫》은 이제부터 제가 번역해서 출판할 거예요. 드라마화 이야기가 나오기 전부터 봐두고 있었어요. 저는 코우만큼 일본어로 말을 잘하진 않지만 번역은 할 줄 알아요. 이가라시 다이스케五十嵐大介의 《리틀 포레스트》도 대만의 출판사에 제안을 하고 출판 결정 후에 제가 번역을 담당했어요. 그렇지만 대만 만화 시장의 다양성은 아직 많이 부족하다고 생각해요. 다카노 후미코高野文子의 《막대가 하나棒がいっぽん》도 초판 부수가 2,000부 정도니까요. 대만에 일본의 〈다빈치ダ・ヴィンチ〉처럼 책이나 만화를 소개하는 잡지가 별로 없다는 사실도 한 가지

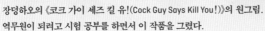

장덩하오의 《코크 가이 셰즈 킬 유!(Cock Guy Says Kill You!)》의 원그림. 역무원이 되려고 시험 공부를 하면서 이 작품을 그렸다.

지하에 있는 망가시크로 내려가는 계단

원인일지도 몰라요. 〈다빈치〉는 여러 특집을 기획하기 때문에 예전 작품, 예를 들면 1960년대의 중요한 소녀만화의 역사를 되짚는 기사도 있었어요. 이렇게 하면 예전 작품이 새로운 독자에 의해 재발견되기도 해요. 그런데 대만의 미디어는 이런 '계보'를 소개하는 경우가 별로 없어요. 특히 대중문화를 다룰 때는 더 그렇죠. 해외의 작품이라면 말할 필요도 없고요.

+++ 대만과 일본의 서브컬처의 차이는 뭘까요?
유우 가장 큰 차이는 일본의 서브컬처는 역사를 가지고 있고 이제 메인컬처와의 경계가 거의 사라졌다는 점이에요. 예를 들어 대형 백화점인 파르코가 어떤 기획을 한다고 하면 인지도보다 작품성을 중시해서 젊은 크리에이터를 발탁하기도 하는데, 대만에서는 이런 경우가 거의 없어요. 어떤 크리에이터가 장래성이 있는지 생각해 보거

나 가끔씩 실험적인 시도를 해보려는 생각은 없고 어쨌든 SNS의 팔로워 수가 많은 작가에게 의뢰하는 거예요. 그래서 대만의 서브컬처는 아직 태어난 지 얼마 되지 않은 느낌? 하지만 지금은 서브컬처에 관심이 있으면 인터넷을 통해 일본이나 서양의 다양한 정보를 얻어 직접 재미있는 걸 만들 수 있어요.

+++ 그러니까 대만에서는 쓰게 요시하루와 같은 작가가 존재하지 않았다는 말인가요?
유우 굉장히 적은 건 사실이에요. 계엄령이 선포된 시대에는 자비 출판조차 전혀 할 수 없었어요.
코우 만화도 심사 없이는 출판을 할 수 없었어요. 그 체제에 반발하여 붓을 꺾은 만화작가도 많았다고 해요.
유우 대만에서 만화가 가장 붐을 이룬 시기는 1980~90년대로 그쯤의 대표적인 작가는 서양의 영향을 많이 받았어요.

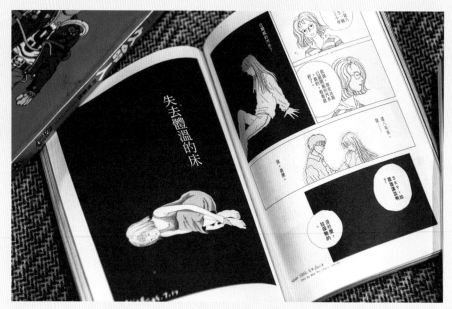

물병고래의 《너를 사랑해》.
어딘지 모르게 오시마 유미코(大島弓子)의 분위기도 느껴진다.

코우 아투이阿推, push와 마이런제麥人杰가 90년대 대만을 대표하는 작가예요. 프랑스 만화 BDBande Dessinée의 영향을 많이 받았어요. 이 물병고래水瓶鯨魚의 《너를 사랑해我愛你》는 1996년에 출판된 작품이에요. 오카자키 교코岡崎京子나 안자이 미즈마루安西水丸와 비슷한 부분이 있어요. 당시에는 인기가 많은 작가였지만, 지금 젊은 사람들은 잘 몰라요.

유우 대만에는 젊은 시절부터 죽을 때까지 평생 만화를 그리는 만화가가 별로 없어요. 환경도 환경이지만 도중에 직업을 바꾸는 경우가 많아요. 당시에 인기가 많았던 물병고래는 지금도 작품을 조금씩 그리기는 하는데 작풍이 완전히 달라졌고 최근에는 에세이를 쓰고 있어요. 참고로 오카자키 교코의 《리버스 에지》의 대만 번역서가 곧 나올 건데 일반 독자의 반응은 크게 좋지 않아요. 저로서는 《핑크》가 빨리 나왔으면 좋겠어요(웃음). 출판된 작품은 아직 일부에 지나지 않아요. 더 배우고 이해한 후에 대만의 만화사를 되짚어 보면 꽤 재밌는 작품이 많다는 사실을 알 수 있어요. 제대로 아카이브되지 않은 것이 안타까워요. 꾸준히 작품 활동을 하는 작가가 적고 소개도 되지 않아요. 그래서 역사나 영향력이 단절되어 버린 거죠.

+++ 앞으로 망가시크를 어떻게 운영하고 싶으세요?

유우 기본 중에 기본이지만 일단 계속하고 싶어요. 출판도 그렇지만 다른 사람이 하지 않는 일을 하고 싶어요. 얼마 전에 마쓰모토 다이요의 《핑퐁》 번역 출판에 맞춰서 서점 안에 판화를 전시했더니 반응이 좋았어요. 만화의 다양성과 재미를 대만 독자에게 가능한 한 널리 알리고 싶어요. 이를 위해서 중요한 것은…… 돈(웃음). 장사와 이상의 사이에서 타협점을 찾지 않으면 안 돼요. 〈유스카〉의 출판이 이상적으로 그 균형을 찾았다고 할 수 있어요. 도쿄 아트 북페어에도 참가하고 싶어요. 언젠가 대만 만화의 앤솔러지를 만들어 도쿄에서 열리는 코믹마켓 등에서 판매해 보고 싶어요.

코우 서점을 시작한 지 이제 4년이 되기 때문에 솔직히 이런 생활이 익숙해져서 크게 엄청난 변화가 없다면 계속할 수 있을 것 같아요.

유우 아! 우리가 지금 하는 일이 바로 독자를 키우는 거잖아요. 어린 손님이 이런 문화를 좋아하게 된다면 10년 후에도 계속 작가를 좋아하고 응원하는 마음이 자연스럽게 생길 가능성이 있다고 생각해요. 오래 하지 않으면 결과가 나오지 않기 때문에 더 힘내서 열심히 해 볼 거예요.

>>> Mangasick

망가시크
臺北市中正區羅斯福路三段244巷10弄2號B1F
B1F, No.2, Aly. 10, Ln. 244, Sec. 3, Luosifu Rd.,
Zhongzheng Dist., Taipei City 100, Taiwan
02-2369-9969
영업시간 14:00~22:00
화요일 휴무
+++ mangasick.blogspot.com

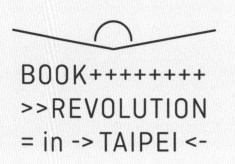

BOOK+++++++   + BOOKSTORE
>>REVOLUTION
= in -> TAIPEI <-

18.

수집가의 신뢰를 바탕으로
새롭게 고서를 판매하는 서점

= INTERVIEW

舊香居

구향거

2017년에 중국 청두에서 개최된 '청두국제서점포럼成都國際書店論壇'에서 《도쿄 서점東京本屋》이라는 책을 중국에서 출판한 요시이 시노부吉井忍 씨의 소개를 통해 한 여성을 알게 되었다. 스타일리시한 의상에 한 손에는 와인을 들고 영어로 아주 유쾌하게 말을 끊임없이 이어갔다. 이 우야후이吳雅慧 씨가 타이베이에서 아버지부터 대를 이어 고서점을 운영하고 있다는 사실을 안 것은 포럼 등단자 중 한 명이었기 때문이다. 받은 서점 명함에는 '오래된 것이 새로운 것이다OLD IS NEW…'라고 인쇄되어 있었다. 다음번에는 타이베이에서 만나자는 그때의 약속대로 서점을 방문했다.

우야후이 씨가 남동생인 우쯔제吳梓傑 씨와 2003년에 시작한 서점 구향거舊香居는 타이완대학 근처인 룽취안제에 있다. 나무가 많고 어딘지 모르게 오래된 느낌이 나는 대학가다. 우야후이 씨의 아버지는 1972년부터 예술 골동품 매매를 중심으로 고서점을 3개 정도 운영(지금은 전부 폐점)했다. 구향거는 정확하게 말하자면 그중 하나를 장소도 외관도 인테리어도 전부 새롭게 단장하여 오픈한 곳이다.

"장녀인 데다가 키도 컸기 때문에 어린 시절부터 가게의 마스코트처럼 아버지의 서점에 있었어요. 책을 좋아했고 팔기도 잘 팔았고 집 안에서도 책에 둘러싸여서 살았어요. 그래서 프랑스에서 미술을 배우고 돌아온 다음에 서점의 세계에 자연스럽게 쓱 빠진 거죠. 젊은 사람이 왜 이런 고풍스러운 가게를 하냐고 물어보는 사람도 있어요(웃음). 이곳을 오픈하고 벌써 15년이 지났어요. 아, 지금 나간 사람이 아버지예요."

마음속으로는 도쿄의 진보초에 있을 것같이 앤티크한 분위기가 느껴지지만 '새로운' 서점을 그렸다고 한다. 대만에는 아직 전문적인 고서점이 없다고 생각해서 수집광인 아버지의 방대한 재고(창고 3개)를 사용하여 서점을 오픈했다. 대만 국내외를 가리지 않고 예술, 문학, 철학, 역사 분야의 책만 취급한다. 일본어로 된 책도 많다. 이 이외에 예술품과 골동품도 판매하는데 그림뿐만 아니라 사진도 판매한다.

"대만에서 최초로 문학가, 예술가, 정치가의 편지와 작가 사인본을 판매한 곳이 우리일 거예요. 고객 중에는 아버지 시대부터 단골인 수집가와 연구가가 굉장히 많은데, 절판이 된 예술서적이나 문학서적의 초판본을 가지고 싶을 때 가장 먼저 생각나는 곳이 우리인 거죠. 그런 수집가들이 신뢰하고 판매한 가치 있는 재고가 안정적으로…… 라기보다는 아주 많아요(웃음)."

舊香居

우야후이 씨의 개인적인 컬렉션

특징적인 것은 책 진열대가 분야별로 분류되어 있지 않다는 점이다. 다만 유형이 비슷한 책마다 각각의 생태계가 있는 것은 알 수 있다. 이 유를 물어보자 "취급하는 테마는 앞서 소개한 4가지밖에 없고 이곳에 놓아둔 시점에서 이미 선별되었기 때문이에요. 그리고 한 권의 책 안에는 어떤 분야라고 규정할 수 없는 여러 요소가 있잖아요?"라는 대답이 돌아왔다. "이 서점을 오가면서 점점 그런 생각을 할 거라고 생각하는데, 자신의 목표로 바로 돌진하기보다는 다른 서점에는 없는 발견을 해주길 바라기 때문이죠. 그래서 가격도 꽤 낮은 편이라고 생각해요." 지금은 해외에서 책을 수입하기도 하고 고객이 책을 판매하러 방문하기도 한다. 일본에서 대만 연구 자료를 판매하러 오는 학생도 적지 않다. 특히 중국 고객이 많다고 한다. 사이트는 페이스북 페이지만 있고 인터넷 판매는 하지 않는다. 매입은 기본적으로 수동적인 편인데 주로 고객이 물건을 팔기 위해 먼저 연락하는 편이다.

+ BOOKSTORE

"가게를 찾아온 손님에게 희귀본을 찾아달라고 부탁받는 경우도 있지만 오래전부터 고객이시던 분들이 우선이에요. 귀중한 책이라면 더더욱 전매 목적으로 사려는 사람이 아니라 진짜 책을 소중하게 다룰 사람에게 넘겨주고 싶으니까요. 앞으로의 전시를 위해 귀중한 책은 보존하고 있는데 수집가가 자신의 컬렉션에서 딱 하나가 부족하다고 하면 판매하고 있어요. 단 전시에서 필요할 때는 빌려준다는 약속을 받고요. 고객과는 아주 깊은 유대감을 가지고 있어요."

구향거에는 '오래된 것들에는 독특한 향기와 풍미가 있다'라는 뜻이 있다. 미디어에서 소개할 때 이름 뒤에 '북스토어' 같은 말을 붙이기도 하지만 이것은 본래의 의도와는 다르다고 한다. 책뿐만이 아니라 판매할 물건, 나아가 구향거라는 공간에 모인 모든 것이 '오래된 것들'이 될 가능성이 있기 때문이다. 2016년에는 서점에서 보도 2분 거리에 갤러리 '예술공간藝空簡'을 오픈하여 지금까지 '청대 대만 문헌자료전淸代臺灣文獻資料展'(2004년), '50년대 절판 서적 디자인전五〇年代絶版書籍設計展'(2010년)과 같은 전시를 개최했다.

"여기는 고서점이지만 오히려 새로운 것을 시도해 보는 공간이라고 할 수 있어요. 대만에 없는 것이라면 책이 아니더라도 뭐든지 받아들여요. 솔직히 제 안에는 '새로움'과 '오래됨'의 구별은 없고 좋은지 나쁜지, 아니면 좋아하는지 싫어하는지만 있어요. 제가 좋다고 생각하면 새로운 것인지 오래된 것인지는 상관없어요. 수집가의 사고와 마찬가지로 아주 단순하죠. 그래서 고서와 함께 새로운 것을 두어도 좋다고 생각해요. 독립출판물을 홍콩이나 일본 또는 유럽에서 수입해서 판매한 것도 우리가 빨랐다고 생각하고, 신간 발표회나 좌담회, 전시 같은 이벤트를 예전부터 개최한 것도 독립서점 중에는 아주 드문 경우였다고 생각해요. 여기서 도전해서 괜찮으면 다른 사람도 시작하죠(웃음). 사실 여기서 신간을 팔아도 이익은 정말 얼마 되지 않아요."

구향거에서 보도 2분 거리에 있는 갤러리 '예술공간'.
취재 중에 열렸던 '에로틱 아트(Erotic Art)' 전시.
과거에는 사에키 도시오(佐伯俊男)의 전시도
개최했다.

舊香居

'오래된 책을 새로운 형식으로 판매'하는 전형적인 예가 2014년에 개최한 '청춘의 본령本事靑春'이라는 이름의 전시다. 1949년 이후의 대만 현대소설, 시, 잡지와 같은 귀중한 고서를 통해 대만 문화를 살펴보는 전시였다. "그렇다고는 해도 역시 고서이기 때문에 감각적으로 받아들여질지 의문을 가지는 사람들이 당초에는 많았지만 이런 전시를 계속해 나가다 보니 지금은 미디어에서도 도전적이고 재미있다는 이야기를 듣게 되었어요."

창고로 쓰이는 서점 내 방과 지하 1층에는 책 말고도 레코드, 두루마리, 대형 차 보관통까지 보관되어 있다. 카오스라고밖에 할 수 없지만 이 안에 얼마나 많은 보물이 잠들어 있을지는 상상이 된다. 예전에는 지하에서 이벤트도 했다는 사실이 믿기지 않는다. 매일 늘어나는 재고에 정확한 리스트가 있을 리 없고 어디에 무엇이 있는지는 우야후이 씨의 머릿속에 대체로 다 들어 있다. 특히 고가인 것은 명조 시대의 것이라고 한다. 과거에 수백만 위안이나 되는 책을 팔았다는 이야기를 듣고 한숨을 쉬자 "진보초는 도쿄뿐만 아니라 여기 타이베이에도 있다는 사실 알고 있었어요?" 하고 크게 웃었다.

마지막으로 가장 중요하게 생각하는 것에 대해서 물어봤다. "고객과의 관계, 교류죠. 이게 가장 중요해요. 15년이나 하다 보면 구향거에 오는 학생이 사회인이 되고 결혼을 해서 가정을 꾸려요. 그 사이클 안에서 그들 하나하나의 흥미와 수요를 이해해서 조금이라도 오래 취미를 가질 수 있도록 하는 거죠. 우리가 파는 책은 특별하다고 할 수도 있지만 생활필수품은 아니라고도 할 수 있어요. 연구에만 필요할 수도 있겠죠. 그래도 그들과의 관계성을 오래 그리고 깊게 유지하면서 책을 '기쁨을 주는 것Joy'으로 만들기 위해 노력해요. 제가 항상 그런 것처럼 말이죠. 그렇게 하면 정부의 지원을 받지 않아도 가게를 계속 유지할 수 있고 전시나 이벤트를 해도 사람들이 와줄 거예요. 그러니까 우리에게는 기반이 있다는 의미예요."

지하 1층에 있는 창고에는 고서와 골동품이
어지럽게 보관되어 있다…….

+ BOOKSTORE

2011년에 구향거에서 출판한 저명인의
자필 서간 전시 도록

>>> 舊香居

구향거
臺北市大安區龍泉街81號1F
1F, No.81, Longquan St., Da'an Dist., Taipei City 106, Taiwan
02-2368-0576
영업시간 13:00~22:00
월요일 휴무
+++ www.facebook.com/jxjbooks

舊香居

BOOK++++++++
>>REVOLUTION
= in -> TAIPEI <-

+++ DESIGNER/ARTIST

小子
Godkidlla

BOOK++++++++ + DESIGNER/
>>REVOLUTION ARTIST
= in -> TAIPEI <-

19.

파격적이고 야성적인 감각으로
북디자인 분야를 뛰어넘어
활약하는 아티스트

= INTERVIEW

샤오쯔 小子, Godkidlla

1981년 자이 출생

+++   대만의 젊은 북디자이너를 취재한《T5 대만 북디자인 최전선》을 읽고 너무 놀라서 말이 나오지 않았다. 날카로운 눈빛의 마치 무사와 같은 풍모. 'Godkidlla'라는 영문 이름도 뭔가 거칠다. 하지만 책 장정은 전부 섬세하고 작풍 역시 그 누구보다 색깔이 다양하다. 처음에 천샤민 씨와 같이 운영하는 두쯔서점에서는 시간이 없어서 이야기를 나누지 못하고 다음을 기약해야 했다. 그다음에 긴장한 상태로 신베이시에 있는 작업실로 찾아가니 이구아나 같은 인물이 나를 맞아주었다.

小子

전부 독학으로 디자인을 배웠다

+++   얼마 전에 모처럼 오셨는데 이야기를 나누지 못했네요. 먼저 디자이너가 된 계기부터 알려주세요.

가장 큰 이유는 생활을 위해서예요. 집안의 경제 상황이 좋지 않아서 학생 때부터 직업을 가져야겠다고 생각했어요. 대학(국립가오슝사범대학)에서는 미술을 전공했고 일찍 자립해서 미술에 관련된 일을 했어요. 처음에는 내가 하는 일이 '디자인'이라고는 생각하지 않았는데 사람들에게 듣고 처음으로 내가 디자이너라는 사실을 깨달았죠. 대만에서는 디자이너가 자신의 작품으로 유명해지는 경우는 거의 없어요. 의뢰받은 일을 착실하게 해나가다 보면 언젠가는 사람들에게 '디자이너'라고 불리게 되는 거죠. 그 시기가 제 경우에는 24~25세 정도였어요.

디자인 회사에 들어가서 밑바닥부터 배운 건 아니고 완전히 독학으로 공부했어요. 대학에서 배운 것은 파인아트였기 때문에 컴퓨터를 사용하는 그래픽디자인을 배운 적도 없었어요. 그래서 당시에는 일 하나하나를 방법을 찾아가며 해야 했어요. 처음에는 레이아웃을 잘 못했지만 하다 보니 점점 소프트웨어 사용법도 익히고 다양한 소재도 사용할 수 있게 되었죠. 마음대로 이런저런 것을 만들어서 팔기도 하고, 초기에는 정말 전시회 포스터, 광고지, CD 재킷 사진 등 여러 가지 일을 했어요. 그때부터 북디자인도 꽤 했던 거 같아요.

〈메이자오〉의 창간호인 〈점거〉의 지면

〈메이자오〉. 오른쪽부터 창간호 〈점거〉,
제2호 〈밥을 차리다〉, 제6호 〈죄〉

+ DESIGNER/ARTIST

대만의 디자이너는 모두 북디자인을 하고 싶어 해요. 자신이 디자인한 책이 서점에 놓여 있는 것이 예술적 표현의 하나인 것 같아서 자랑스럽기 때문이죠. 저도 그렇게 되고 싶어서 대만에 있는 150개 이상의 거의 모든 출판사에 포트폴리오를 보냈더니 한 곳에서만 답변이 왔어요. 그 일은, 일본에도 있는지 잘 모르겠지만, 10대를 대상으로 한 로맨스소설言情小說의 장정이었어요. 책과 관련된 최초의 일이었죠. 로맨스소설 커버 디자인은 과장한 듯한 색감과 글자체가 가장 중요한데, 이것을 기반으로 제 작품 스타일을 확립해 나간 것 같아요.

+++ **직접 잡지를 만드신다고 들었는데 어떤 내용의 잡지인가요?**

2015년에 창간한 〈메이자오眉角/DECODE〉라는 잡지예요. 제작 당시(2014년)에 대만에서는 '해바라기 학생 운동'이라고 불리는 일련의 큰 사회운동이 있었어요. 그래서 그에 대한 SNS의 글이 아주 많이 올라왔는데 전부 아주 얕다는 생각밖에 들지 않았어요. 그래서 그런 현상을 직접 마주하고 매번 다른 사회적인 주제를 다루는 책 같은 잡지가 대만에 필요하다고 생각하게 된 거죠. 이것이 자신만의 제멋대로인 신념이 아니라는 사실을 확인하기 위해 그런 출판물이 대만 사람들에게 필요한지 아닌지 합리적이고 공평한 판단을 받겠다는 생각으로 크라우드 펀딩이라는 형태로 자금을 모았어요.

결과적으로 500만 위안(약 2억 원)을 모았어요. 1년 동안 여러 권 발행할 예정이었기 때문에 그 전 과정에서 필요한 인쇄 · 제본 · 용지 비용과 사진 사용료, 직원 월급 등을 계산한 금액이에요. 지면에는 광고를 절대 넣고 싶지 않았기 때문에 이 방법을 선택한 것도 있어요. 격월간으로 1년 동안 전부 6권을 발행하고 지금은 휴간 중입니다. 독자들의 반응도 아주 좋아서 매출이 나쁘지 않은 정도가 아니라 전 직원에게 보너스를 줄 정도였어요. 대만의 잡지로는 아주 드문 경우라고 생각해요.

+++ **그렇다는 것은 창간호는 해바라기 학생 운동의 다큐멘터리인 건가요?**

그걸 넘어서 창간호는 '점거占領' 운동이 주제였어요. 해바라기 학생 운동은 학생을 필두로 시민들이 대만의 입법원을 점거했기 때문에 '점거'라는 폭력적인 이미지가 항상 따라다니게 되었어요. 사회운동에 대해 가볍게 자신의 의견을 말하는 것이 어렵게 된 상황에서 '공식'도 아니며 질서도 세워지지 않는 공간에서 자신들의 생각을 표현하려고 생각한 거죠. 비상구를 빠져나가는 표지 디자인의 의도는 법치 체제가 정상적으로 지켜지지 않으면 시민들이 어쩔 수 없이 '점거'라는 비합법적인 수단에 호소할 수밖에 없고, 이 행동은 공격이 아니라 어디까지

小子

샤오쯔의 작업실은
아틀리에 겸 집

나 위험에서 도망치는 수단으로서의 항전이라는 표현입니다.

이 창간호에서는 아랍의 봄, 유럽의 반긴축재정 데모, 미국의 월가 시위부터 같은 해에 일어난 홍콩의 민주화 시위인 우산 혁명까지 세계 각지에서 일어난 길거리 운동과 점거 방식을 지면에 담아서 독자들에게 미래의 액티비즘의 존재 방식을 한번 생각해 보도록 했어요. 산림을 지키기 위해 나무 위에 집을 짓고 점거하는 사례도 있어서 재미있었어요.

창간호를 낸 후에 제2호 〈밥을 차리다 開飯〉(식탁 위의 민족지부터 식품 안전까지), 제3호 〈루저 魯蛇〉(영어 'loser'의 발음과 비슷한 한자를 빌려서 쓴 단어. 수입이 적고 애인이 없는 남성을 의미), 제4호 〈그림자극 皮影〉(중국의 전통적인 그림자극. 2016년 대만 정권 교체와 관련해서 국회 자체를 그림자놀이에 비유한 풍자. 정치가 특유의 알맹이 없는 말을 정리한 단어장 '완전 관료 말투 수첩 完全官腔手冊'을 수록), 제5호 〈고별 告別〉(간병보험에서 안락사까지 대만의 나이 듦과 죽음의 이모저모), 그리고 마지막 제6호 〈사비 四非〉('죄 罪'를 분해한 글자. 죄와 벌, 정의, 심판에 대하여)로 이어졌죠. 매번 완전히 다른 테마를 다뤘기 때문에 설문조사와 취재를 그때마다 다시 해야 했어요.

발행 부수는 대체로 4,000부 정도예요. 디자이너는 저 이외에도 1명이 더 있고, 디자인뿐만 아니라 전반적인 내용 전체에 관여했어요. 특집 테마, 장 구성, 문체, 편집, 디자인 방침에 대해서는 제작팀 5명이 협의하면서 진행했기 때문에 시간이 많이 필요한 제작 스타일이라고 할 수 있어요. 취재도 힘들었죠. 제작 과정 전반에서 모든 팀원이 같은 시간을 공유했어요.

+ DESIGNER/ARTIST

디자이너가 사회의식을 가지는 것은 자연스러운 일

+++ 북디자이너가 이만큼 사회의식을 가지고 책 내용에 깊이 관여하는 것은 굉장히 드문 경우라고 생각하는데, 그렇지 않나요?

특별한 사명감을 가지고 있는 건 아니에요. 다만 저는 가난한 블루칼라 집안에서 자랐기 때문에 어렸을 때부터 사회 최하층의 다양한 사람들의 생활을 눈으로 직접 봐왔어요. 그래서 그런 것들에 대해서는 원래 관심을 가져야 한다고 생각하고 있었기 때문에 오히려 '왜?'라고 묻는 것이 더 신기해요. 디자이너도 사회의 다른 직업과 똑같은 하나의 직업입니다. 해바라기 학생 운동의 계기가 된 대만과 중국의 관계는 대만의 일반 기업에도 영향을 미치기 때문에 이 문제에 관심을 가지는 건 저만이 아니라고 생각해요.

〈메이자오〉는 디자인적인 측면에서 보면 절대 큰 도전을 했다고는 할 수 없지만 유니크한 멤버들과 함께 일할 수 있었던 것이 저에게는 아주 소중한 경험이 되었어요. 디자이너는 기본적으로 고독한 직업이기 때문에 그동안 많은 동료들과 오랜 시간 일을 함께 해본 적이 없었어요. 6호가 나왔을 때는 드디어 경기가 끝났다는 느낌이 있었죠.

+++ 이 이외에 샤오쯔 씨가 디자인한 대표적인 책을 몇 가지 정도 소개해 주세요.

찾아서 올게요. (옆방에서 가지고 와서) 스콧 피츠제럴드의 소설 《밤은 부드러워 Tender is the Night》의 대만 번역서 《밤이 깊어지기 전에 夜未央》입니다. 표지의 그림은 활 모양으로 굽은 얇은 곡선을 사용해서 바다와 산을 표현했는데, 여성의 옆얼굴로도 보여요. 환자였던 소녀가 자신의 옆에서 떠난 후 정신과 의사는 알코올에 빠져요. 술에 취해 바다에 떠다니는 것 같은 꿈속에서 그녀가 기다리는 작은 언덕에 갈 수 있길 바라는, 그런 디자인이에요. 선은 컴퓨터로 하나하나 그렸는데, 출판사에서 포스터로 만들려고 파일을 열었을 때 선이 너무 세밀해서 놀랐다고 하더라고요.

이 책은 콤마북스(96쪽)에서 출판한 다자이 오사무의 《오토기조시》입니다. 방공호 안에서 일어나는 이야기여서 습한 굴 안에 물방울이 떨어지는 감각과 비행기가 폭탄을 떨어뜨리는 이미지를 한 면에서 합쳤어요. 커버에는 비의 흔적 같은 층을 포개서 마치 비가 내리고 있는 것처럼 만들었어요. 이것도 전부 손으로 한 거예요.

도게 산키치峠三吉의 《원폭시집原爆詩集》도 콤마북스의 책인데, 커버를 펼치면 책 제목을 중심으로 시의 글자가 비스듬하게 뻗어 나가요. 안쪽으로 접힌 커버 부분을 비스듬하게 잘라

小子

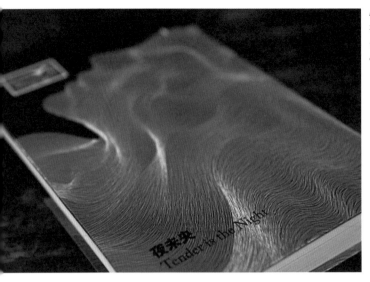

스콧 피츠제럴드의 《밤이 깊어지기 전에》. 표지 위를 헤엄치는 아름다운 곡선. 역자는 일인출판사의 류지 씨.

다자이 오사무의 《오토기조시》. 일본 종이에 비 같이 보이는 선이 수성 니스로 인쇄되어 있다.

서 경사를 강조했어요. 여기서는 히로시마에 떨어진 원자폭탄의 버섯구름을 명확하게 그리고 싶지 않았어요. 왜냐하면 원폭이 터졌을 때 그곳에 있던 사람들은 그걸 보자마자 죽거나 필사적으로 도망갔기 때문에 보지 못했을 거라고 생각했기 때문입니다. 그래서 폭발할 때의 진동이나 잔상을 디자인의 중심에 뒀어요. 무서울 정도로 가슴 아픈 이야기지만 이걸 기록하고 마지막에는 독자들에게 희망을 주고 싶었기 때문에 커버를 벗기면 나오는 표지에 구름이 떠다니는 파란 하늘을 인쇄했어요.

이 강렬한 핑크색 책, 《타이베이의 무료한 풍경 臺北無聊風景》은 〈꽁치〉를 만드는 쿠로시오출판사에서 간행된 사진가 정훙징 鄭弘敬 씨의 사진집입니다. 특별한 일이 일어나지 않는 타이베이의 무료한 풍경을 찍은 것

인데, 표지를 디자인하면서 제목에 쓰인 한자 하나하나를 타이베이 길거리에 있는 간판에서 찾아서 사진을 찍고 그걸 반짝이는 스티커로 만들어서 직접 붙였어요. 어린 시절에 가지고 놀던 트레이딩카드의 감촉을 재현했어요. 처음에 정훙징 씨가 사진을 PDF 파일로 보냈을 때 이미 사진에 핑크색 테두리가 둘러져 있었는데, 대만의 풍경 자체에 이미 혼연일체가 되어서 이렇게 대담한 색을 사용해도 사진의 눈을 끄는 요소가 지워지지 않는다고 할까, 오히려 대만 거리의 카오스 같은 힘이 더 강조되는 것 같다고 느꼈어요.

독립출판사와 일을 많이 하는 것처럼 보이지만 독립출판사와만 하겠다고 정해둔 건 아니고 어떻게 하다 보니 이들이 보다 넓은 표현의 폭을 허용해 준 것뿐이에요. 대만의

+ DESIGNER/ARTIST

대형 출판사는 시장의 반응에 지나치게 신경 쓰는 면이 있기 때문에 아무래도 보수적인 태도를 취하기 쉬워요. 결과적으로 독립 출판사와 일을 하는 편이 재량에 따라 할 수 있는 부분이 많기 때문에 자신이 100퍼센트 만족할 수 있는 작품을 만들기 쉬워요.

+++ **이 4권만 봐도 정말 다 달라서 디자인의 폭이 넓다는 생각이 들었어요. 어디서 디자인에 대한 영감을 얻으세요?**

일단은 반드시 원고를 끝까지 읽어요. 그리고 책 내용에서 아이디어를 얻어요. 그 다음에는 몇 가지 시도해 볼 만한 포인트에 따라 아이디어를 발전시켜 나가요. 마감 날짜에 따라서 단계가 다르기는 하지만 책 내용에 어울리는 BGM을 스포티파이Spotify에서 고른 다음 작업에 들어갑니다.

+++ **디자인에서 공통된 '포인트'는 '직접 손을 움직인다'는 점이라고 생각되는데요.**

그렇다고 할 수 있어요. 최근에는 북디자인의 재료가 된 손으로 쓴 원고를 작품으로 한 장 한 장 판매하고 있어요. 사실은 최근 몇 년간 북디자인 일이 별로 많지 않아서 2017년에는 4~5권 정도 했어요. 전시, 이벤트, CD 재킷 쪽 일이 더 많았어요. 의뢰가 오는 것도 기복이 있어서 한 달에 5권 의뢰가 오는 경우가 있으면 수개월간 1권밖에 의뢰가 오지 않는 경우도 있어요. 대만에 북디자

디자이너도 사회의 다른 직업과 똑같은 하나의 직업입니다.

이너는 많이 있지만 출판 규모 축소로 출판사는 책을 더 보수적으로 내고 있어요. 그런 상황에서 저는 작풍도 대담하기 때문에 의뢰도 더 제한적일 거라고 생각해요. 뭐, 대만의 북디자인 비용은 워낙 저렴해서 생계에 별 영향은 없지만요.

+++ **대만의 북디자인 비용은 보통 어떻게 되나요?**

다 달라요. 저의 경우는 커버만 하면 1건당 2만 5,000위안(약 100만 원) 정도입니다. 신인이면 7,000위안(약 28만 원) 정도 하고요. 글씨만 있는 책인지 그림이나 사진이 많은 책인지에 따라 다른데, 책 본문까지 디자인하면 비용도 올라가요. 표지와 본문 내용이 어울리지 않는 게 싫어서 최근에는 가능하면 양쪽을 다 하고 싶다고 말하는 편이에요. 어느 쪽이든 디자인 비용은 낮기 때문에 제가 책 디자인을 하는 건 단순히 책을 좋아하기 때문이에요. 북디자인에 의존해서 윤택한 생활을 하기는 굉장히 어려운 상황인데, 처음부터 저는 여러 분야의 일을 해왔고 제가 좋아하는 것은 창작 그 자체이기 때문에 형식이 책, CD 무엇이 되든 상관없어요.

小子

꽤 많아요(웃음). 책 내용에 크게 관심이 없거나 클라이언트의 평판이 나쁜 경우에는 거절하기도 해요. 일 자체는 아니지만, 대만에 제지사업을 하는 용펑위永豊餘 그룹이라는 회사가 있는데 액정 디스플레이를 제작하는 한국의 자회사에서 낮은 임금 문제로 사원을 자살로 몰아간 일이 있었어요. 그 이후로 클라이언트가 지정한 경우를 제외하고는 일을 할 때 그 회사에서 만드는 종이는 쓰지 않아요. 그리고 유아교육책처럼 제가 흥미가 없는 주제도 하지 않죠. 반드시 원고를 다 읽고 디자인에 착수하기 때문에 잘 읽히지 않는 책은 디자인하기가 어려워요. 제작 의욕이 끓어오르는 것이 가장 중요해요.

책의 원점에 있는 것은 변하지 않는다

클라이언트에게서 제약을 느끼는 순간은 매번 있어요. 그렇기 때문에 1년에 2건까지만 일을 뒤집을 수 있다고 나만의 규칙을 정해두는 거죠. 그리고 클라이언트에게 디자인 수정 요구가 3번 이상 오면 그 이후에는 1회당 디자인 비용의 20퍼센트를 더 받도록 미리 정해두었어요. 그렇게 수정을 했는데도 클라이언트가 받아들이지 않는 경우에는 몇 번이나 고쳐서 의미를 알 수 없는 책이 완성되는 것보다는 과감하게 중지하는 것을 제안합니다. 저는 그때까지의 디자인 제안료만 받고요. 일본에서는 받을 수 없나요? 이건 오히려 클라이언트에게 좋은 방법이라고 생각해요. 서로의 이미지가 맞지 않으면 빨리 그만두는 편이 상처가 적어요. 이건 화가 나는 것이 아니라 뜻이 맞지 않으면 '그냥 됐다'는 마음이에요.

도게 산키치의 《원폭시집》의 북커버에는 히로시마의 풍경이 펼쳐진다.
이 북커버를 벗기면 나오는 표지에는 파란 하늘과 구름이 인쇄되어 있다.

+++ 디자인을 할 때 가장 중요하게 생각하는 규칙은 뭔가요?

안건에 따라서 달라요. 예를 들어 《밤이 깊어지기 전에》의 표지에서 색과 서체는 바꿀 수 있지만 바탕의 그림은 바꿀 수 없어요. 그것이 이 책의 원점이자 모든 것이기 때문에 바꾸라고 한다면 일을 그만둘 거예요. 《원폭시집》은 제목을 중심으로 한 문자 레이아웃을 조정하라고 한다면 일을 하기 어렵겠죠. 어떤 작품이라도 다 읽고 나면 그 작품의 본래 모습이 제 안에서 보이기 시작해요. 그걸 바탕으로 책의 전체 모습을 디자인하기 때문에 그 처음에 있는 핵심 부분은 바꿀 수 없어요. 이렇게 하는데도 적지 않은 출판사가 일을 함께 해주세요.

책뿐만 아니라 음악의 세계에도 파트너가 있어요. 대만어로 노래를 부르는 록밴드인 미안해, 소년拍謝少年, Sorry Youth과는 2009년부터 지금까지 2장의 앨범과 라이브 공연의 비주얼 디자인을 함께 했어요. 대만에서는 유명한 양식어인 슬목어(밀크피시)가 밴드의 상징인데 전환점이 되는 중요한 라이브 공연에서 제가 이 물고기 머리 모양 탈을 쓰고 무대 위에 올라갔어요(웃음). 두 번째 앨범 '형제여, 꿈이 없으면 안 되지兄弟沒夢不應該'는 대만 최대의 음악상인 금곡시상식에서 올해의 최우수 앨범 디자인상을 수상했어요. 앨범 재킷은 흑박을 입힌 다음에 울퉁불퉁한 동판 2장으로 양쪽에서 눌러서 입체

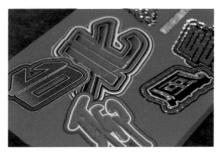

정흥정의 사진집 《타이베이의 무료한 풍경》

감을 만들었어요. 그다음, 흑박지에 금속펜으로 선을 세밀하게 그렸고요. '바다를 보면 인생이 떠오른다'라는 말처럼 대만 사람과 바다는 굉장히 결속이 강해요. 밴드 멤버도 30세가 넘으면서 해류를 거슬러 올라가기보다는 몸을 맡기면서 살아가는 편이 좋다고 생각하게 되었고요. 이렇게 바다와 인간의 일체감을 입체화하고 싶다고 생각했어요. 처음에는 2,000장을 찍었는데 다 팔려서 급하게 2018년 설에 2,000장을 더 찍었어요. 2019년에 도쿄 히가시아자부의 니분노NIBUNNO라는 호텔 겸 갤러리에서 개최될 예정인 전시에서는 이 앨범 디자인의 연장선상에 있는 세계를 보여주게 될 것 같아요.

+++ 중화권의 디자이너만이 가진 강점은 무엇일까요?

있다고 한다면 모티브를 다루는, 특히 문자를 그대로 도안화하는 것을 잘하는 것 같아요. 저는 대만의 길거리에서 영감을 많이 얻어요. 길거리에 굴러다니는 디자인되지 않

小子

은 것들을 새로운 형식으로 정리해서 작품에 적용해요. 사람들이 더럽다거나 흉하다고 생각하는 것도 저라면 받아들여지는 디자인으로 만들 수 있다는 자신감이 있어요. 저의 작품에는 그런 일종의 야성이 있다고 생각해요. 그 야성을 다른 나라 디자이너에게서는 찾아보기 어려울 것 같아요.

+++ 글씨도 샤오쯔 씨의 디자인에 자주 쓰이는 것 같아요.
대학 입학 시험에서 서예가 필수였어요. 당시에는 종이에 글자를 어떻게 써넣어야 하는지도 몰랐어요. 그랬던 서예 수준이 최근에는 클라이언트에게 문신이나 족자 관련 의뢰도 받게 될 만큼 높아졌죠. 처음에는 북디자인을 할 때도 원래 있던 폰트를 사용했지만 그것으로는 개성이 부족해서 작품별로 딱 어울리는 폰트를 찾기가 어려웠어요. 서예가에게 의뢰할 돈도 없었기 때문에 제가 직접 써서 만들 수밖에 없었어요. 한 글자를 수십 번 수백 번 연습해서 잘 쓰게 된 거예요.

'미안해, 소년'의 앨범 '형제여, 꿈이 없으면 안 된다'. 사진에서는 보이지 않지만 가사 카드를 열어 그림의 물결선을 잘 살펴보면 2명의 남성이 어깨동무를 하고 있다.

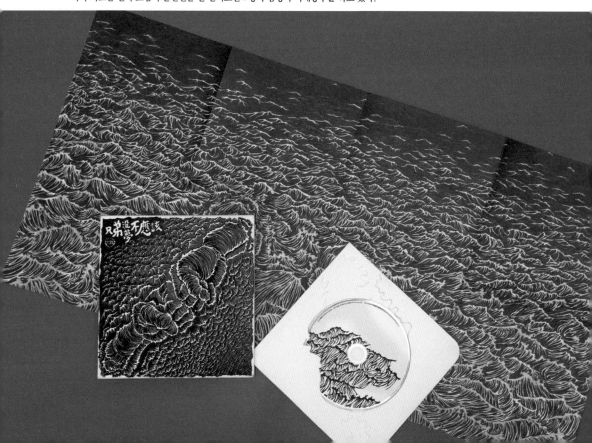

의뢰를 받아 샤오쯔 씨가 제작한 대만 총통부의
2018년 연하장. 대만 총통 차이잉원이 키우는
시각장애인 안내견 출신 강아지 3마리가
모티브가 되었다.

디자인계의 명확하지 않은 제도를 바꾸고 싶다

+++   샤오쯔 씨는 타이베이의 두쯔서점의 공동 주인이기도 하고 가오슝에서도 서점을 하신다
고 들었어요. 북디자이너가 서점도 운영하는 경우는 아주 드문 일 아닌가요?

2014년에 싼위서점三餘書店을 시작했어요. 그 이전에 이벤트 공간을 운영해 본 적이 있는데,
타이베이에서 인기가 많은 책의 이벤트도 남부나 중부에서 열면 주최자도 참가자도 적다는
사실을 알게 되었어요. 그 원인을 알고 싶기도 했고 혹시 우리가 타이베이만으로 만족하고
있는 건 아닌지 반성도 하게 되었어요. 그래서 출판에서 판매까지 직접 통제할 수 있고 이벤
트도 개최할 수 있는 실험의 장이 (제 고향과 가까운) 가오슝에 있으면 편리할 것 같다고 생
각했죠. 많은 일을 하던 콤마북스의 천샤민 씨와는 예전부터 서점을 하자고 이야기한 적이
있었는데, 싼위서점을 먼저 시작했어요. 거창한 건 아니고 친한 친구 몇 명과 깊은 고민 없
이 시작했어요. 회의를 할 때 "우리 가게에서 만나자!"라고 말하고 싶었을 뿐이에요(웃음).
그런데 실제로 서점을 열고 보니 역시 타이베이와 가오슝은 모든 것이 다 달랐어요. 해가
뜨는 날이 많은 남부에서는 주말에는 밖에서 활동하는 것이 습관화되어 있어요. 그래서 주
말에 이벤트나 세미나를 열어도 사람들이 많이 모이지 않는데 수요일이나 목요일에 개최
하면 오히려 참가자들이 많아요. 사는 지역이 다르면 행동 습관도 다르기 때문에 책과의 관
계도 달라져요. 제가 보기에는 각각의 서점에 '성격' 같은 것이 있는 것 같아요. 싼위서점은
지역 문화를 부흥시키기 위해 자신의 능력 이상으로 고군분투하는 완고한 아저씨, 두쯔서
점은 활발한 젊은이, 활발하고 가소성이 크고 변화를 받아들일 여유를 많이 가지고 있죠.

小子

북셀렉션도 생물이라고 생각해요. 싼위서점에서는 처음에는 누구나 좋아할 만한 책들 가운데 추천받은 책을 골라 진열했어요. 하지만 고객들이 서점의 취향에 익숙해지면서 점차 우리가 좋아하는 책을 진열하기 시작했어요. 실험적인 잡지나 양서, 대형 서점에서는 거의 판매하지 않는 시집 등 콤마북스뿐만 아니라 독립출판으로 나오는 책을 중심으로 판매하고 있어요. 식품 안전 관련 서적 옆에 LGBT(성소수자) 관련 책을 두기도 해요. 꽤 잘 팔리는 편이에요. 서점 운영은 기본적으로 점장에게 맡기고, 저는 회의가 필요한 때만 가요.

+++ 현재 독립서점을 시작하는 젊은 사람들이 대만 전국에 많을 것 같은데, 이런 상황은 어떻게 보세요?

저는 그냥 재미있다고 생각해요. 반대로 왜 그런 질문을 하시는지 알고 싶어요. 독립서점을 연다는 선택 자체가 굉장히 어려운 거

타오위안시에 있는 사원 보제당(普濟堂)에서 매년 열리는 관우 탄생일을 경축하는 행사에서 비주얼 디자인도 담당했다. 수량 한정으로 판매한 부적은 바로 완판되었다.

예요. 이미 존재하는 서점조차 살아남기 쉽지 않은 상황에서 잠깐의 꿈 때문에 서점을 시작하는 거라면 제가 걱정하기 전에 이미 실패하겠죠. 만약 오픈한 서점을 계속 유지한다면 그건 출판 시장이 확대되고 보다 많은 사람들이 책을 좋아하게 될 가능성이 커진다는 것을 의미합니다. 서점에도 독자에게도 좋은 일일 수밖에 없어요.

적어도 대만의 독립서점은 서로 협력하는 관계기 때문에 그사이에 경쟁의식은 없을 거예요. 왜냐하면 책 시장이 끝났다는 것이 바로 그 시작 지점이기 때문이죠. 그래서 앞으로도 더 많은 젊은 사람들이 독립서점에 도전해서 그 결과로 서점과 서점 문화가 더 오래 살아남을 방법을 발견할 수 있다면 굉장히 좋은 일이라고 생각해요. 만약 서점을 오래 유지하지 못 한다고 해도 직접적으로 저와는 관계가 없어요. 원래 책 시장은 좋지 않았으니까요.

+++ 한 명의 디자이너로서 앞으로의 대만 디자인업계는 어떻게 변해가야 한다고 생각하세요?

저는 디자인업계의 제도에 문제가 있다고 생각해요. 대만에서는 디자이너에 대한 일 의뢰 방법이나 진행 방식이 제대로 정리되어 있지 않아요. 기본적으로 계약도 하지 않아요. 북디자인 분야에 진입하는 방법도, 얼마만큼 열심히 하면 되는지도, 직무 경력

+ DESIGNER/ARTIST

도 오리무중이죠. 은퇴 후에 할 수 있는 일도 불명확하고, 그렇기 때문에 후배들에게 길을 양보하기도 어려워요. 그렇다고 해서 평생 일을 계속하기도 어렵고요. 디자인 비용도 너무 낮고 디자이너 간 격차도 너무 크죠. 자신을 알리고 싶은 학생들이 무료로 일을 받아버리는 것도 문제예요. 하지만 또 동시에 일을 대량으로 받지 않으면 디자이너는 생활을 유지하기 어려워요.

제가 디자이너 일을 시작했을 때는 '디자인비'라는 개념조차 없어서 인쇄비에 포함될 정도였어요. 제출한 공모전 디자인이나 대략적인 디자인을 도용하는 경우도 많았어요. 그런 나쁜 관습을 우리 세대가 조금씩 고쳐왔다고 생각해요. 저도 지금은 일단 계약서를 쓴 다음 일을 시작하고 일이 늘어나거나 기간이 연장될 경우의 추가 비용도 계약서에 명시하고 있어요.

+++ 일본에서도 책 매출이 떨어지면 출판사가 제작비용을 줄여서 결국 재미없는 책이 세상에 나오곤 해요. 그런 악순환이 있죠. 어떻게 하면 이런 일을 조금이라도 줄일 수 있을까요?
지도책이나 레시피북 등 인터넷으로 대체가 가능한 몇 가지 분야의 책은 사라질 거라고 생각해요. 하지만 이걸 반대로 말하면 '읽는다'는 행위가 책에 한정되지 않는다는 걸 의미해요. 각 출판사가 가지고 있는 강점을 살리면서 사람들에게 어떻게 독

서습관을 가지게 만들 수 있을지 생각해야 하고요. 수익을 책에만 의존해서는 안 된다고 생각해요.

+++ 샤오쯔 씨 자신은 '책의 미래'에 어떤 식으로 함께하고 싶으세요?
큰 질문이네요. 저의 직업이 디자이너인지 아티스트인지 자주 질문을 받는데 저는 '예술력으로 살아남는 디자이너'라고 대답해요. 대만에서는 지금 아티스트와 디자이너의 구별이 애매해요. 저는 디자인도 좋아하고 아트 작품도 만들기 때문에 제가 저 자신을 어떻게 불러야 할지 잘 모르겠어요. 하지만 상대가 책이라면 되도록 내용을 진지하게 표현할 수 있도록 한 권 한 권을 디자인할 뿐입니다. 독자가 책에 흥미를 가질 수 있도록 말이죠. 그것이 제가 할 수 있는 일입니다.

샤오쯔 씨의 목에 있는 문신인 한자 '란(蘭)'은 어머니의 이름이다. 글씨도 어머니가 쓴 것이다.

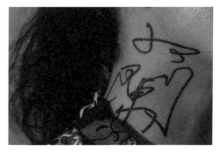

>>> 小子 Godkidlla

샤오쯔
+++ www.facebook.com/godkidlla

小子

BOOK+++++++
>>REVOLUTION
= in -> TAIPEI <-

+ PUBLISHER/
BOOKSTORE

20.

중국의 민간문화를
깊이 있는 디자인으로
기록하여 전달한다

= INTERVIEW

漢聲巷
한성샹

처음 알게 된 것은 츠즈키 쿄이치都築響一의《아무도 사지 않는 책은 누군가가 사지 않으면 안 된다だれも買わない本は、だれかが買わなきゃならないんだ》에서였다. 서양의 책과는 달리 과도한 토착성이라고도 할 수 있을 정도의 디자인 논리로 제작된〈한성漢聲〉이라는 이름의 다양한 책에 눈이 멈췄다. 중국의 민속문화가 저절로 떠오르는 굉장히 신경 써서 만든 것 같은 두꺼운 책이었다. 쑹산문창원구에서 조금 걷다가 호리병 모양의 입구로 들어가면 일본의 출판·디자인 관계자들의 사인도 여럿 보이는 하얀 벽이 보인다. 타이베이에 간다고 말하면 누구나 이곳을 추천한다. 자사의 쇼룸 같은 서점 한성샹漢聲巷에 점장인 정메이링鄭美玲(1966년생)씨가 막 도착한 것 같았다.

서점을 오픈한 것은 2008년으로 10년이 넘었다. 여기서는 출판사 한성에서 나오는 출판물만 취급한다. 서점으로 들어서면 바로 잡화, 민예품, 그리고 그림책 판매대가 이어져 강렬한 디자인의 대량의〈한성〉이 눈에 들어온다. 안쪽에는 라운지 같은 공간도 있다. 편집부(미술 담당)에 있던 정메이링 씨가 서점의 점장이 된 것은 7년 전으로 한성에서는 일한 지 30년이 되었다. "처음에는 여기를 한성박물관으로 만들려고 했어요. 다른 서점에서 책을 찾지 못 했을 때 여기에 오도록 말이죠. 저의 역할은 한성의 스토리와 정신을 서점에 온 독자들에게 직접 전달하는 거예요. 책 내용을 깊이 이해하고〈한성〉을 구입하길 바라고 있어요." 〈한성〉의 출발점은 1970년에 창간된 영어 잡지〈에코ECHO〉다. "〈에코〉는 중화항공의 기내 잡지였어요. 내용은 중국 민족의 생활문화와 의식주 등이에요. 민간에서 나온 컬러 잡지 제1호죠. 영어로 만든 것은 그것이 중국의 전통민속문화를 세계에 알리는 가장 빠른 방법이었기 때문입니다. 1976년까지 계속 나왔고, 1978년에 중국어판 월간지〈한성〉을 창간했어요(제1호는 '중국의 사진' 특집).〈한성〉이 가장 자신 있는 분야는 전통공예와 민간문화를 완벽하게 기록하는 거예요."

이렇게 말하면서 가오슝의 하카客家족의 명산물 '종이우산油傘'을 만드는 법을 보여주었다(〈에코〉 1976년 4월호). 대나무 뼈대부터 시작해서 방수를 위해 기름을 먹이는 것까지 순서에 따라 사진과 함께 기록되어 있었다. 1998년, 대만에서 중국대륙으로 갈 수 있게 되어 본토에 뿌리가 있는 대만인에게 그 문화의 문을 열어주는 주제에 대해 기사를 쓰기 시작했다.〈대만의 취안저우 사람 특집臺灣的泉州人專集〉(제19호)에서는 대만의 용산사龍山寺와 푸젠성(취안저우)의 안하이 용산사安海龍山寺(대만에 있는 수많은 용산사는 이곳에서 제신을 모셔왔다)를 그림과 함께 비교했다.

서점 안으로 들어가면 바로 전통공예품과 잡화를 판매하는
공간이 보인다. 벽에서는 수많은 사인을 볼 수 있다.

"중국으로 취재를 갈 수 있게 되면서 그곳에 수많은 테마가 있다는 사실을 깨달았어요." 연
장인의 공방을 취재한 〈조설근 연 계보曹雪芹風箏譜〉(제38호, 《홍루몽紅樓夢》의 저자 조설근
이 18세기 청대에 쓴 연 해설서의 복각판)에는 연의 각 부분의 명칭, 구전으로 전해져 온
'만드는 법' 노래, 착색, 뼈대의 비율 등이 담겨 있어 마치 연 도감 같지만, 그 집념이 디자
인과 합쳐지면서 실용성을 뛰어넘어 버렸다. 이때부터 테마별로 부정기적으로 발행되는
잡지의 형태를 취하게 되었다. 서점 내 중앙 평대와 벽의 책장에는 판형도 기획도 아주 다
양한 〈한성〉의 과월 호가 쭉 진열되어 있다.

"전부 한성의 편집자가 직접 취재해서 만들고 있어요. 편집부는 중국(베이징)과 대만(타이
베이) 양쪽에 다 있는데, 직원은 각각 20명과 10명이 있어요. 타이베이 사무실은 이 위층이
에요." 현재는 대부분의 편집 작업을 중국에서 하고 있다. 기본적으로 먼저 중국어 번체판
을 만들고 2010년부터는 테마가 맞으면 간체판도 발행한다. 그 정도로 중국 본토의 풍물을
다양하게 취재하게 되었다는 뜻이다. 하지만 반대로 대만에서 받아들이지 못할 것 같은 특

집은 간체판만 만든다. 예를 들어 상하이 게 요리 특집 〈중국 수생동물—털게中國水生動物·大闸蟹〉가 그렇다. 부수는 때마다 다르지만 대체로 3,000부 정도 찍지 않으면 제작이나 용지 비용을 회수할 수 없다(매년 음력설 특집호 '○년 대과○年大過' 시리즈는 일정하게 5,000부를 찍는다). 번체판은 대만에서, 간체판은 중국에서 인쇄한다. 중국에서 번체로 된 책을 인쇄하려면 기준도 엄격하고 절차도 번거롭다.

"예를 들어 이 〈구이저우 납화貴州蠟花〉(제42호)에서는 중국의 구이저우성을 취재했는데, 사진은 대만의 수집가에게 빌렸어요. 베이징의 편집부가 아직 일이 손에 익지 않았던 초기에는 대만의 편집부가 모든 취재를 했어요."

디자이너도 전원 사내에서 근무하는데 모든 디렉션은 〈한성〉의 창업자이자 대표이자 아트 디렉터인 황용쑹黃永松(1943년생) 씨가 한다. 반세기에 가까운 세월 동안 한성의 200개 이상의 출판물의 디자인과 편집을 담당해 온 인물이다.

"한성의 특징은 글을 편집하는 편집자가 디자인을 알아야 하고, 반대로 디자이너도 글을 쓸수 있어야 한다는 거예요. 취재 현장에서는 편집적인 판단과 미적인 판단이 하나가 되어야 하기 때문입니다. 우리는 인원도 적기 때문에 취재를 하기 전에 조사·준비에 시간을 아주 많이 투자해요."라고 알려준 것은 조금 전의 푸젠성 용산사 취재 에피소드를 이야기할 때다. "지면에 자세한 도면이 실려 있는데, 30년 전 당시에는 평면도의 정보가 없어서 우리가 걸어 다니며 직접 재거나 신장을 기준으로 비율로 계산했어요. 일단 타이베이의 용산사를 연습 대상으로 삼아 2주에 걸쳐 평면도를 만드는 것부터 시작했어요." 중국 본토로 가서 취재를 하는 것은 그만큼 긴장감을 동반하는 작업이었던 것이다. 도구가 없어도 맨손으로 기록한다. 그 박력이 지면에 설득력을 부여해 주는 것 같은 느낌이 들었다.

영어판 〈에코〉. 1971년 12월호(오른쪽)와
1976년 4월호(왼쪽)

제38호를 증보한 〈조설근의 제비연 도감
(曹雪芹紮燕風箏圖譜)〉 완전판(제116호)

〈후이산 진흙 인형〉 제3권. 진흙 인형을 만드는 과정을 촬영하여 상세하게 기록했다.

운이 좋아지는 그림을 사용한 대만차 티백은 선물로 인기가 많다.

지금도 복수의 기획이 동시에 진행되고 있다. 프로젝트 사이를 오가며 완벽한 1권으로 정리된 것부터 출판한다. 그렇기 때문에 아무래도 간행은 부정기적이 될 수밖에 없다.

"예를 들어 〈후이산 진흙 인형惠山泥人〉(장쑤성에서 진흙을 이용해서 만든 전통적인 인형) 시리즈 3권은 제작에 10년 가까이 걸렸어요. 발견했을 당시에는 이미 사라진 공예였기 때문이죠. 오직 기록만을 위해 은퇴하신 선생님에게 하나하나 만들기를 부탁하기는 너무 죄송해서 난징 둥난대학의 객원교수로 4년간 수업을 하시는 것을 취재했어요. 디지털카메라도 없던 시대에 제작의 전 과정을 하나하나 촬영하는 것도 굉장히 힘들었어요. 조명을 비추면 바로 진흙이 말라버리거든요. 그러면 선생님도 엄청나게 화를 내셨죠. 어떻게 할 수가 없어서 결국 한 조는 촬영용, 한 조는 기록용으로 같은 인형을 2개씩 만들었어요. 당시의 중국은 불이 끊기면 전기를 조달하기 위해 차를 타고 2시간을 나가야 할 정도여서 어쨌든 고생의 연속이었죠."

어떻게 비즈니스로 사업을 유지해 나가는지 궁금해서 참을 수가 없었는데 "사실 한성은 한 번도 돈을 번 적이 없어요."라는 대답이 돌아왔다. 디자인에 방해가 되기 때문에 지금은 일체 광고를 넣지 않는다. 매출을 유지하게 해주는 것은 1983년부터 발행을 시작한 아동서 번역 서적이다. 해외 판권을 사서 그림책을 출판한 건 최초였다고 한다. 아동서는 자신이 어린 시절 읽었던 책을 부모가 되어 다시 구입하고, 30년 전의 그림책도 재판되어 계속 나온다. 1984년에 번역 출판된 《첫 심부름はじめてのおつかい》(쓰쓰이 요리코筒井頼子 글, 하야시 아키코林明子 그림)은 벌써 29쇄를 찍었고 지금도 매년 2,000권은 팔리고 있다고 한다.

+ PUBLISHER/BOOKSTORE

초기의 독자는 연구자나 교사가 많았지만 최근에는 해외 디자이너가 많다고 한다. 그런데 〈한성〉은 전부 판형이 크고 무겁다. 구입하더라도 배송으로 받는 사람이 대부분이고 호텔까지 서점이 보내주기도 하는데 지금은 인터넷 판매는 하지 않는다. 역시 독자와의 직접 교류가 가장 중요하기 때문이다.

"우리가 굿즈를 많이 만드는 것은 공예품과 민예품의 멋진 디자인을 세상에 알리는 기회를 많이 만들고 싶기 때문이에요. 이 4종류의 대만차에는 〈한성〉에서도 다룬 적이 있는 새나 나무처럼 운이 좋아지는 그림이 사용되었어요. 독자가 이차원으로 보는 것을 입체화해서 만질 수 있도록 하는 것이 굿즈의 역할이잖아요. 그런 세세한 부분까지 제대로 전하고 싶어요." 짐이 될 것 같다고 생각하면서도 〈한성〉을 실제로 보니 사지 않고는 배길 수가 없었다. "〈한성〉은 공간도 많이 차지하고 정기적인 간행물도 아니기 때문에 예를 들면 청핀서점과 같은 곳에서는 판매가 어려워요. 고객들이 〈한성〉을 사도록 만들려면 지금 제가 한 것과 같은 설명이 필요해요. 그래도 매번 구입하길 원하는 팬들에게는 메일주소를 등록해서 신간이 나올 때마다 알려주는 형태로 통신판매도 하고 있어요. 사이트를 빨리 리뉴얼해서 전 세계에서 독자들을 늘리고 싶어요."

십이지신별로 12권이 있는 음력설 특집호 'ㅇ년 대파' 시리즈

>>> 漢聲巷

한성샹
臺北市松山區八德路四段72巷16弄1號1F
1F, No.1, Aly. 16, Ln. 72, Sec. 4, Bade Rd.,
Songshan Dist., Taipei City 105, Taiwan
02-2763-1452
영업시간 월~금요일 13:00~20:00
토요일 11:00~18:00
일요일 휴무
+++ www.hanshenggifts.com

漢聲巷

BOOK++++++++
>>REVOLUTION
= in -> TAIPEI <-

+++ PUBLISHER

撮影之聲
Voices of Photography

보이스 오브 포토그래피

李威儀 + 錢怡安
Wei-I Lee + Lili Chien

취재를 하던 중의 최신 호는 하단 오른쪽에서
두 번째 제23호 〈한국 특집〉

Voices of Photography

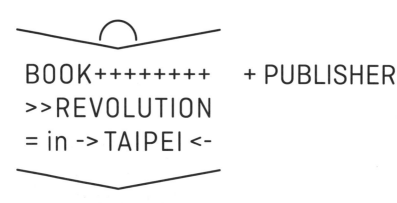

BOOK++++++++ + PUBLISHER
>>REVOLUTION
= in -> TAIPEI <-

21.

사진이 말하는 문화를
언어로 탐구하는 독립 사진 잡지

= INTERVIEW

리웨이이 李威儀, Wei-I Lee

1982년 타이베이 출생

첸이안 錢怡安, Lili Chien

1985년 타이베이 출생

보이스 오브 포토그래피 Voice of Photography

편집장 + 편집 담당자

+++　가장 처음 알게 된 것은 출판사 니테샤(2手舍)의 판매 부스였던 것 같다. '항의', '의문', '기억'에 대한 기사를 매번 재미있게 다루는 잡지로, 지금은 돌아가신 사진작가 런항(任航)을 처음 알게 된 것도 〈보이스 오브 포토그래피〉(이하 〈VOP〉)를 통해서였던 것 같다. 그 후에 편집한 사진집이 잡지 지면에서 소개된 인연도 있어 이번에 처음으로 깊은 이야기를 나누게 되었다. 쑹산구에 있는 빌딩 계단을 올라가니 각국의 연대별 사진집이 책장에 질서 정연하게 진열된 개인도서관 같은 작업실에서 2명의 편집 담당자가 맞아주었다.

대화를 통해 '문화로서의 사진'을 상기시키다

리웨이이(이하 리) 〈VOP〉는 2011년 9월에 창간되었어요. 저는 원래 사진이 취미였고 출판이나 디자인에도 관심이 있었는데 독자로서 정말 읽고 싶은 이상적인 '사진 잡지'를 한번 시험 삼아 만들어본 것이 시작이었어요. 대만의 기존 사진 잡지는 렌즈 등의 기재나 촬영 기법과 같은 테크닉적인 면을 다루는 '카메라 잡지'가 대부분이고, 제가 알고 싶은 예술, 문화, 역사적인 측면에서 사진을 고찰하는 평론 잡지는 없었어요. 그래서 그런 잡지를 만드는 것이 〈VOP〉의 콘셉트입니다.

첸이안(이하 첸) 깊이 연구하고 싶은 것은 '사진이란 도대체 무엇인가?'라는 질문에 대한 대답이에요. 이 질문을 하게 된 호기심이 우리를 움직이게 만들었죠. 잡지에서 우리가 항상 아티스트나 관련된 작가를 인터뷰하는 것도 이것 때문이에요. 매호 테마에 따라 다양하게 취재해서 사진가의 창작 활동과 생각에 대해 고찰해요. 사진과의 대화를 통해 깊이 생각하는 것으로 사진의 다양한 가능성을 찾아내고 싶어요. 그리고 토론, 평론, 서평도 있고 사진집이나 사진의 역사에 대해서도 소개하고 있어요. '사진'의 로드맵을 그리려는 시도예요. 이렇게 다양한 각도에서 '문화로서의 사진'을 보여주고 싶어요.

+++ 두 분이 창간 멤버신가요?

리 〈VOP〉의 프로젝트를 시작할 때 제가 친구들에게 같이 하자고 말을 했었는데 첸이안 씨가 그중 1명이에요. 같은 대학에서 첸이안 씨는 영상과 방송을, 저는 저널리즘을 전공했어요. 졸업을 하고 저는 '연합보聯合報'라는 대형 신문사에서 기자로 일했는데 꿈이었던 잡지를 만들기 위해 1년 만에 그만두고 〈VOP〉를 만들었고 그때부터 쭉 제가 편집장을 맡고 있어요.

편집부 책장에는 전 세계의 사진 관련 도서가 쭉 꽂혀 있다. 〈프로보크(PROVOKE)〉(회고전 카탈로그), 아티스트 그룹 '침↑폼(Chim↑Pom)'의 멤버 엘리의 사진집 등이 보인다.

+++ 창간할 때 참고로 한 해외 잡지가 있나요?

리 참고까지는 아니지만 네덜란드의 〈폼foam〉이나 뉴욕의 〈애퍼처aperture〉라는 사진 잡지를 좋아해서 많이 읽었어요. 조금 전에 이야기한 콘셉트에 조금 덧붙여 말하자면 〈VOP〉가 중요하게 생각하는 것은 아시아의 사진의 발전입니다. 대만 이외에도 중국, 일본, 한국과 같은 나라의 사진가와 작품을 소개하고 나라에 관계없이 사진(영상) 연구자에게 논평을 부탁해요. 최신 호(제23호)에서도 마침 〈한국 특집韓國專題〉이라는 테마로 최근 10년 동안 한국 현대사진의 흐름을 만들어온 노순택, 김익현과 같은 사진가 특집을 했어요. '아시아 현대사진 문화 시리즈' 제1편으로 앞으로도 계속 이어나갈 기획이에요. 참고로 〈VOP〉 창간호는 '새로운 기록新紀實/New Documentary'에 대한 내용이었어요. 존 래프맨Jon Rafman, 알레한드로 차스키엘버그Alejandro Chaskielberg, 장샤오張曉 등을 다뤘어요. 잡지 이름의 폰트부터 책의 분위기와 내용까지 지금과는 꽤 달라요. 처음에는 정말 정신없이 만들었어요.

일단은 우리의 취미와 관심에서 출발한다

리 〈VOP〉는 부정기적으로 발행해요. 창간 이후에 6호까지는 격월간으로 만들려고 열심히 노력했지만 일손도 부족하고 더 깊은 내용으로 만들고 싶었기 때문에 지금은 3개월에 1권 정도 발행하고 있어요. 약 7년 동안 23권을 냈어요. 그런 의미에서 제대로 된 잡지인 체하는 동인지(진)라고 할지도 모르겠네요(웃음). 처음에는 1권당 1,000부씩 찍었는데 조금씩 늘어서 지금은 2,000부를 찍고 있어요. 여하튼 2명밖에 없기 때문에 홍보에는 많은 자원을 쓸 수 없지만 독자들의 응원과 입소문으로 이 정도까지 부수를 늘릴 수 있어서 정말 기뻐요. 덕분에 과월 호도 대부분 재고가 남지 않았어요.

판매는 대부분 대만에서 하는데, 2,000부 가운데 20퍼센트 정도는 홍콩이나 중국 등 해외의 중국어권 나라에서 판매해요. 지면은 기본적으로 중국어로 되어 있는데 특집에 따라서는 영어도 같이 사용하기 때문에 중국어권 이외의 독자도 있어요. 이런 분들은 〈VOP〉의 인터넷 사이트에서 주문해 주세요. 일본에서는 도쿄도사진미술관 안의 나디프 바이텐NADiff BAITEN과 니테샤, 오사카의 LVDB 북스LVDB Books에서 판매하고 있어요. 알릴 수 있는 기회가 제한되어 있기 때문에 가능한 한 해외의 북페어에는 참가하려고 해요. 이 책이 나와서 일본 독자들과의 교류도 늘고 일본 서점에서 〈VOP〉가 더 많이 판매되면 좋겠어요.

〈VOP〉 중에서도 드물게 1권 전체를 사진가 특집으로
만든 특집호. 제10호(왼쪽)는 장자오탕,
제22호(오른쪽)는 가오중리를 다뤘다.

2016년에 나온 〈샤우트〉의 해체 방법을 동영상 공유
사이트(Vimeo)에서 공개했다.

북디자인은 제가 할 때도 있고(제23호 등) 디자이너와 협력할 때도 있어요. 부정기적으로 발행하기 때문에 그때그때 상황에 따라서 어울리는 디자이너와 일을 하는 방식이에요. 이렇게 말해도 지금까지 같이 일을 한 디자이너는 3~4명 정도예요. 정기구독은 8호씩 받고 있어요. 가격은 대만 내에서는 3,600위안(약 14만 원). 아시아 각국에서는 5,200위안(약 21만 원, 배송료 포함, 자체 제작 토트백 증정)이에요.

+++ 솔직히 3개월에 1번, 2,000부 매출로만 운영이 가능한가요? 다른 일도 같이 하시나요?

리 부업도 하고 있어요. 'VOP 북숍'라는 이름의 온라인숍입니다. 가끔 사진집을 입고해서 온라인숍에서 판매하고 있어요. 주로 대만이나 아시아의 사진집을 판매하는데 해외의 고객들도 제법 구입해 주세요. 대만에서 나오는 사진집의 대부분은 독립출판

으로 괜찮은 판매 루트가 없는 경우가 대부분이에요. 그래서 대부분이 저희 숍으로 모여요. 상품의 포장·배송은 이 사무실에서 작업을 하는데, 사실 여러분이 오시기 전에 여기 산처럼 쌓여 있던 책 재고를 안쪽 방으로 다 치웠어요(웃음). 취재, 편집, 디자인, 인쇄, 판매, 운송, 포장, 발송, 그리고 청소까지 전부 저희 둘이서 하고 있어요.

그래도 수익의 대부분이 정기구독을 포함한 잡지 판매에서 나오기 때문에 지난달 잡지 매출로 다음 달 잡지 제작비를 충당할 수 있어서 그럭저럭 계속하고 있어요. 그래서 〈VOP〉는 독자와 함께 유지해 나가는 출판물이라고 할 수 있어요. 광고가 매번 있는 것도 아니고, 처음부터 광고에 의존해서 운영하려는 생각도 없어요. 역시 중요한 것은 독자들의 응원이에요.

+++ 〈VOP〉를 알게 된 것은 3~4년 전인데 '가족', '항의', '의문', '폐기공간'이라는 주

+ PUBLISHER

제의 시점이 재미있다고 생각했어요. 매번 특히 중요하게 생각하는 것이 있나요?

리 〈VOP〉의 기사는 전부 우리의 개인적인 취미나 관심에서 출발해요. 〈대만 포토북 특집臺灣撮影書特輯/Taiwan Photobook Issue〉(제7호)이나 〈이미지 아카이브影像檔案/Image Archives〉(제11호)처럼 사진과 직접 관련이 있는 주제도 있지만 사회·문화·역사적인 측면에서 바라본 접근방식도 있어요. 하지만 어느 쪽이든 작가의 사진만 싣는 경우는 없어요. 1권 전체를 1명의 아티스트 특집으로 꾸민 호도 있어요. 장자오탕張照堂과 가오중리高重黎라는 대가를 다뤘어요. 두 분 모두 대만의 사진가입니다. 항상 주제에 맞는 사진가 가운데 사진에 대해서 새로운 관점을 제시할 수 있는 작가를 선택해요. 그것이 중요한 기준이죠.

첸 이 잡지와는 별도로 2015년부터 매년 〈샤우트SHOUT〉라는 특별편집호를 내고 있는데, 1980년대에 태어난 작가를 중심으로 대만의 새로운 사진가를 취재하고 있어요. 다양하고 정형적이지 않은 그들의 작품에서 받은 느낌에 따라서 매년 북디자인을 조금씩 다르게 하고 있죠. 2016년의 〈샤우트〉는 천이탕陳藝堂, 양야춘楊雅淳, 정훙징鄭弘敬, 장후이신張卉欣이라는 4명의 사진가의 사진을 수록했어요. 언뜻 보면 A5 사이즈 책으로 보이는데 기본적으로 모든 페이지가 풀로 붙인 제본으로 되어 있기 때문에 엽서

원래 광고에 의존해서 운영하려는 생각도 없어요. 역시 중요한 것은 독자들의 응원이에요.

사이즈부터 다양한 크기로 잘라낼 수 있어요. 포스터 크기의 사진도 들어 있고, 종류별로 각각 사진의 순서도 달라요(페이지 순서가 다르고 표지가 다른 책이 전부 5종류가 있다). 여기저기 뜯어내면서 1권을 전부 다 읽으면 원래 책이 사라지고 복원은 불가능해요(웃음). 2017년판은 사진가별로 사진(엽서, 소책자)의 사이즈가 다른데, 그걸 하나의 책으로 정리한 디자인이에요. 이런 출판물이 현대의 특별한 비주얼 기록이 되지 않을까 하는 생각으로 만들게 되었어요.

리 2018년부터는 단행본 출판(VOP 북스)도 시작했어요. 〈VOP〉의 특징인 비평을 더 깊이 있게 다루기 위해서예요. 2월에 막 나온《제작 의의製造意義》에는 대만의 사진 평론가(사진 문화학자) 궈리신郭力昕의 글을 실었는데, 이분은 대만에서는 아주 드문 사진 평론가예요. 계엄령 해제 전인 1980년대부터 현재까지의 대만 현대사진의 역사를 대만의 사진가와 사진집을 소재로 깊이 있게 분석했어요. 지금은 사진 평론가, 사진가, 아티스트 각각의 평론집 출판을 계획하고 있어요.

〈VOP〉 제21호에는 허우이팅의 인터뷰 기사가 실렸다.

천이쉬안의 《인 비트윈》.
표지에서도 피사체의 중심이
책등에 온다.

대만에서 퍼지고 있는 다양하고 부정형적인 젊은 사진가의 파도

+++ 　　다른 나라와는 다른 대만 사진가만의 특징이 있을까요? 이들은 어떤 식으로 자신의 작품을 발표하나요?

리 작품 자체의 차이라기보다는 창작이나 발표를 할 때 쓸 수 있는 자원이 다르다고 할까…, 아니 어렵네요. 당연하지만 사진가별로 촬영 대상, 표현 스타일, 개성이 다르기 때문에 공통된 대만의 취향을 발견하기는 어려워요. 시대에 따라서도 달라지고요. 발표의 장은 책이나 잡지가 아니라면 사진 관련 이벤트인데, 그렇게 많지 않아요. 대만은 전체적으로 봐도 갤러리의 수가 적은데 사진 전문이라면 더 한정적이에요. 작가가 갤러리에 소속되어 작품을 판매하는 경우도 일본에 비하면 적은 편일 것 같은데, 자신의 작품을 만들면서 잡지나 광고 일을 해서 생계를 유지하는 것은 일본과 같을 것 같아요. 젊은 사진가라면 지금은 모두가 인터넷에서 발표하고 있겠죠? 그렇게 작품이 공유되면서 사진이나 이름이 알려지는 거죠. 직접 자신의 작품을 (독립)출판하는 사진가도 있어요. 대만에는 일본의 아카아카샤赤々舍와 같은 사진집 전문 출판사가 없다고 해도 과언이 아니기 때문에 대만의 사진가는 결국 자신의 힘으로 낼 수밖에 없어요. 아마 이것도 대만에서 독립출판이 활발하게 이루어지는 하나의 요인일지도 모르겠네요.

첸 젊은 사진가들이 〈VOP〉로 자주 포트폴리오를 보내요. 2012년부터 2년에 1번, 대만의 사진집 출판에 대해서 되돌아보고 토론하는 페이지 '시선 탐색의 길視線尋路'을 마련해서 출판사에서 나온 출판물과 개인이 독립출판한 작품을 가리지 않고 다양한 사진집과 진에 대해

+ PUBLISHER

평론가, 디자이너, 크리에이터가 함께 토론한 글을 싣고 있어요. 이 특집을 통해 대만 사진의 현 상황을 살펴보면서 우리 대만인이 최근 2년 동안 무엇을 만들었는지 되돌아보는 거예요. 항상 재미있는 작품을 찾고 있기 때문에 투고는 항상 환영해요. 〈VOP〉에는 매호 테마에 따라 작가를 소개하는 코너가 있는데 항상 적절한 테마를 찾기 위해 평소에도 여러 작가의 활동을 유심히 보고 있어요.

+++ 두 분이 특히 주목하고 있는 젊은 사진가가 있으면 알려주세요.

리 제가 좋아하는 젊은 작가로는 허우이팅侯怡亭이라는 아티스트(제21호에 인터뷰 기사가 실렸다)가 있어요. 1979년에 태어난 여성 작가로 '역사를 수놓는 사람歷史刺繡人' 시리즈로 일본 식민지 시대에 대만 여학생을 찍은 오래된 사진 위에 실제로 자수를 놓은 작품을 발표하고 있어요. 실물을 가까이서 보면 정말 입체적이고 아름다워요. 사진 안에서 여자들이 자수를 놓고 있는 의복 위에 다시 자수를 놓는 작품이 메인이에요. 실제로 이 작가는 가정전문학교 출신으로 여성이 학교에서 강제적으로 자수나 꽃꽂이를 배워야 했던 역사를 중층적으로 보여줬다고 할 수 있어요. 사진에 직접 자수를 하는 외과수술의 봉합에 가까운 감각이 사진에 새겨져 사진이 피부 감각으로 다가옵니다.

첸 허우이팅은 예전에 여학생들이 하던 것처럼 사진에 '자수를 하는' 행위를 반복적으로 보여주는 퍼포먼스 작품을 발표하고 있는데, '역사를 수놓는 사람'은 그 프로젝트의 일부예요.

리 다른 작가로는 천이쉬안陳以軒도 있어요. 천이쉬안은 2013년에《인 비트윈In Between/在中間》이라는 제목의 흑백 아트북을 출판했는데 '소중한' 피사체가 딱 책 중간에 오도록 디자인하여 사진에 찍힌 여성이나 개의 얼굴 또는 표정에 집중하기 어렵도록 만들었어요. 사진에는 '대상subject'이 필요하다고 흔히들 말하지만 이 작가는 그걸 깨려고 한 거죠. 사진을 대상을 찾기 위해서만 보지 마라, 중요한 것은 책의 중심이 아니라 중간in-between에 있다는 메시지가 담겨 있어요.

첸 이 작가는 대만 각지를 두루 다니며 쓴 여행기 같은《노웨어 인 타이완Nowhere in Taiwan/遍尋無處》이라는 작품도 찍었어요.

리 마지막으로는 장후이신張卉欣이에요. 이 작가의《꽃이 꽃은 아니다A flower is not a flower》라는 작품집에는 검은 파일 같은 것을 열면 크고 작은 다양한 사진 시트가 들어 있는데 작가가 길가에서 주은 쓰레기 같은 것이 하나씩 동봉되어 있어요. 이걸 '책'이라고 부를 수 있을지 모르겠지만, 동봉된 건 책마다 전부 다르고 사진만 같아요. 200부 한정으로 전부 직접 손으로 만들었어요.

2017년의 《샤우트》. 사진이 들어 있는 케이스를 접으면 사진과 소책자를 수납할 수 있는 수납함이 된다.

+++ 반대로 두 분이 보기에 일본의 사진의 재미있는 점이 있다면 알려주세요.

리 최근에 일본의 젊은 사진작가들을 보면 여러 재료나 미디어를 구사해서 실험적이고 재미있는 작품을 많이 만들고 있어요. 요코타 다이스케橫田大輔, 네루호루Nerhol, 고모리 겐타小森健太와 같은 분들이죠.

첸 이건 교토에서 구한 후지이 요시카쓰藤井ヨシカツ가 직접 만든 작품집입니다. 일본에서는 찍은 작품을 표현할 때 인쇄 방법을 고심하는 것으로 끝나는 것이 아니라 미디어나 제본 양식 등 다양한 부분에서 시행착오를 거듭한다는 느낌이 들어요.

리 사진이라는 창작 활동을 통해 '사진이란 무엇인가'를 탐구해요. 이건 항상 재미있는 명제죠. '사진의 본질'에 대해서 더 많이 토론하고 '사진'을 발굴하고 공상을 하고 창작해야 한다고 저는 생각해요. 사람들이 사진에 대해서 말할 때 보통은 피사체에 대해서 이야기해요. 즉 일반적으로는 '무엇을 찍었는지'에 주목하기 쉽지만 '사진 그 자체'에 대해서는 크게 생각하지 않아요. 그런데 지금은 대부분의 젊은 작가들이 다종다양한 방법으로 '사진 그 자체'에 대해 깊이 연구하려고 하는 것 같아요. 어떤 하나의 재료에 파고들기 위해 촬영한 사진보다는 '사진이란 무엇인가'라는 정의에 도전하는 것 같은 실험적인 작품을 만드는 거죠. 굉장히 재미있게 지켜보고 있어요.

+ PUBLISHER

+++   일본이라면 사진계에는 도마쓰 쇼메이東松照明, 모리야마 다이도森山大道, 나카히라 다쿠마中平卓馬, 시노야마 기신篠山紀信, 아라키 노부요시荒木経惟와 같은, 살아 있으신 분도 80세에 가까운 '대가'들이 있어서 그 영향력이 젊은 작가들에게도 이어지고 있는데 대만에도 이와 같은 존재가 있나요?

리 있어요. 다만 대만의 사진 문화는 몇 명의 거장이 독점하면서 형성된 것이 아니라 각 개인이 다른 위치에서 노력해서 확립한 총체로 존재해요. 그래서 이 궤적을 이야기하려면 한 마디로는 설명이 불가능하지만 대표적인 인물을 한 명만 꼽자면 제10호 전 지면을 사용해서 기사를 쓴 장자오탕이 있어요. 1943년에 태어나 올해(2018년) 75세죠. 장자오탕은 대만의 젊은 사진가들에게도 영향을 미치고 있고 수년 전까지는 대학에서 사진을 가르쳤어요. 마침 지금 국립대만미술관에서 개최되고 있는 '회고—대만 포토그래퍼의 눈에 비친 섬 1970s~1990s回望-臺灣攝影家的島嶼凝視 1970s-1990s'의 전시 큐레이션도 맡고 있어요. 장자오탕이 특별한 것은 사진 이외에도 수많은 영화를 찍었고 몇 권의 책도 썼기 때문이에요. 대만의 사진에 처음으로 모더니즘을 가져온 것도 이 작가였어요. 1960년대의 흑백 작품이 특히 더 그렇지만, 장자오탕 사진의 상상력은 현실에서 얻은 것이긴 해도 그곳에 찍힌 이미지는 순수한 기록이나 보도로서의 사진의 역할을 훨씬 뛰어넘어 항상 극장과 같은 느낌이 느껴졌어요. 이 장자오탕의 특집이 실린 호는 〈VOP〉 가운데 유일하게 증쇄를 했어요. 본인이 새롭게 아이폰으로 촬영한 사진도 추가하고 표지도 바꿔서 냈었죠.

이 위의 세대로는 펑루이린彭瑞麟, 랑징산郎靜山, 덩난광鄧南光, 장차이張才, 리밍댜오李鳴鵰와 같은 사진가가 있어요. 1930~50년대의 대만 사진 교육의 기초를 다지고 사진 살롱이나 사실주의 사진이라는 장르를 만들었어요. 장자오탕도 활약하던 60년대가 되면……, 이렇게 하다 보면 역시 끝이 없기 때문에 이쯤에서 그만둘게요(웃음).

장자오탕 특집호(제10호)는 표지 디자인을 바꿔서 (오른쪽) 〈VOP〉 가운데 유일하게 증쇄되었다.

타이난예술대학이 발행하는 문화잡지 〈액트(ACT)〉도 책장에 진열되어 있다.

항상 변화하는 사진의 생명을 뒤쫓아 가다

+++ 〈VOP〉는 결국 누구를 위해서 만든다고 할 수 있을까요? 그러니까 편집을 할 때는 어떤 독자가 읽을 거라고 가정하고 만드세요?

리 첫 번째 독자는 우리 자신이에요. 아까 말씀드린 것처럼 〈VOP〉의 모든 내용은 사진에 대한 우리의 호기심에서 나오는 거예요. 특집에서 자주 사진에 관한 문헌 자료를 체계적으로 아카이브하는 것은 우리가 그런 사진사의 맥락을 파악해서 정리하고 싶기 때문이죠. 예를 들어 2014년에 〈저항, 행동, 사진抗議, 行動與影像/Protests, Activism and Images〉(제13호)이라는 제목으로 일본과 중국의 저항운동의 역사와 사진과의 관계성을 다뤘는데, 이것도 순수하게 우리의 관심에서 시작된 기사였어요. 민감한 주제여서 중국 당국에서 감사도 받았지만요.

첸 '우리를 위해'라고는 해도 당연히 우리와 마찬가지로 사진에 대해 관심과 호기심이 무궁무진하고 사진을 '읽는' 것도 좋아하는 사람들이 〈VOP〉를 더 많이 읽을 수 있길 바라고 있어요.

리 실제로 창간하고 처음으로 우리와 같은 관심사를 가지고 있는 독자들이 많이 있다는 사실을 알게 되었어요. 창간호부터 계속 함께해 주는 독자도 있어요. 글자 수가 많은 〈VOP〉는 어느 정도 천천히 함께 보낼 시간이 필요한 잡지예요. 사진 잡지이기 때문에 절대 포스터처럼 순발적인 미디어여서는 안 된다고 생각해요.

대만의 사진집 출판에 대해서 토론하는
'시선 탐색의 길' 페이지. 〈VOP〉는 특집에
따라서 중국어와 영어의 2개 언어 표기를
채택하기도 한다.

장후이신의 작품집 《꽃이 꽃은 아니다》

+ PUBLISHER

+++ 　　일본에서는 사진 평론 문화가 한층 더 쇠퇴하고 있기 때문에 〈VOP〉와 같이 사진의 본질을 말로 표현해 주는 잡지에는 더 큰 존재 의의가 있다고 느껴져요. 이런 미디어를 앞으로 오랫동안 유지해 나가기 위해서는 무엇을 중요하게 생각해야 할까요?

리 사진이라는 매체는 원래 항상 변화하는 것이라고 생각해요. 과학기술과 밀접한 관련이 있는 창작 미디어고 응용성도 높은 예술이기 때문에 사진에서는 항상 변화가 일어나고 있어요. 필름에서 디지털로. 지금은 단숨에 인터넷과 가상현실VR의 시대가 되어 사진은 이미 예전과는 다른 존재가 되었어요. 그 말은 즉 사진을 하루하루 뒤쫓고 있는 우리에게도 미지의 것이 항상 새롭게 만들어지고 있다는 뜻이에요. 사진은 항상 새롭고 우리의 눈에는 매일 새로운 것이 출현해요. 이미지의 개념도 끊임없이 변하고 있어요. 그 지점에 아직 더 연구해야 할 영역과 감각이 아주 많아요. 끝이 없는 변화를 계속 관찰하는 것은 굉장히 재미있는 일이죠.

첸 저도 사진이라는 존재가 굉장히 재미있다고 생각해요. 사진은 촬영을 하는 사진가를 통해 주제와 문제를 가지고 나타나요. 그리고 동시에 사진을 말로 표현함으로써 이론으로 파악하는 것도 가능하죠. 또는 사진에 담긴 역사를 꺼내서 해독하는 즐거움도 있어요. 이상한 이야기지만 사진 안에는 사진 자신이 하고 싶은 말이 담겨 있어요. 그걸 쫓아가는 우리에게 사진은 하나의 생명체이자 유기물이에요.

>>> Voices of Photography 撮影之聲

보이스 오브 포토그래피
+++ www.vopmagazine.com

BOOK++++++++ + PUBLISHER
>>REVOLUTION
= in -> TAIPEI <-

22.

아이들의 마음으로
책의 새로운 '형태'를
만들어내는 출판 유닛

= INTERVIEW

nos:books

노스북스

손니 씨가 그린 《핍 하우스》(왼쪽)와
활판 인쇄를 한 황하이신의 초 미니어처 책
《현재는 과거다(現在過去式)/NOW IS THE
PAST》(오른쪽)

도쿄 아트북 페어와 이케부쿠로의 북갤러리 포포탐ポポタム에서 색다른 매력을 발산하는 책을 발견했다. 성냥갑 사이즈의 책, 미니어처 하우스 모양의 책, 진짜 책인지 아닌지 알 수 없는 손목밴드까지…… 장난감 같기도 하고 작은 예술 작품 같기도 한 재치 넘치는 수많은 '책'을 만든 곳은 바로 아티스트 커플, 손니Son Ni(1984년생) 씨와 치호이Chi Hoi(1977년생) 씨가 타이베이에서 운영하는 출판 유닛 '노스북스nos:books'다. 대만에 갔을 때는 이전 중이라 취재를 하지 못했지만, 한 달 반이 지나 2018년 아시아 북마켓에 참가하기 위해 일본을 찾은 두 사람의 이야기를 들을 수 있었다.

"시작한 건 2008년인데 그때는 제가 만화를 그려서 출판했어요. 그런데 주위에 재능 있는 크리에이터 친구들이 많은데 제가 그린 이 1권의 영업을 위해 같은 시간을 들이는 것이 아깝다는 생각이 들었어요. 출판이라는 형태로 발전시키기 위해 우선 지인들에게 연락을 하기 시작했어요." (손니 씨)

그리고 2012년에 홍콩 출신의 아티스트 치호이 씨가 함께 하게 되었다. 처음에는 1년에 1~2권 정도를 출판했지만 지금은 30권 정도를 내고 있다. 전부 대만 아티스트의 책인 것은 '우연'이라고 한다. 굉장히 공을 들여 만들어 비용이 꽤 들기 때문에 대부분 500부 정도로 소량 인쇄를 한다. 전부 다 팔려도 증쇄는 하지 않기 때문에 전부 한정판이다. 좋아하는 서점에 입고시키고 미술관에서도 판매하고 있다. 온라인숍에서는 해외 배송도 하고 있고, 두 사람이 적극적으로 전 세계의 북페어를 돌며 미국, 프랑스, 독일, 홍콩, 한국, 일본, 중국 등 가는 곳마다 현지 서점 파트너를 늘려가고 있다.

"어렸을 때부터 장난감이나 신기한 물품을 모으는 걸 좋아했어요. 그래서 어른이 되면서 점점 이런 것들이 사라지는 것이 안타까워 우리가 직접 만들어보려고 한 거예요."라고 손니 씨가 말하면서 보여준 것은 1990년대에 어린 시절을 보낸 사람이라면 전부 가지고 있었을 플라스틱 버클이 달린 벨트가 생각나는 상품 'Snapping Bracelets/딱따기拍拍尺'. 북페어를 하는 곳에서도 '옛날 생각난다'라는 목소리가 많이 들렸다고 한다. "제조업체는 매번 처음부터 다시 찾아요. 이 작은 집 안쪽을 엿보는 창문의 반대편에 필름(손니 씨가 제작한 에로틱한 콜라주 작품)을 슬라이드 투영해서 보여주는 책《핍 하우스PEEP HOUSE》는 1950년대부터 있었던 독일의 오래된 공방에서 만들었어요." (치호이 씨)

"하지만 형식과 내용의 매칭이 무엇보다 중요해요. 예를 들면 생일카드 같이 소리가 나는 책을 예전부터 만들고 싶었는데 좋은 내용이 떠오르지 않았어요. 그런데 작년에 드디어 아이디어가 떠올랐어요." (손니 씨) 손니 씨가 그린 '좋아요!' 일러스트가 인쇄된 카드 모양의 책《사운즈 굿Sounds Good》을 펴보면 '구~웃' 하는 말 그대로 '느낌이 좋은' 목소리가 들려온다. 최신간으로는 뉴욕에 거주하는 대만인 아티스트 황하이신黃海欣의《싱글SINGLE》이 있다. 실제 설명서 내용을 보통은 2명이서 조립하는 이케아IKEA 가구를 혼자서 만들면서 웃기게 노는 모습으로 바꿔서 일러스트화했다(1,000부 제작). 거절당할까 겁을 내면서 조심스럽게 이케아에 문의했더니 사용료 없이 사용할 수 있도록 허가해 주어서 놀랐다고 한다. "'노스 북스nos:books'의 'nos'는 저의 별명인 'son'을 거꾸로 한 거예요. 같은 음이 나는 한자를 조합해 만든 한자명 '눠스'사挪石社는 '돌을 옮긴다'라는 의미예요. 그러고 보니 매번 엄청난 양의 책을 해외에 가지고 가고 있네요(웃음). '우공이산愚公移山'이라는 중국의 고사성어도 있잖아요." (손니 씨)

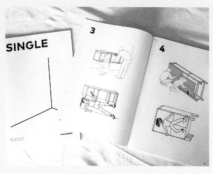

1인용 이케아 가구 조립 설명서,
황하이신의《싱글》

+ PUBLISHER

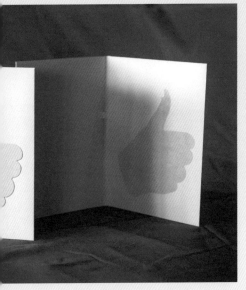

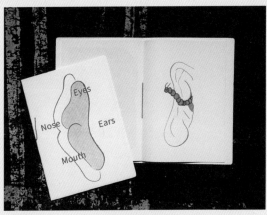

《Eyes Ears Mouth Nose/눈 귀 입 코(眼耳口鼻)》.
친구인 다이링위(戴伶育)가 엄마와 세계를 눈, 귀, 입, 코로 인식하는
태어난 지 얼마 안 된 아이를 위해 그렸다.

오픈하면 '구~웃' 하는 소리가 들리는 《사운즈 굿》

리소그래프 방식을 사용해서 그림을 그리고 디자인하고 인쇄하고 잘라서 붙이고 제본을 하고 포장·발송을 하고 광고 우편물을 만드는 것도 전부 직접 하고 있다. 특히 컴퓨터를 잘 다루지 못하는 손니 씨는 "전문가와 비교하면 10배 정도의 시간이 더 들지만 최종적으로 완성되기만 하면 되지 않을까요(웃음)? 앞으로의 일은 다음에 누구와 무엇을 만들지 바로 눈앞의 일만 생각해요."라고 말하고 웃는다.

'우공이산'은 거대한 2개의 산에 가로막혀 길을 돌아가야 하는 것이 불편했던 노인이 바보 취급을 당하면서도 매일 조금씩 산을 옮겼다는 이야기다. '굳은 의지가 있다면 이루어진다'는 뜻도 담고 있다. '좋아한다'는 우직한 마음에서 출발해서 열심히 하나하나 쌓아가면 그 누구도 본 적 없는 책의 풍경이 보일 것이다. 둘의 책 만드는 모습에 산을 옮기는 노인의 모습이 겹쳐 보였다.

>>> nos:books

노스북스
+++ www.nosbooks.com

BOOK+++++++
>>REVOLUTION
= in -> TAIPEI <-

+++ EDITOR/CULTURAL COORDINATOR

離譜
LIP

립

田中佑典
Yusuke Tanaka

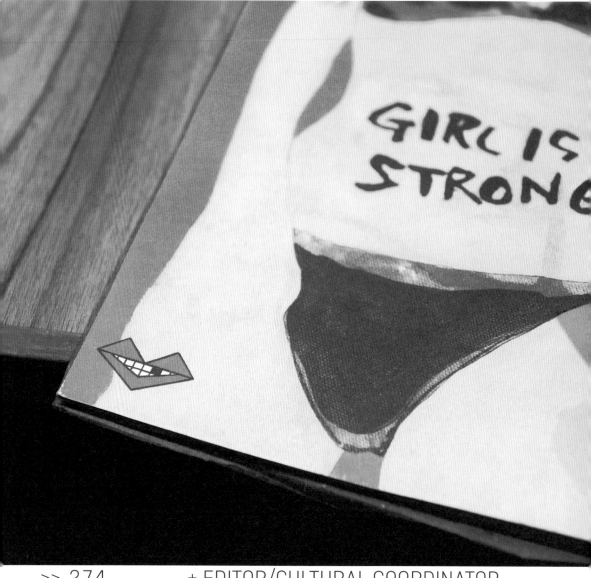

+ EDITOR/CULTURAL COORDINATOR

타이베이의 해 지는 모습을 내려다보다.

LIP

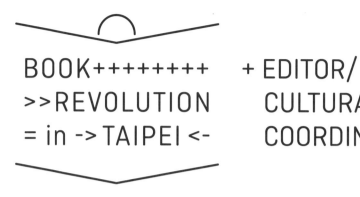

BOOK+++++++ + EDITOR/
\>>REVOLUTION CULTURAL
= in -> TAIPEI <- COORDINATOR

23.

아마추어의 감각을 잊지 않고
일본과 대만을 넘어
아시아의 문화를 이어간다

= INTERVIEW

다나카 유스케 田中佑典

1986년 일본 후쿠이현 출생

립 LIP 대표

+++ 《LIP적인 대만 안내》로 대만 관광을 팝적으로 업데이트한 다나카 유스케 씨와 함께 아시아 북마켓에서 코디네이터를 담당하게 될지는 전혀 상상하지도 못했다. 이때 '다나카 천사'가 북마켓에 초청한 대만의 지인들이 바로 이 책의 핵심 인물들이다. 도쿄 구라마에에 '다이칸'을 오픈하고 대만과 일본 관련 문화의 안내인으로 더 앞으로 나아가고 있는 다나카 유스케의 시선은 지금 동아시아 각국으로 넓어진 듯하다. 해가 질 무렵 타이베이에서 그를 만날 수 있었다.

'입에서 나오는 대로' 한 말에서 시작된 잡지 제작

현재 14호까지 나온 문화잡지 〈립LIP〉은 제가 대학 시절에 처음 만들었을 때는 〈립서비스LIP SERVICE〉라는 이름이었어요. 니혼대학 예술학부 문예학과를 다니던 시절이었는데 주위에는 전부 소설가 지망생밖에 없어서 친구가 없었어요. 그래서 시간이 아주 많았죠. 물론 저도 책을 좋아했고 그중에서도 잡지를 특히 좋아했는데, 당시 학생이 제작 · 발행하는 무료 잡지는 몇 종류나 있었는데 유료 잡지를 만드는 학생은 없다는 생각이 들었어요. 〈립서비스〉라는 이름은 '입에서 나오는 대로 아무렇게나 하는 말'이라는 의미예요. 이가 하나 빠진 입술 그림이 잡지의 로고인데, 이건 실제 제 콤플렉스였어요. 이가 빠져도 괜찮으니까 부끄러워하지 말고 무슨 말이든 해보는 거죠. 책 같은 걸 만들어본 적도 없는 아마추어가 '잡지를 만들고 싶다'라고 엄청난 말을 해보는 거죠. 그걸 직접 실현해 보고 싶다고 생각했어요. 2006년, 대학 2학년 때 창간호를 1,000부 찍었어요. 후쿠이현에 있는 아버지가 아는 인쇄소에 부탁했어요. 그때는 신라CINRA가 CD의 형태로 무료 잡지 〈신라 매거진CINRA MAGAZINE〉을 발행하고, 후에 웹 미디어 '카이유KAI-YOU'를 만드는 다케다 슌武田俊 씨가 대학에서 〈카이유界遊〉라는 잡지를 만들던 시기예요. 일본에서 독립출판물을 의미하는 리틀프레스나 진과 같은 말이 아직 정착되지도 않았던 시기였기 때문에 서점을 한 곳 한 곳 직접 돌면서 영업을 했어요. 무모하게 보이겠지만 "하루라도 좋으니 〈브루투스BRUTUS〉 옆에 두면 안 될까요?" 하고 부탁했어요. 처음에는 반응도 그다지 좋지 않아 욕도 많이 먹었죠(웃음). 라포레 하라주쿠에 있는 야마시타서점의 점장이 "이것도 책이니까"라고 말하고 잡지를 진열해 준 것이 큰 힘이 되었어요. 잡지의 콘셉트는 '아마추어는 프로페셔널의 근원이다'예요. 어떤 프로라도 모두 처음에는 아마추어였을 거예요. 고정되어 있는 프로와 아마추어의 장벽을 부수고 싶었어요. 서점에서 〈브루투스〉나 〈소엔裝苑〉과 같은 유명한 잡지 옆에 초심자가 만든 책이 놓여 있는 상황이 저의 메시지를 구현한 것이라고 할 수 있어요.

+++　　〈립서비스〉는 어떤 내용이었나요?

전부 모방한 거였어요(웃음). 〈도쿄 그래피티Tokyo graffiti〉와 같은 여러 문화 잡지를 흉내 낸 거죠. 길거리에서 눈에 띄는 패션을 한 사람, 아티스트를 목표로 하는 그림 그리는 학생 등 각 분야에서 열심히 자기 일을 하는 일반인들을 소개했어요. 반년에 1권씩 냈고, 일단 2009년에 9호를 마지막으로 휴간했어요. 2008년 정도에 유튜브라는 것이 있다는 사실을 알고

제11호 〈최강 여자〉 특집

〈립〉 최신 호는 2017년 12월에 발행된 제14호

검색해 봤더니 '아, 내가 하려고 했던 일을 이걸로 할 수 있겠다'라는 생각이 들었어요. 인터넷으로 프로와 아마추어의 장벽이 점점 사라져갈 거라는 직감이 들었어요. 당시의 저의 네트워크는 제가 사는 도쿄 주변이 다였고 잡지에 관한 이야기도 저의 커뮤니티 안에서 끝나버렸죠. 이렇게 해서는 인터넷을 이길 수도 없고 종이라는 형태로 출판을 하는 의미도 크게 없다는 생각이 들어 휴간을 결정했어요.

그 후에는 대학 세미나 담당 선생님이셨던 다카하시 고지高橋幸治 선생님 일을 도왔어요. 선생님이 편집장을 하던 애플 관련 월간지 〈맥파워MACPOWER〉에서 아시아의 크리에이티브 특집을 하기도 하면서 선생님 덕분에 아시아의 매력에 대해 알게 되었어요. 선생님이 편집장을 그만두고 독립한 시기에 저도 마침 대학을 졸업해서 어시스턴트로 1년 정도 신세를 졌어요.

+++ 그래서 2012년 제10호부터 〈립〉으로 이름도 바꾸고 대만에 관한 콘텐츠로 크게 방향을 바꾸신 거군요. 그사이에는 무슨 일이 있었나요?

학생 때부터 미국이나 유럽보다 아시아가 왠지 모르게 더 좋아서 자주 여행을 다녔어요. 그때 상하이 관련 일을 하던 다카하시 선생님에게도 영향을 받아 앞으로는 아시아라고 막연하게 생각했던 것 같아요. 그리고 2009년에 대만판 코믹마켓인 '팬시 프론티어Fancy Frontier/開拓動漫祭' 축제에 다카하시 선생님의 어시스턴트로 취재를 같이 가게 되었어요. 저의 첫 대만행이었죠. 매년 타이완대학을 통째로 빌려서 개최하는 대규모 동인지 이벤트인데, 그 열기에 압도되고 말았죠. 상하이, 베이징, 충칭, 홍콩, 태국과 같은 곳도 가봤지만 대만에 빠지게 된 건 역시 일본과 비슷한 점이 있어서인 것 같아요. 야시장이 대표적이라고 할 수 있어

대만에서는
일상과 비일상이
절묘하게 균형을 이루면서
혼재해요.

전 세계에서 진과 아트북을 모아온 '시모키타자와세대'.
11년째인 2018년 2월에 아쉽게도 문을 닫았다.

요. 일본에서의 자신의 일상과 아시아의 압도적인 비일상이 대만에서는 절묘하게 균형을 이루면서 혼재했어요. 그래서 대만에 있으면 해외여행을 하는 감각이 있을 때도 있고 없을 때도 있어서, 그것이 신기했어요. 이것이 저의 대만에 대한 첫인상이었어요.

'대만에서 뭔가 하고 싶다!'라고 생각한 것은 여기서 새롭게 젊은 아티스트를 만날 기회가 많이 있었기 때문이에요. 2003년부터 대만에서 살고 있는 아오키 유카青木由香 씨는 〈맥파워〉에서 대만 관련 연재를 하면서 다카하시 선생님의 소개로 연을 맺게 되었는데, 아오키 씨가 카페 갤러리 '61노트61Note'의 주인 둥타이리東泰利 씨를 소개해 줬어요. '뭔가 재미있는 일을 시작하는 일본인'이라고 점점 더 많은 사람을 소개받게 되었죠. 대만 사람 중에는 밴드 '투명잡지'의 멤버, 서점 '시모키타자와세대下北沢世代'의 2인조(다비드와 모니크) 등과도 알게 되었어요.

61노트는 〈립〉 재출발의 기념비적인 장소로, 〈립서비스〉가 〈립〉이 되기 전에 나온 책자 〈립 대만특별호離譜 臺灣特別號〉의 발간 기념 파티를 2011년에 여기서 열었어요. 이 책자는 지금까지 해온 일을 돌이켜 보면서 앞으로 대만을 테마로 〈립〉이라는 잡지를 만들겠다는 결의를 담은 마치 자기소개 같은 무료 잡지였어요. 그리고 다음 해인 2012년에 나온 제10호부터 〈립〉이라는 이름으로 리뉴얼되었어요.

관광이 아니라 문화라는 다리로 일본과 대만을 연결한다

+++ **당시의 일본에도 〈립〉과 같은 대만을 소개하는 미디어가 있었나요?**

저도 그랬지만 그 시절에 미디어 속 대만은 '주말여행 대만·샤오룽바오·마사지' 같이 고정된 이미지가 대부분이었어요. 하지만 실제로는 61노트 이외에도 문화 카페, 소박한 서점, 라이브라우스, 셀렉트숍 등 일본의 미디어가 모르는 대만이 있었어요. 저도 그런 곳에서 모이는 대만의 크리에이터나 작가들과 실제로 만나면서 고정관념이 깨졌어요. 어느 날은 우연히 만난 뮤지션이 굉장히 멋진 종이 재킷으로 된 CD를 주었는데, 유튜브에서 언뜻 본 뮤직비디오도 엄청났어요. 당시 저는 중국어를 하지 못했기 때문에 혼자 마음대로 이 사람이 유명한 프로 뮤지션일 거라고 생각하고 속으로 쾌재를 불렀어요. 엄청 기뻤죠. 그런데 CD를 열어 잘 들어봤더니 너무 못하는 거예요(웃음). 밴드를 시작하고 아직 반년 정도밖에 되지 않은 것 같았어요.

일본인의 감각으로 보면 연주를 잘하게 되어 음원을 만들고 인기가 생기면 그때 CD를 만드는, 몇 년에 걸친 과정이 필요하다는 생각이 드는데⋯⋯. 대만인은 그걸 반년 만에 해버리는 거예요. 연주의 질 같은 건 상관없는 거죠(웃음). 디자인은 친구가 응원한다는 의미로 만들어줬다고 해요. 이런 에피소드가 일단 잡지를 만들어보자고 내달린 저의 대학 시절과 겹쳐서 보였어요. 어떻게든 만들고 싶다고 말하는 저를 예대와 미대 디자인과 친구들이 도와줘서 점점 팀이 만들어졌던 기억이 떠올랐어요. 그래서 대만 사람들과 이야기가 통할 것 같다고 느꼈어요.

그들의 이야기를 들어보면 일본에 관심이 있어서 일본에 무언가를 말하고 싶다는 마음이 느껴져요. 하지만 당시의 일본 잡지 속에는 '관광'이라는 안경을 끼고 바라본 대만밖에 없었기 때문에 문화라는 다리로는 일본과 대만이 전혀 연결되어 있지 않았어요. 그 부분을 연결하는 것이 재미있을 것 같았고 아직 아무도 하지 않은 영역이었기 때문에 제가 직접 해보고 싶다고 생각했어요. 대만과 일본 또는 중국과 일본처럼, 바다를 사이에 둔 두 나라의 언어로 만들어진 문화 잡지는 당시에 거의 없었기 때문에 종이로 출판하는 의미도 있다고 생각했어요. 인터넷을 통해 하는 것이 더 편리해 보이겠지만 종이라는 물리적인 질감이 있기 때문에 서로 연결되어 있다는 느낌을 표현할 수 있는 것이 아닌가 하는 생각이 들어요. 이렇게 '대일계臺日系 문화'라는 조어를 만드는 것으로 〈립〉은 대만과 일본을 연결하는 컬처 매거진으로 다시 태어났어요.

리뉴얼 직후의 〈립〉에서 함께 일한
쓰요시 군(왼쪽). 〈립〉 제14호의 사진

+++　　　새롭게 태어난 〈립〉은 혼자 꾸려나
간 거예요?

처음에는 쓰요시 군이라는 다마미술대학에
서 유학을 하면서 도쿄에 살던 대만인과 함
께 〈립〉 무료잡지와 제10호를 만들었어요.
쓰요시 군은 편집보다는 디자이너 역할을
했어요. 그때는 아직 일본에서는 전혀 유행
하지 않았던 페이스북을 대만에서는 전부
한다는 이야기를 듣고 대만인 동료를 찾기
위해 페이스북을 시작했는데, 그곳에서 찾
은 쓰요시 군에게 메시지를 보낸 거죠. 그
후에 쓰요시 군은 반다이라는 회사에 취직
해서 〈립〉을 그만뒀어요. 대만인은 이직률
이 높아서 3년 정도 같은 일을 하면 "아직
해?"라는 말을 들어요. 아까 이야기한 뮤지
션 같이 완벽하게 준비되지 않은 상태에서
시작해서 점점 변화에 적응해 나가는 것이
대만인의 장점으로 정해진 것에 얽매이지
않고 잘되지 않으면 유연하게 바꿔나가요.
쓰요시 군 다음에는 니시야마 미야西山美耶
씨와 둘이서 제11~13호(2013~2015년), 3

권을 만들었어요. 《LIP적인 대만 안내LIP的
台湾案内》라는 가이드북도 만들었어요. 원래
는 의류 매장에서 점장을 하던 니시야마 씨
가 독립하려던 찰나에 제가 〈립〉을 같이 하
자고 말했어요. 니시야마 씨는 일러스트레
이터 프로그램을 전혀 사용하지 못한다는
점이 또 반대로 재미있었어요. 그래서 둘이
서 생각해 낸 것이 그런 편집 소프트웨어를
사용하지 않고 워드프로세서로 글자를 쳐
서 그걸 스캔해서 자르거나 붙이는, 그러니
까 철저하게 아날로그적으로 지면을 만드
는 거였어요. 목판을 제판용 원고로 삼아
글자를 잘라 붙이고 그걸 다음 호에서 재이
용하는 것으로 대만과 일본 사이에 사람과
정보의 왕래가 물리적으로 축적되어 가는
것을 가시화할 수 있다고 생각했어요. 솔
직히 읽기에는 불편할 거라고 생각해요(웃
음). 〈립〉은 일본어와 중국어 양쪽으로 표
기하는데 중국어는 중국어 원어민에게 번
역을 부탁했어요.

〈립〉은 지금도 1,000부를 찍는데 대만과 일본에 각각 500부씩 유통시켜요. 대만에서는 제
10호부터, 물론 처음부터 청핀서점과 같은 큰 서점과 거래하는 것은 불가능했기 때문에 독
립서점을 중심으로 판로를 넓혀갔어요. 2012년에 이미 있었던 전원도시, 시모키타자와시
대와 같은 개인이 운영하던 서점이죠. 그때는 진과 같은 말도 아직 대만에는 없을 때여서
일본과 유럽의 진을 살 수 있는 곳은 시모키타자와세대(2018년 2월에 폐점) 정도밖에 없
었어요. 2014년에 전원도시에서 천빙썬 씨가 '진진페어 책 전시 ZineZineFair小書展'라는 일본
의 진 전시회를 개최한 것이 계기가 되어 그때쯤부터 대만의 진 인구가 늘어나 시민권을 얻
기 시작했어요.

2013년쯤부터 정부(문화부)도 크리에이티브 산업을 적극적으로 지원하기 위해 나서면서
이런 독립출판시장이 확대되었어요. 딱 그 타이밍이었던 거죠. 그 전까지 대만은 일본이나
서양의 트렌드를 받아들이는 쪽이었어요. 전도유망한 신인 아티스트들이 적극적으로 해외
로 진출하려는 분위기는 없었어요. 지금 생각해 보면 2013년부터 2014년 사이에 대만에
서도 자신들의 힘으로 메시지를 발신하는 '독립'적인 움직임이 한 번에 분출되었다는 느낌
이 들어요.

'공간'을 주제로 다룬 제12호(2014년)는 전 달에 나온
제11호의 제판용 원고 위에 글씨를 붙여서 레이아웃을 구성했다.

+++ 　　〈립〉의 지면을 보면 대만과 일본의 젊은 문화를 책임지고 있는 인물들이 여럿 등장하는
데요, 양쪽을 연결해서 서로에게 소개하려는 목적인가요?

대만과 일본의 문화 트렌드는 꽤 비슷해요. 2013년에 나온 제11호는 〈최강 여자女子最强/Girl
is Strong〉이라는 특집이었는데요. 그해에 시부야 파르코에서는 젊은 여성 크리에이터들의 이
벤트 '시부걸 축제'가 시작되는 한편 대만에서는 SNS를 중심으로 한 인플루언서나 패셔니
스타가 늘어나 다양한 분야에서 개인의 힘이 커지기 시작했어요. 소녀와 로봇女孩與機器人/
The Girl and The Robots이나 스킵스킵벤벤SKIP SKIP BEN BEN처럼 대만에서도 굉장히 재미있는 여성
아티스트가 나왔고요. 다음 해인 2014년에 나온 제12호는 '공간'이라는 테마를 다뤘어요.
대만에서는 아트큐파이ArtQpie라고 하는 젊은 크리에이티브 팀이 타이중에 '책 북사이트本册
Book Site'라는 공간을 만들고 일본에서는 리노베이션 카페가 늘어나기도 한 시기로, 대만의
독자적인 노점 문화인 '바이탄擺攤 컬처' 등 커뮤니티를 만드는 공간에 초점을 맞췄어요. 그
다음 2015년에 나온 제13호는 '직업職'을 주제로 해서 분위기도 완전히 바꿨어요. 2016년
은 《LIP적인 대만 안내》만으로도 벅차서 잡지는 내지 못했지만 이렇게 대체로 1년에 1번
씩 주기적으로 출판해 왔어요. 그리고 작년인 2017년 말에 낸 것이 마지막 제14호입니다.
'대일계 문화 대폭발臺日系文化大爆發' 특집과 함께 대만에서 〈립〉을 시작한 2011년부터 현재
까지 제 자신의 7년간의 대만과 일본의 교류 역사를 되돌아보며 지금의 마음을 정리한 〈립〉
의 베스트앨범과 같은 잡지예요. 마지막에는 '굿바이! 대일계 컬처'라는 제목으로 다음과
같은 글을 썼어요.

'립'의 중국어 이름인 '리푸離譜'에는 '있을 수 없다/상식에서 벗어난다'라는 의미가 있는데 나는 조금 더 넓게 한자 그대로 '악보에서 벗어나다', '일탈'이라는 의미로 받아들이고 있다. 일탈을 하면 기회와 가능성이 생기고 거기서 새로운 문화가 만들어진다. (중략) 내 컴퓨터의 이전 문서를 보다 보니 '왜 지금 대만인가?', '대만과 일본 사이의 기회'와 같은 제목의 기획서가 나왔다. 그 시기보다 대만과 일본 사이의 거리는 확실히 좁혀졌다. 일탈에는 아픔과 불안이 따르지만 그곳에서 만들어지는 새로운 무언가를 바라보고 싶다. 이 잡지 이름에는 그런 메시지가 담겨 있다.

+++ **그렇다면 〈립〉은 이걸로 끝이 나는 건가요?**

잡지의 테마였던 '대일계 컬처'에 집중하는 건 이걸로 마지막이에요. 물론 앞으로도 대만을 중심으로 다른 아시아 각국을 연결하는 일을 계속해 나갈 거예요. 다음은 '아시아링구얼 컬처'를 테마로 2018년부터 새로운 활동을 시작합니다. 구체적으로는 여름에 홍콩에서 미주微住를 할 예정이에요. 한국, 중국 등 아시아 각국에서 반년 정도씩 살아보는 거예요. 제 자신의 생활을 재료로 삼아서 인생을 살고 있다는 생각이 들어서 최근에는 제 자신을 '생활예인生活藝人'이라고 말하고 다니는데 이건 때에 따라 변해요. 작가나 저널리스트와는 다른데, 넓은 의미로는 편집자라고 하면 될까요. 그냥 대충 장난으로 말할 때는 '천사'라고 하지만요(웃음).

+++ **잡지 편집 이외에 이벤트 기획이나 대만 코디네이터 일이 늘어난 건 언제부터인가요?**

늘었다기보다는 그것도 하지 않으면 먹고 살기 힘들다는 절박함이 있었어요. 대만에 처음 가기 시작했을 때는 가와사키의 바에서 칵테일을 만들며 비행기표값을 벌었어요. 대만 관련 일로만 먹고살 수 있게 된 건 얼마 되지 않았는데, 2015년쯤부터예요(웃음). 코디네이터 일은 가끔 연락이 오던 일

제14호(2017년)의 '굿바이! 대일계 컬처'로 〈립〉은 막을 내렸다.

2017년 12월에 도쿄 구라마에에 오픈한 다나카 씨가 기획한 가게 '타이완 티&갤러리 다이칸'

이 계속 이어지면서 늘어났고요. 2013년, '걸즈 컬처'가 유행하던 시기에는 사진 꾸미기 앱 스너피snapeee를 대만에서 홍보할 목적으로 타이베이에서 개최한 패션쇼를 기획하기도 하고 일본의 음악 레이블이 대만에서 보컬 오디션을 한다고 해서 심사위원인 일본 뮤지션과 음악 프로듀서를 이쪽으로 데리고 오기도 하고……. 〈립〉이라는 대일계 컬처 잡지를 하는 다나카'라는 평가 덕분인지는 모르겠지만 3~4개월에 1번 정도 그런 코디네이터 일이 들어와요. 그런데 당시의 저는 인지도도 전혀 없었고 대만에 고정 파트너도 없을뿐더러 중국어도 잘 못해서 저 혼자 기획부터 코디네이터 일까지 담당하려면 가슴이 답답해질 정도로 부담이 컸어요. 이런 상황에서도 하나씩 해결하면서 실적을 쌓아온 자신을 칭찬해 주고 싶어요.

+++   지금은 이렇게 중국어가 유창하신데, 그때는 전혀 하지 못했나요?

그때부터 공부를 했다기보다는 대만을 오가면서 현지에서 배웠어요. 계속 대만 TV를 보고 일본에 있는 대만 친구도 많이 사귀었어요. 부끄러워하지 않고 계속 말을 하는 것이 제일 중요해요. 수업을 들으며 공부한 건 중국어 검정 시험을 볼 때가 다입니다. 사실 저는 대만에 산 적도 없고 당시에도 반년에 한 번 정도 간 것이 전부예요.

체류 기간도 가장 길었던 것이 3주 정도. 엄청나게 말을 잘하는 것처럼 보여도 대만이나 중국 사람들 눈에는 외국인이 더듬더듬 말하는 것처럼 보일 거예요. 보통 일본인보다는 중국어를 잘해서 홍콩인이라는 이야기를 자주 듣긴 해요.

일상생활 속에서도 대만 문화를 알리고 싶어서 작년 12월에는 도쿄 구라마에에 '타이완 티&갤러리 다이칸Taiwan Tea&Gallery 台感'을 오픈했어요. 텐모어+10나 즈스ZISHI와 같은 대만의 인기 브랜드의 전시를 하거나 대만차 또는 중국어 워크숍을 열거나 대만 마사지 팝업 행사를 하거나 대만의 사진가 정훙징의 전시를 열거나……. 루로우판이나 철관음 티라테와 같은 대만 메뉴도 인기가 많아서 대만식 아침식사 단빙蛋餅, 계란 밀전병과 센더우장鹹豆漿, 콩국물을 기간 한정으로 제공하기도 했어요.

+++   지금까지 이야기를 들어보면 다나카 씨는 '아마추어의 감각'을 쭉 소중하게 생각하는 것 같아요.

나쁜 의미로 너무 프로가 되지 않기 위해서 항상 조심하고 있어요. 대만인도 완벽하게 완성된 주류보다 어딘가 부족한 인간 냄새가 나는 인디적인 것에 더 애정을 쏟는 기질이 있어요. 일본 사람들이 왜 그렇게 대만에 끌리는지 생각해 보면 최근 10년 동안 1밀리의 차이도 허용하지 않는 디자인이라든

취재는 화산1914문창원구에 있는
푸진트리 랜드마크 안 카페에서 했다.

2016년에 출판된 《LIP적인 대만 안내》는 문화의 시점에서
대만 여행의 이미지를 일신했다.

지 말만 많고 행동은 따르지 않는 크리에이티브가 답답하게 느껴져 대만으로 눈을 돌린 것
이 아닐까 생각해요. 일본에서 '크리에이티브'라고 하면 뭔가 삐딱하게 보게 돼서 촌스럽게
들리는 느낌이 있어요. 일본인은 같은 한자문화권 안에 절묘하게 존재하는 아직 어설프고
준비가 안 된 감각에 공감하면서 크리에이티브나 컬처를 솔직하게 호흡하면서 즐기는 대만
인과 대만을 부럽다고 생각하는 게 아닐까요? 일본에서는 느낄 수 없는 것을 즐기는 거죠.

+++   최근 수년간, 대만 안에서 일어나고 있는 문화적인 변화에는 어떤 특징이 있을까요?
대만과 일본 사이에서 일하는 저 같은 사람이 많아져서 일본에서 개최되는 대만 페스티벌
도, 일본에 오는 대만 뮤지션도 많아졌어요. 대만이라는 존재가 일본 사람들 사이에서 일상
화되었다고 생각해요. 한편, 대만에서는 2016년에 총통이 바뀌면서 여당도 국민당에서 민
진당으로 다시 교체되어 중국대륙과 어느 정도 거리를 유지하는 외교정책으로 전환되었어
요. 대만 국내는 불경기였죠. 행정과 민간에서 경제적으로 의존할 수 있는 곳은 일본밖에 없
는 상황. 안에서 보면 대만과 일본의 관계가 굉장히 좋아졌다고 느껴지지만 한 발 물러나서
보면 꽤 미적지근한 상태라고 생각해요. 문화부가 주최하는 '대만 문화 박람회臺灣文博會'도
작년부터는 전혀 변화가 없어요. 대만의 문화는 지금 새로운 것이 나오지 않는 상태예요. 돈
은 돌지 않는데 점점 일본인들이 몰려오니까 어떻게든 비즈니스는 가능한 상태죠. 변화가
재미있다고 생각하던 대만에서 전혀 변화가 일어나지 않는 상황이에요.

반대로 자력으로 해낼 마음은 있지만 돈이 없어서 하지 못 하는 사람도 많다고 생각해요. 그럴 때, 예를 들어 한국에서 같은 경험을 하고 성공한 사람들과 교류를 할 수 있다면 대만에도 새로운 숨을 불어넣을 수 있을 것 같아요. 하지만 나라 사이에는 보이지 않는 벽이 있기 때문에 일단 해보지 않으면 몰라요. 제가 아는 것은 저 자신이 아무런 자극도 없는 그 미지근한 상태에서 일단 빠져나와 대만의 좋지 않은 부분을 보여주는 퍼포먼스를 해야 한다는 거예요. 지금 대만의 문화가 정체되어 있다는 사실을 솔직히 말하는 것. 일부러 더 냉정한 태도로, 앞으로는 대만 사람들에게 미움을 받겠다는 생각으로(웃음). 이것이 다음의 새로운 바람이 되지 않을까요? 그 속에서 대만 사람들이 '어쩌면 진짜 그럴지도.' 하고 알아채 줬으면 좋겠다는 것이 제가 전하고 싶은 메시지입니다. 이 모든 것은 대만의 분위기를 다시 활기차게 만들기 위해서예요.

+++ **상황이 좋아질 수 있다면 미움을 받아도 괜찮다는 그런 마음은 어디서 나오는 거죠?**
그건 죽을 때까지 알 수 없을지도 모르겠어요(웃음). 저는 나서는 것을 좋아해서 사람들에게 주목을 받을 때 아드레날린이 분비돼요. 그리고 어떤 일이 제가 없으면 제대로 되지 않는다고 느꼈을 때. 이 두 가지인 것 같아요. 그래서 어학도 열심히 할 수 있었

어요. 이 관계는 내가 있어야 된다는 실감이 굉장히 저를 흥분시켜요. 솔직히 저보다 대만을 더 좋아하고 저보다 대만에 대해서 더 잘 아는 사람은 얼마든지 많을 거예요. 주목받는 것, 양쪽을 이어주는 것. 이 두 가지가 저를 움직이게 만드는 가장 큰 힘이에요.

+++ **그런데 대만이 그렇게 경기가 안 좋아 보이지는 않아요.**
사실은 정말 경기가 좋지 않은데 그렇게는 보이지 않는 것이 가장 좋지 않은 상태예요. 책뿐만 아니라 전반적으로 가게에서 물건이 팔리지 않는데도 왠지 모르게 운영이 유지되는 분위기. 가게가 계속 오픈하는 상황도 뚜껑을 열어보면 경영자가 모두 원래 부자인 그런 상태. 대만의 회사원은 월급이 평균 10만 엔(약 110만 원) 정도 되는데 타이베이는 월세도 물가도 비싸서 도쿄와 비슷한 정도예요. 그러니까 활동력이 좋은 사람들은 돈을 벌기 위해 중국이나 일본으로 가는데, 이때는 역시 언어가 되는 사람이 잘 되겠죠. 개인이 운영하는 서점도 취재를 해보면 "열심히 하고 있어요."라고 말하지만 실제 사정은 굉장히 힘들 거라고 생각해요. 대일계 컬처에 대해서 말하자면 다음은 구체적인 무언가가 아니라 사람을 연결해야 할 단계라고 생각해요. 2020년의 도쿄올림픽이나 지역 창생이라는 의미에서 일본은 지금 아시아의 인재를 찾아야 하는 시기가

왔다고 생각해요. 호텔과 같은 서비스업 이외에도 특정 기술이나 창의력을 살릴 수 있는 일의 수요가 늘어나고 있어요. 그곳에 재능이나 능력이 있어도 발휘할 기회나 경제력을 대만에서는 찾기 어려운 대만 사람들을 매칭할 수 있을 것 같다는 생각이 들어요

+++ 　다나카 씨도 그런 인재 매칭을 하려고 생각 중인가요?

고향인 후쿠이현에서 잡지 〈꽁치〉 사람들과 함께 '미주'를 해서 만든 책 《고등어 青花魚》를 올봄에 출판했는데, 그 연장선에서 앞으로 일본에서 더 늘어날 이주민들과 지방의 중소기업의 매칭을 통해 고용을 창출할 수 있을 것 같다는 생각도 해봤어요. 관광지가 아닌 거리에서 일단 미주를 해보고 그 거리가 좋아지면 그 땅의 생활 자원을 활용해서 거리를 활성화해 나가는 거예요. 관광지도

일본 사람들 사이에서도 앞으로는 대만 미주나 아시아 미주가 유행할 거예요.

아닌 후쿠이현을 관광지와 똑같은 방법으로 활성화하려고 해도 그건 어차피 불가능해요. 그런 건 교토나 가나자와가 하면 되죠. 시골에서는 무엇보다 고용과 생활의 순환이 중요해요. 그때 대만인을 비롯한 다른 나라 사람들의 이민에 대한 접근 방식으로 미주가 열쇠가 되지 않을까 생각해요. 일본 사람들 사이에서도 앞으로는 대만 미주나 아시아 미주가 유행할 거예요. 그걸 제가 솔선해서 서로 정보를 교환할 수 있도록 만들고 싶어요. 아시아 전체에서 일어나는 인재 셔플의 시작이라고 할 수 있을 것 같아요.

다나카 씨의 고향 후쿠이현에서의 '미주'를 추천하는 책 《고등어》. 사진은 가와시마 고토리 씨

가요슝에서 '미주'를 했을 때는 오이 농가에서 수확을 도왔다.

'아시아링구얼'로 현대 아시아의 기분을 편집하다

+++ **이번에 여러 가지 이야기를 들으면서 2014년의 해바라기 학생 운동이 대만에서는 큰 전환기가 되었다는 인상을 받았는데 다나카 씨는 어떻게 생각하세요?**

그건 일본에서 말하는 동일본대지진과 비교될 정도로 큰 사회적 사건이라고 생각해요. 그이전에도 대만의 것을 해외로 알리자는 움직임이 있었지만 2014년 이후로 급격하게 대만인의 정신이라는 부분을 더 어필해 나가자는 분위기로 바뀌었어요. '메이드 인 타이완'이 당시에 거리에 넘쳐났어요. 그렇게 내수가 늘어나 경기가 일시적으로 살아났어요. 대만에서 만든 것, 대만의 크리에이터가 만든 것을 사자는 분위기였죠. 대만인끼리 도와서 경제를 살리려는 분위기였는데, 그것도 근본적으로는 불경기였기 때문에 지금은 그 움직임도 점점 힘을 잃고 있어요.

+++ **다음 비전도 여러 가지가 있을 것 같은데 다나카 씨는 아이디어 같은 걸 어디서 얻으세요? 역시 사람인가요?**

네, 사람입니다. 공기라고 할까, 코로 느끼고 있어요(웃음). 편집자는 언어화, 시각화되지 않은 사회 지층의 일각을 지상의 보이는 곳까지 끌어올리는 일을 한다고 생각해요. 저는 사람과의 커뮤니케이션을 좋아하기 때문에 사람의 감정을 포함한 전체의 공기, 분위기에서 캐치하고 있어요. 그래서 말이 항상 중요하다고 생각해요.

예전에 홍콩에서 죽집에서 일하는 아주머니가 광둥어로 말을 걸어 보통화(표준중국어)로 대답을 했더니 그 공간의 공기가 단숨에 확 식어버린 적이 있어요. 물론 말은 통하겠지만 표면적인 커뮤니케이션으로 끝나는 거죠. 홍콩 사람들의 진짜 생각은 광둥어를 사용하지 않으면 제대로 알 수 없다는 생각이 들었어요.

한국 사람들과도 영어로 대화를 나누면 정보의 소통은 되지만 정서적인 부분이나 진짜 생각까지는 알기 어려워요. 나라의 언어와 그 나라의 생활, 풍습은 밀접하게 이어져 있어요. 홍콩에서 통역을 하는 사람에게 들었는데 일본어로 '상냥하게 행동한다愛想よく振る舞う'라고 말하면 광둥어로는 표현할 수 없다고 해요. 그 죽집 아주머니는 상냥하지는 않았지만 주문하자마자 죽이 바로 나왔어요(웃음). 반대로 상냥하기만 하고 죽이 빨리 나오지 않는 것보다는 훨씬 낫죠. 홍콩에 그런 말愛想이 없는 것은 그런 개념이 없기 때문이에요. 역시 언어와 사회 그리고 사람은 다 연결되어 있기 때문에 각국의 언어를 더 깊이 공부해서 그 연관

성을 이해하는 것이 다음 목표예요. 아시아의 현재를 살아가는 사람들이 무엇을 생각하는지, 각 나라별 '기분'을 편집하고 싶어요. 저만의 방법으로 언어에서 사회의 성분을 추출해 나가고 싶어요.

+++   앞으로는 종이 잡지나 책을 만들 생각은 없으신가요?

20년 후, 30년 후에는 어떤 세상이 될지 모르겠지만 단기적으로는 계속하고 싶다고 생각하고 있어요. 아까 말한 것처럼 다음은 '아시아링구얼 컬처 매거진'으로 만들고 싶어요. 그 처음은 홍콩판이 될 것 같기도 한데 2018년이 지나기 전에 낼 수 있을지 모르겠어요. 하지만 우선은 미주를 통해 홍콩의 기분을 추출하는 것부터예요. 책으로 돈을 벌겠다는 생각은 아예 없어요. 책은 어디까지나 제가 하고 있는 일의 명함 대신이라고 할까, 제가 쌓아온 시간의 표현이라고 생각해요. 그것이 2006년부터 쭉 종이의 형태로 남아 있다는 건 정말 멋진 것 같아요. 종이라는 미디어의 강점이죠.

+++   자신의 미디어가 곧 자신의 라이프 히스토리도 되는 거네요. 앞으로도 혼자서 일하실 계획인가요?

아직 잘 모르겠어요. 어쩌면 아시아의 어디선가 누군가를 찾을지도 몰라요(웃음). 앞으로의 직함은 '아시아링구얼'. 이상적으로 생각하면 어디를 가도 동료가 있고 조그만 장사를 할 수 있는 장소를 아시아에 5, 6곳 정도 만들고 싶어요. 어떤 나라에 가도 재미있게 일할 수 있고 놀 수 있는 상태. 그런 모든 것이 저의 직업이라고 말하고 싶어요. 립을 회사화하지 않느냐고 자주 묻는데 사람을 고용해서 책임을 지는 건 진짜 어려운 일 같아요. 앞으로도 저 혼자서 먹고살 수 있는 범위 내에서 일하고 싶어요. 그래서 '함께하는' 경우가 있어도 그건 서로 '이어진다'는 의미일 거예요. 그럼 이제 랴오닝제 야시장으로 가시죠!

>>> LIP 離譜

립

LIP

BOOK+++++++ + BOOK FESTIVAL
>>REVOLUTION
= in -> TAIPEI <-

24.

동아시아를 '책'으로 연결하는
오사카발 북페어

= INTERVIEW

ASIA BOOK MARKET
아시아 북마켓

'아시아의 책이 모이는 북페어를 시작하고 싶다.' 오사카에 거점을 둔 지역문화잡지 〈인/섹츠IN/SECTS〉의 대표 마쓰무라 다카키松村貴樹 씨의 연락으로 모인 것이 2017년 2월이었다. 오사카 기타카가야에 있는 크리에이티브 센터 오사카(나무라 조선소가 있던 자리)에서는 2016년부터 프리마켓 기타카가야 플리KITAKAGAYA FLEA가 매년 봄, 가을에 개최되고 있었다. 이 중 봄에 대만과 한국에서 10곳씩(그리고 홍콩에서도 몇 곳) 출판사와 서점을 초청하여 북페어를 열게 된 것이다. 이때 대만은 〈립〉의 다나카 유스케 씨, 한국은 우리(우치누마, 아야메, 편집자인 후루야 미쿠 씨)가 참가자들의 코디네이터를 맡아 안내하게 되었다.

2017년, 2018년 모두 5월 하순은 날씨가 아주 맑았다. 조선소의 흔적이 남아 있는 해변에 불어오는 초여름의 바람이 기분이 좋았다. 공장 같은 3층 건물의 1층에는 오사카를 대표하는 카레집이 모여 있고 2층에서는 잡화, 푸드를 판매하고 라이브 등을 개최한다. 그리고 3층이 바로 아시아 북마켓이 열리는 곳이다. 이 책에도 등장한 폰딩, 샤오르쯔, 전원도시, 빅이슈 타이완, 꽁치, VOP, 립과 같은 대만의 에이스들이 한곳에 모였고, 한국에서도 땡스북스, 유어마인드 등이 참가했으며, 일본에서도 북쪽에서 남쪽까지 다양하게 모여 약 50개의 참가자가 각자의 책과 언어를 통해 교류했다. 대만 옆에 한국, 또 그 옆에 일본, 이렇게 부스를 국가별로 나누지 않기 때문에 커뮤니케이션이 잘 이루어졌다. 그렇다면 내년에는 또 어떻게 될까? 라이브와 전시도 꼭 계속했으면 좋겠다.

>>> ASIA BOOK MARKET

아시아 북마켓
大阪府大阪市住之江区北加賀屋4-1-55
クリエイティブセンター大阪(名村造船所跡地)
4-1-55, Kitakagaya, Suminoe-ku, Osaka-shi, Osaka-fu,
559-0011, Japan
Creative Center OSAKA
+++ kitakagayaflea.jp

(292쪽 사진) 아시아 북마켓은 기타카가야 플리가 열리는 크리에이티브 센터 오사카 3층에서 개최된다. 여기서만 살 수 있는 책이 대만, 한국, 홍콩에서 수없이 많이 모이기 때문에 매년 이틀 내내 성황을 이룬다.

마치며 / 우치누마 신타로

　　다음 취재지로 향하는 택시에서 갑자기 운전기사가 이어폰의 마이크에 대고 큰 목소리로 말하기 시작했다. 운전석 대각선 쪽에 스마트폰이 고정되어 있기에 화면을 힐끗 보니 주식을 확인하는 것 같았다. 혹시나 해서 동행한 통역사에게 물어보니 맞다고 했다. 승객을 태우면서 전화로 주식 거래를 하는 것이었다. 운전 중에도 곁눈으로 주식 가격을 확인할 수 있으니 문자 그대로 '사이드잡'으로 삼기에 좋을지도 모르겠다. 통역사는 "대만에서는 주식을 하는 사람이 많아요. 수입이 적어서 모두 부업이나 투자를 하고 있거든요."라고 말했다.

　　책의 세계도 예외는 아니었다. 대만 1인 출판사의 대명사 콤마북스의 천샤민 대표의 말처럼 대만의 많은 독립출판사는 출판과 다른 일을 병행하면서 생계를 유지하고 있다. 수입 와인 판매처럼 완전히 다른 업종에서 일하는 사람도 있고 다른 출판사에서 일하는 사람도 있다. 다른 출판사에서 일할 때는 그 출판사와 내가 만든 출판사가 분야만 겹치지 않으면 된다고 말하지만. 어떤 장르라고 딱 잘라 말하기 어려운 출판 기획도 있을 것이다. 이런 기획을 고용된 출판사에서 책으로 만들 것인지 아니면 자신의 출판사의 기획으로 가져갈 것인지에 대한 판단은 각각의 윤리관에 달렸다. 주어진 일만 잘하면 다른 일을 한다 해도 아무런 문제도 되지 않는다. 많은 사람들이 이렇게 생활하고 있기 때문에 이런 생각이 당연하게 받아들여지는 것이다.

　　그런데 부업의 목적은 수입만이 아니다. 택시 운전기사의 주식 투자는 그렇다 치더라도 수입 와인을 판매하는 사람에게 출판이란 아마 수입

보다는 자아실현 쪽에 더 큰 목적이 있지 않을까 예상해 본다. 생활을 위한 수입은 본업에서 확보하면서 또는 본업의 수입 일부를 투자해서라도 인생의 행복을 위한 일을 부업으로 하는 것이다. 한쪽이 생각처럼 잘되지 않아도 나머지 한쪽의 존재가 마음을 든든하게 지켜준다. 금전적인 면뿐만 아니라 정신적인 면의 균형을 얻기 위해서도 부업이 가지는 의미는 크다. 한편 대만의 출판계를 취재하면서 부업의 형태가 아니라 복수의 사업을 하나의 복합적인 사업으로 전개하는 사례도 눈에 띄었다. 이 책에서 가장 처음으로 소개한 폰딩(14쪽)에서는 갤러리 운영과 아트북 판매가 일체화되어 있다. 출판사로 시작한 전원도시(146쪽)는 카페와 갤러리 공간이 마련된 서점도 같이 운영한다. 고전하던 잡지 〈샤오르쯔〉(36쪽)는 같은 이름의 '샤오르쯔' 브랜드로 잡화점과 카페를 시작하면서 경영이 V자 회복을 이뤘다. 대만 사람들은 하나의 일만 고집하지 않는다. 하나의 공간에서, 같은 브랜드 안에서 복수의 사업을 조합하여 시너지효과를 만들어낸다. 그 각각의 사업에서 조금씩 수익을 만들어내는 구조로 전체 사업을 유지하며 계속해 나갈 수 있는 길을 모색하는 모습이 인상적이었다. 물론 부업이나 복합적인 사업 형태는 일본에서도 드물지 않게 볼 수 있다. 하지만 일본에서는 부업으로 서점이나 출판사를 하고 있다고 하면 취미나 재미로 하는 것이라고 가볍게 보기 십상이다. 또한 잡화를 팔거나 카페나 갤러리를 병행하는 서점을 조소하는 시선도 여전히 강하다. 하지만 대만에서는 그런 분위기를 전혀 느낄 수 없었다. 오히려 부업이기 때문에 지금 자신이 좋다고 생각하는 책만 출판할 수 있고 복합적인 사업 형태기 때문에 공간이나 브랜드를 유지할 수 있다는 점에 모두가 자긍심을 가지고 있는 듯했다. 대만 사람들이 일상생활 속에서 대부분 부업이나 투자를 하고 있기 때문일 것이다. 최근에서야 겨우 '일하는 방식 개혁'이라는 이름 아래 부업을 금기시하던 분위기가 바뀌고 학교 교육 과정에 재무를 포함시켜야 한다는 논의가 활발히 진행되는 일본에서도 이제 조금씩 사고방식이 달라질지도 모르겠다. 어쩌면 하나를 고집하는 것을 훌륭하다고 여기는 풍조가 이런 인식 개선의 족쇄가 되고 있는지도 모른다.

이 책은 《책의 미래를 찾는 여행, 서울》의 속편에 해당한다. 일본·한국과 대만이 가장 크게 다른 것은 그 배경에 있는 '대륙'의 존재다. 뿌리가 같고 비슷한 언어를 쓰면서 다른 국가 체제 아래서 살고 있는 사람들이 바다 너머에 수십 배나 많이 살고 있다는 배경이 대만 특유의 출판 환경을 만들어낸 것이다. 중국은 간체자를, 대만은 번체자를 각각 사용한다는 언어상의 차이는 있지만, 이는 온전히 읽을 수 있다. 없다의 차이일 뿐 그대로 바다를 건너가도 책을 팔 수 있는 것이다. 〈샤오르쯔〉나 〈꽁치〉 같은 잡지는 발행 부수 중 반을 중국, 홍콩, 싱가포르, 말레이시아에서 판매하고 있으며, '샤오르쯔'의 이름으로 잡화와 음식 등을 판매하는 매장도 운영하는 류관인 대표는 조만간 중국대륙에서도 가게를 열고 싶다고 말한다. 한편 〈VOP〉의 두 사람이 말했듯이 콘텐츠는 중국 당국이 검열하는 경우도 있다. 그래서 대륙으로 진출하려면 특히 정치적인 표현에서는 자유도가 현저하게 떨어질 수밖에 없다. 그러나 아주 다른 배경을 가지고 있다고 해도 같은 아시아의 소국 동지로서 직면한 어려움에는 통하는 부분이 많다. 도쿄에서 서점과 출판사를 하고 있는 사람으로서 출판계에서 살아남은 개인에게 배울 점이 많았던 것은 서울에 이어 타이베이에서도 마찬가지였다. 책을 어떻게 만들고 어떻게 전달할 것인가. 이런 측면에서 특히 많은 깨달음을 준 매체는 〈빅이슈 타이완〉이었다(62쪽). 일본에서도 볼 수 있는 〈빅이슈〉가 같은 시스템 안에서 만들어지는 데도 불구하고 이웃 나라에서 이렇게나 다른 잡지가 되어 있을 줄은 정말이지 상상도 못했다. 또한 〈빅이슈 타이완〉의 편집자들이 만드는 또 다른 미디어 〈주간편집〉(78쪽)이 현대에서의 신문이라는 포맷의 매력을 재발견한 점도 대단하다고 느꼈다. 수십 년 동안 봐와서 너무 익숙해진 무언가도 현대의 완전히 새로운 시선으로 바라보는 것이 가능하다면 그곳에 그 시대에 어울리는 무언가가 숨어 있을지도 모른다.

최근 전 세계 각지에서 전통적인 방식의 서점은 경영이 어려워지고 있는 한편 독립서점이 조금씩 새롭게 생겨나고 있다. 영어권 서점이 가장 크게 화제가 되고 있지만 아시아의 서점을 돌아다니다 보니 어딘가 소박하고 서정적인 느낌까지 들었다. 인터넷이 보급되면서 책이나 서점이 반드시 생활에 필요하지는 않은 현대에는 일정한 수의 독자는 있지만 그 언어를 쓰는 인구 자체는 적은 나라야말로 출판의 '과제 선진국'이라는 것이 우리가 세운 가설이다. 출판 환경이 어려운 만큼 더욱 뛰어난 아이디어가 나오기 쉽기 때문이다.

타이베이를 취재했던 2018년 4월은 마침 최근 3년간 준비해 온 세 번째 단행본인《앞으로의 책방 독본》의 집필이 끝나가던 시기였다. 이 책을 쓰기 위해 타이베이를 취재하며 자극을 받았던 내용이《앞으로의 책방 독본》에도 반영되어 있다는 사실에 대해서는 미리 양해를 구한다. 이 책은 6월에 출판되자마자 바로 한국어판 출간이 결정되었다. 또한 2018년 3월에는《책의 미래를 찾는 여행, 서울》의 한국어판도 나왔다. 이 책도 포함하여 각각 한국판과 대만판이 출판되어 서로를 더 깊이 이해하고 더 자주 교류할 수 있었으면 좋겠다.

자, 그럼 다음은 어디로 가볼까? 홍콩? 베이징, 상하이? 아니면 싱가포르?

2018년 11월

1. 부드러운 커피 (優の珈琲)

2. 트루 프럼 (初訪 /true from)

3. 보살사, 비마 하우스
(菩薩寺, Vima House/ 維摩舍)

천이추
폰딩

P.014

1. 1974년부터 영업을 해온 정말 좋아하는 마유지판(麻油鷄飯. 참기름 소스의 찐 닭고기 밥) 정식을 먹을 수 있는 카페
2. 모든 것이 절묘하게 기분 좋은 카페. 주말 밤에는 바로 변한다. 시원한 녹차와 비슷한 산뜻한 칵테일을 맛볼 수 있다.
3. 나의 본가가 있는 타이중에 있는 곳. 식물이 무성하게 자란 외관만 보면 전통적인 사찰로는 보이지 않는다. 옆에 있는 비마 하우스에서는 부정기적으로 전시가 열리고 있는데 시가지에 있는 오아시스 같은 존재다.

1. 자난 (渣男 /Taiwan Bistro)

2. 트리오 찬주관(trio 餐酒館)
- 화산1914 문창원구 입구
(華山1914 文創園區入口)

3. 수이위안시장(水源市場)

류관인
샤오르쯔

P.036

1. 대만의 국민적인 로컬푸드 루웨이(滷味. 채소, 고기, 어묵, 국수 등을 자유롭게 골라 대만 특유의 장국에 담가 먹는 음식)를 맛볼 수 있는 보기 드문 바
2. 화산에 있는 샤오르쯔에 갔다가 돌아가는 길에 반드시 들르는 가게. '칵테일의 아버지' 라 불리는 바텐더가 만드는 얼그레이 칵테일은 꼭 마셔봐야 한다.
3. 궁관 야시장의 중심에 있는 시장. 점심용으로 과일을 사가는 것도 추천한다. 항상 주인을 대신해서 줄을 깔끔하게 정리하는 것을 좋아한다.

1. 천징카이 오피스
(chenjingkai office)

2. 다안삼림공원
(大安森林公園)

3. 파우더 워크숍
(Powder workshop)

량웨이팅 (오른쪽)
빅이슈 타이완

P.062

1. 세부까지 자신이 원하는 대로 커스텀 메이드를 할 수 있는 슈즈 브랜드. 대학교 때 처음 알게 되어 열심히 돈을 모아 구두를 주문했다!
2. 예정에 없던 휴일에는 여기서 신나게 뛰어노는 아이들과 산책하는 강아지를 보면서 시간을 보낸다. 이 공원에 있는 사람들은 특별히 더 행복해 보인다.
3. 집중하고 싶을 때 항상 가는 카페. 카운터 좌석을 가장 좋아하는데 테이블과 좌석의 높이가 딱 좋다(굉장히 중요함).

1. 민권운동공원 야구장
(民權運動公園棒球場)

2. 우리 집 옥상

3. 칭톈강(擎天崗) -
양밍산국가공원 내 언덕

리취중
주간편집

P.078

1. 자주 이 야구장에 조용히 앉아서 아이들이 연습하는 모습을 지켜본다. 오후 시간을 전부 여기서 보내는 경우도 있다.
2. 언제나 옥상에 올라가면 기분 전환이 확실히 된다.
3. 대자연 속으로 들어가고 싶을 때 가는 곳으로 타이베이 근교에서 야외를 즐길 수 있는 곳이다.

1. 퉁난인쇄 (通南印刷)

천샤민
콤마북스

P.096

2. 가오촨전 스튜디오
(高傳眞 studio)

3. 시먼딩 뤄양주차장 옥상
(西門町洛陽停車場頂樓)

1. 책 출판 과정 중 인쇄 단계를 가장 좋아한다. 인쇄소의 윤전기 소리를 들으면 꿈이 이루어졌다는 실감이 난다.
2. 두쯔서점 이외에 자주 가는 곳이다. 빛과 그림자의 변화에 대해 배울 수 있는 곳으로 책에 사용하는 소재가 예쁘게 찍히면 굉장히 기쁘다.
3. 생각할 것이 있을 때 가면 좋은 곳이다. 아침 일찍 가면 타이베이의 아침을 한눈에 볼 수 있다.

1. 타이베이식물원
(臺北植物園)

허만쉬안 (오른쪽)
오카피

P.118

2. 진선미영화관
(眞善美電影院)

3. 밍싱카페 (明星咖啡館)

1. 100년 이상의 역사를 가진 이 식물원은 다른 공원과는 확실히 다른 경치와 분위기를 가지고 있다.
2. 20년 동안 운영된 예술영화관. 시먼딩역 6번 출구 바로 앞에 위치하기 때문에 접근성도 좋고 할리우드 영화 이외의 다양한 영화를 볼 수 있다.
3. 타이베이에서 러시아 요리를 먹을 수 있는 몇 안 되는 오래된 음식점. 작가나 시인 단골손님도 많고, 대만문화의 발전을 70년 가까이 지켜봤다. 1층에서는 빵과 과자도 판매한다.

1. 아톈멘 (阿田麵)

천빙썬
전원도시

P.146

2. 런허위안 (人和園)

3. 진핀차러우 (金品茶樓)

1. 츠펑제에 오픈한 지 70년이 된 면 요리 가게. 심플한 양춘멘 (陽春麵, 건더기 없이 국물만 있는 국수)은 국물이 정말 맛있고 몸을 따뜻하게 해준다.
2. 세심하고 전통적인 윈난요리(중국 윈난성 지방의 요리)를 먹을 수 있는 곳으로 일본인에게도 인기가 많다.
3. 유명한 딘타이펑에 절대 뒤지지 않는, 맛있는 샤오룽탕바오 (小籠湯包)를 추천한다(사진은 다른 메뉴).

1. 청핀생활 난시점 심야영화관
(誠品生活南西深夜電影院)

린쉬안잉 + 양수쥐안
청핀서점

P.176

2. 청핀화랑 (誠品畫廊)

3. 청핀여행 (誠品旅行
/The Chapter Café)

1. 청핀생활 난시점 5층에 있는 극장은 주말에는 심야영화관으로 변신한다. 무선 이어폰과 여유로운 좌석으로 수준 높은 영화 감상이 가능하다.
2. 1호점과 마찬가지로 1989년에 설립된 갤러리. 아시아의 현대 아티스트들을 육성해 왔다.
3. 쑹산문창원구의 풍요로운 자연 속에 위치한 카페. 따뜻함이 느껴지는 붉은 벽돌과 레트로한 흑백사진이 잘 어우러진 이 카페에서는 세계 각국의 요리와 특제 칵테일을 맛볼 수 있다.

MY PLACE in TAIPEI

1. 폰딩(朋丁)

2. 전원도시(田園城市)

3. 쑹옌 청핀영화관
(松菸誠品電影院)

천이화(오른쪽)
꿍치
P.192

1. 일에 대한 영감이 필요할 때 꼭 가는 곳. 방문하면 새로운 아이디어가 샘솟는다.
2. 〈꿍치〉는 창간할 때부터 전원도시에서 판매하고 있다. 업계 선배인 천빙썬 씨와 출판의 미래에 대해서 이야기를 나누는 비밀기지
3. 매주 디지털 리마스터판이나 오래된 영화를 상영하기 때문에 명작을 스크린으로 다시 볼 수 있다. 무엇보다 티켓이 대형 체인 영화관보다 저렴하다.

1. A 자이양 양러우루
(A宰羊羊肉爐)

2. 잔지마라휘궈
(詹記麻辣火鍋)

3. 정난룽기념관
(鄭南榕紀念館)

샤오쯔
小子
P.230

1. 수많은 음악 관계자가 사랑하는 양러우루(羊肉爐, 양고기탕). 볶아 먹어도 맛있다. 가장 좋아하는 맛집
2. 최근 수년 동안 타이베이에서 폭발적으로 유행하고 있는 마라휘궈 요리집. 이곳의 휘궈는 쓰촨성의 것과는 다른 타이베이 스타일로 사전 예약은 필수!
3. 대만의 민주화 등 사회와 역사에 관한 전시회가 다양하게 개최되는 예술 전시 공간. 한 번은 꼭 가보면 좋을 곳이다.

1. 푸허차오 벼룩시장
(福和橋跳蚤市場)

2. 탕산서점(唐山書店)

3. 다둔산 정상 터미널
(大屯山助航站)

리웨이이 + 첸이안
보이스 오브 포토그래피
P.252

1. 신뎬시(新店溪) 근처에 있는 프리마켓이 열리는 곳. 시간을 들인다면 골동품, 고서, 빈티지옷, 잡화 등 재미있는 것을 많이 발견할 수 있다.
2. 1980년대부터 현재까지 사상문화를 지하에서 이어온 독립서점
3. 양밍산국가공원 내 다둔산 정상에 위치하여 타이베이의 거리를 내려다볼 수 있다. 어떤 계절에 방문해도 멋진 경치를 즐길 수 있다. 고민을 잊게 만들어주는 곳이다.

1. 타이난 이몐(臺南意麵)

2. 완화 야시장(萬華夜市)

3. 신하오 새우 낚시 광장
(新豪釣蝦廣場)

다나카 유스케
립
P.272

1. 가장 좋아하는 국물이 없는 이몐(튀긴 달걀국수). 타이난 명물로 타이베이에서 가장 맛있는 곳은 대만의 시부야로 불리는 시먼딩에 위치한 이곳.
2. 수많은 야시장 가운데 가장 좋아하는 곳. 용산사 근처에 위치하며 다른 야시장에 비해 지역 주민들이 많이 찾아서 로컬한 분위기를 즐길 수 있다.
3. 〈립〉 제14호의 표지 촬영 장소이기도 한 새우 낚시터. 잡은 새우는 바로 소금구이로 먹는 것이 대만 스타일

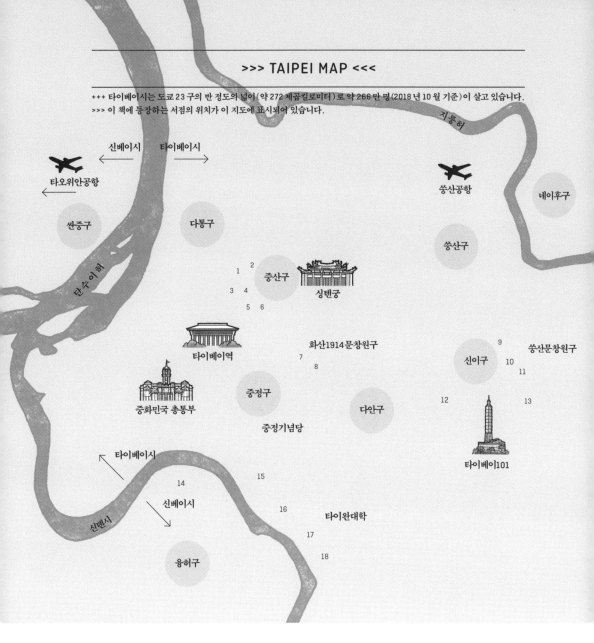

>>> TAIPEI MAP <<<

+++ 타이베이시는 도쿄 23구의 반 정도의 넓이(약 272 제곱킬로미터)로 약 266만 명(2018년 10월 기준)이 살고 있습니다.
>>> 이 책에 등장하는 서점의 위치가 이 지도에 표시되어 있습니다.

1. 시생활
2. 전원도시
3. 야생화
4. 청핀R79
5. 웨이팅룸
6. 폰딩
7. 파랑새서점
8. 샤오르쯔 화산점
9. 한성상
10. 청핀서점 쑹옌점
11. 웨웨서점
12. 청핀서점 둔난점
13. 청핀서점 신이점
14. 소소책방
15. 두쯔서점
16. 구향거
17. 망가시크
18. 샤오르쯔 공관점

TAIPEI MAP

+++   감사의 말

이 책의 제작과 출간에 있어서 특히 아래에 언급한 분들께 감사의 인사를 전합니다.

타이베이의 서점과 출판의 세계의 문을 열어주시고 취재할 분들과 협의 과정을 도와주신 〈립〉의 다나카 유스케 씨, 통역도 해주시고 함께 타이베이를 돌아본 홍후이링 씨, 린페이쯔 씨, 왕제웨이 씨, 천징민 씨, 현지의 출판·문화 사정에 대해서 흥미로운 이야기를 많이 들려주신 스기야마 다케시 씨를 비롯한 대만의 토한 직원 여러분과 푸진트리의 고지 다스쿠 씨.

그리고 언제나 정성스럽게 아낌없이 이야기를 들려주신 이 책에 등장하는 모든 타이베이에 계신 여러분.

정말 감사합니다. 짜이지엔!

취재·집필 우치누마 신타로, 아야메 요시노부

사진 야마모토 가요코

일러스트 가와하라 료

북디자인 오오니시 다카스케＋누모토 아키코(direction Q)

편집 아야메 요시노부, 니시나 에이, 우치누마 신타로

편집 협력 다나카 유스케, 히라노 아사미

사진 제공 폰딩(26쪽, 28쪽, 31쪽 오른쪽), 샤오르쯔(47쪽), 빅이슈 타이완(73쪽 왼쪽/촬영：루리둰 盧立端), 콤마북스(104쪽 왼쪽), 보커라이＋오카피(123쪽, 124쪽 오른쪽, 126쪽 오른쪽, 128쪽), 청핀서점(183쪽 오른쪽, 186쪽), 다나카 유스케(279쪽 왼쪽, 284쪽, 285쪽 오른쪽, 289쪽 아래), 와다 마사노리(20쪽 오른쪽, 90쪽 왼쪽, 282쪽), 아야메 요시노부(140쪽 오른쪽, 280쪽)

책의 미래를 찾는 여행, 타이베이

1판 1쇄 인쇄 2020년 5월 21일
1판 1쇄 발행 2020년 5월 28일

지은이 우치누마 신타로, 아야메 요시노부
사진 야마모토 가요코
옮긴이 이현욱
한국어판 중국어 감수 박주은
펴낸이 김기옥

실용본부장 박재성
편집 실용2팀 이나리, 손혜인
영업ㆍ마케팅 김선주
커뮤니케이션 플래너 서지운
지원 고광현, 김형식, 임민진

인쇄ㆍ제본 민언 프린텍
펴낸곳 컴인
주소 121-839 서울시 마포구 서교동 양화로 11길 13(서교동, 강원빌딩 5층)
전화 02-707-0337 **팩스** 02-707-0198 **홈페이지** www.hansmedia.com

컴인은 한스미디어의 라이프스타일 브랜드입니다.
출판신고번호 제2017-000003호 **신고일자** 2017년 1월 2일

ISBN 979-11-89510-15-2 03300